Hurtigruten

Zeit für das Beste

»Die schönste Seereise der Welt«

»Ja, wir lieben dieses Land, das trotzig schaut,
meerumbrandet, bergumbaut,
winterkalt und sommerbleich,
kurzes Lächeln, niemals weich ...«

Bjørnstjerne Bjørnson
aus der norwegischen Nationalhymne

BRUCKMANN

HURTIGRUTEN
NORDKAPP
NARVIK

Hurtigruten

Zeit für das Beste

Hans-Joachim Spitzenberger
Axel M. Mosler

BRUCKMANN

Fahrplan der Hurtigruten-Schiffe

NORDGEHENDE ROUTE						
Tag	Hafen	Sommer 15.04. – 14.09.		Winter 01.01. – 14.04. 15.09. – 31.12.		Sehenswürdigkeiten und Ausflüge (Auswahl)
		An	Ab	An	Ab	
1	Bergen		20.00		22.30	Vorprogramme, z.B. »Norway in a nutshell«
2	Florø	02.00	02.15	04.30	04.45	Besuch der Jugendstilstadt Ålesund
	Måløy	04.15	04.30	06.45	07.30	
	Torvik	07.15	07.30	10.20	10.45	Fahrt durch den Geirangerfjord
	Ålesund	08.45	09.30	12.00	15.00	Ausflüge, z.B. »Panoramafahrt mit Trollstigen«
	Geiranger	13.30	13.30	–	–	
	Ålesund	17.45	18.45	–	–	
	Molde	21.30	22.00	17.30	18.30	
3	Kristiansund	01.30	01.45	22.00	23.00	Trondheim, die historische Hauptstadt Norwegens
	Trondheim	08.15	12.00	06.00	12.00	
	Rørvik	20.30	21.15	20.30	21.15	Nidaros-Dom
4	Brønnøysund	00.30	01.00	00.30	01.00	Torghatten
	Sandnessjøen	03.45	04.15	03.45	04.15	Bergkette »Sieben Schwestern«
	Nesna	05.25	05.30	05.25	05.30	Polarkreisquerung
	Ørnes	09.00	09.30	09.00	09.30	Svartisengletscher
	Bodø	12.30	15.00	12.30	15.00	Bodø, Stadt der Seeadler
	Stamsund	19.00	19.30	19.00	19.30	Ausflug zum Saltstraumen
	Svolvær	21.00	22.00	21.00	22.00	Wikinger-Museum Borg
5	Stokmarknes	00.45	01.00	00.45	01.00	Tromsø, Pforte zum Eismeer
	Sortland	02.30	03.00	02.30	03.00	Eismeerkathedrale
	Risøyhamn	04.15	04.30	04.15	04.30	Polaria-Museum
	Harstad	06.45	08.00	06.45	08.00	Nördlichste Brauerei der Welt
	Finnsnes	11.15	11.45	11.15	11.45	Ausflüge, z.B. »Winterabenteuer Husky«
	Tromsø	14.30	18.30	14.30	18.30	
	Skjervøy	22.30	22.45	22.30	22.45	
6	Øksfjord	02.00	02.15	02.00	02.15	Nordkap (vom Schiff)
	Hammerfest	05.15	06.45	05.15	06.45	Sami-Siedlung
	Havøysund	09.30	09.45	09.30	09.45	Ausflüge, z.B. »Vogelbeobachtung« oder »Das Nordkap«
	Honningsvåg	11.45	15.15	11.45	15.15	
	Kjøllefjord	17.30	17.45	17.30	17.45	
	Mehamn	19.30	20.00	19.30	20.00	
	Berlevåg	22.30	22.45	22.30	22.45	
7	Båtsfjord	00.30	01.00	00.30	01.00	Nachprogramme, z.B. »Drei Tage Lappland«
	Vardø	03.45	04.00	03.45	04.00	
	Vadsø	07.30	08.00	07.30	08.00	Ausflüge, z.B. »Schneemobil-Safari« oder »Quad-Safari zur russischen Grenze«
	Kirkenes	09.45		09.45		

SÜDGEHENDE ROUTE

Tag	Hafen	Sommer 15.04. – 14.09.		Winter 01.01. – 14.04. 15.09. – 31.12.		Sehenswürdigkeiten und Ausflüge (Auswahl)
		An	Ab	An	Ab	
7	Ab Kirkenes	–	12.45	Der Sommer- und Winterfahrplan der südgehenden Route sind gleich.		Vorprogramme, z.B. »Schneehotel«
	Vardø	16.00	17.00			
	Båtsfjord	20.00	20.30			
	Berlevåg	22.15	22.30			
8	Mehamn	01.00	01.15			Nordkap (vom Schiff) Hammerfest, die nördlichste Stadt der Welt Ausflüge, z.B. »Mit dem Schneemobil durch die Polarnacht« oder »Frühstück am Nordkap« oder »Mitternachtskonzert in der Eismeerkathedrale«
	Kjøllefjord	03.15	03.30			
	Honningsvåg	06.00	06.15			
	Havøysund	08.15	08.30			
	Hammerfest	11.15	12.45			
	Øksfjord	15.30	15.45			
	Skjervøy	19.00	19.45			
	Tromsø	23.45	–			
9	Tromsø	–	01.30			Vesterålen- und Lofoten-Passage (vom Schiff) Raftsund mit Trollfjord Hurtigrutenmuseum Svolvær mit Lofoten-Kriegsmuseum Ausflüge, z.B. »Seeadler-Safari« oder »Speedboot-Abenteuer«
	Finnsnes	04.15	04.45			
	Harstad	08.00	08.30			
	Risøyhamn	10.45	11.00			
	Sortland	12.30	13.00			
	Stokmarknes	14.15	15.15			
	Svolvær	18.30	20.00			
	Stamsund	21.45	22.00			
10	Bodø	02.00	04.00			Polarkreisquerung Torghatten Bergkette »Sieben Schwestern« Ausflug »Die Inselgruppe Vega«
	Ørnes	07.00	07.15			
	Nesna	11.00	11.15			
	Sandnessjøen	12.30	13.30			
	Brønnøysund	16.15	17.00			
	Rørvik	20.30	21.30			
11	Trondheim	06.30	10.00			Trondheim, die historische Hauptstadt Norwegens Nidaros-Dom Ausflüge, z.B. »Malerische Atlantikstraße«
	Kristiansund	16.30	17.00			
	Molde	20.30	21.30			
	Ålesund	00.00	–			
12	Ålesund	–	00.45			Nachprogramme Bergen, z.B. »Sognefjord in a nutshell«
	Torvik	02.00	02.15			
	Måløy	05.00	05.45			
	Florø	07.45	08.15			
	Bergen	14.30	–			

Seite 1: Typisches Rorbu auf den Lofoten.
Vorangehende Doppelseite: Die MS Nordkapp.

Oben: Winter am Vestkapp.
Mitte: Die Schiffsglocke des Museumsschiffes Finnmarken von 1956.
Unten: Ausflugsboot im Trollfjord.

INHALTSVERZEICHNIS

TROMSØ – DIE STADT

DER HOHE NORDEN

RICHTUNG BARENTSSEE

REISEINFOS

Oben: Rentiere in der Nähe von Kirkenes.
Mitte: Die typisch norwegischen Rorbuer – nur saisonal genutze Fischerhütten – kann man mieten.
Unten: Hotelmanager und Chefingenieur der MS Nordlys bei einer Pause in Molde.

DIE TOP TEN

BERGEN (S. 34)

Die Stadt ist der ideale Einstieg in das Abenteuer Norwegen. In Bergen sind Kultur und Natur, Geschichte und Kunst, Tradition und Moderne eng miteinander verzahnt. Eine pulsierende Stadt trifft direkt hinter der Stadtgrenze auf nahezu unberührte Natur. Auch wenn Bergen als »Stadt des flüssigen Sonnenscheins« ziemlich regenreich ist, bietet es doch stets eindrucksvolle Erlebnisse.

ÅLESUND (S. 58)

Es ist nicht die Tragödie im Jahr 1903, als die Stadt ein Raub der Flammen wurde, die das Besondere der Stadt ausmacht. Es ist vielmehr das, was nach dem Brand aus der Asche wiederaufgebaut und bis heute bewahrt wurde. Eine charmante Stadt, die nicht in Nostalgie versinkt, sondern sowohl das Alte bewahrt, als auch Neuem gegenüber offen ist.

GEIRANGERFJORD (S. 72)

Auch wenn der Geirangerfjord in der Sommersaison total überlaufen ist und der Ort Geiranger im Souvenirkitsch versinkt, so gehört er dennoch auf jeden Fall zu den schönsten Landschaften in ganz Norwegen. Nicht umsonst wurde der berühmte Fjord von der UNESCO zum Weltnaturerbe erklärt.

SVARTISEN-GLETSCHER (S. 108)

Wann bekommt man schon einmal die Chance, in Meereshöhe auf Tuchfühlung mit einem Gletscher zu gehen – und zwar ohne das Risiko einzugehen, möglicherweise in einer Gletscherspalte zu versinken? Auch wenn sich der Svartisen auf dem Rückzug befindet, so ist er doch noch immer beeindruckend und sehenswert.

LOFOTEN (S. 122)

Hätte nur ein Ziel als Top-Destination ausgewählt werden dürfen, meine Wahl wäre auf die Lofoten gefallen. Nicht umsonst haben sich hier schon in der Steinzeit Jäger und Fischer angesiedelt und ein gutes Auskommen gefunden. Auch wenn der Besucher heute nicht mehr selbst jagen und fischen muss, erschließt sich ihm eine vielfältige Natur.

VESTERÅLEN (S. 142)

Naturräumlich und in ihrer historischen Entwicklung bilden die Vesterålen zusammen mit den Lofoten eigentlich eine Einheit. Sie sind deshalb ebenfalls unter den Top Ten zu nennen. Heute besinnen sich die Einwohner auf ihre Traditionen und beginnen, verlassene Dörfer wieder zu besiedeln.

INSEL SENJA (S. 158)

Moore, Heiden, undurchdringliche Wälder, Seen und eine reiche Tierwelt mit Elchen, Fischottern, Wieseln und Füchsen prägen die Insel mit dem Nationalpark Ånderdalen. In kaum einem anderen Gebiet kann man so unkompliziert wandern und die Natur genießen.

TROMSØ (S. 166)

»Paris des Nordens«, »Pforte zum Eismeer«, »Zentrum der Polarforschung« – all diese Attribute treffen auf Tromsø zu. Die einmalige, unverwechselbare Stadt liegt in einer wunderschönen Landschaft, die im Schein der Mitternachtssonne oder beim flackernden Licht der Aurora borealis geradezu mystischen Charakter gewinnt.

MAGERØYA (S. 222)

Die »Kahle Insel« ist einen längeren Aufenthalt wert. Dieser lohnt nicht nur, weil das Nordkap alljährlich Tausende von Besuchern anzieht, sondern auch und gerade wegen der kargen, nur auf den ersten Blick unbelebten Landschaft. Hunderttausende Vögel nisten auf den vorgelagerten kleineren Inseln – ein Mekka für Hobby-Ornithologen.

KIRKENES (S. 260)

Die Stadt ist Wendepunkt der Hurtigruten-Schiffe und ein wichtiges Zentrum für den Handel mit den Nachbarn Russland und Finnland. Das allein rechtfertigt jedoch nicht die Einreihung in die Top Ten. Die Ehre gebührt vielmehr dem Hinterland, das die Stadt als Ausgangspunkt zu Exkursionen so bedeutend macht. Die Bewohner sind liebenswert und haben einen ganz eigenen und friedlichen Umgang mit der jüngeren Geschichte gefunden.

Oben: Die MS Trollfjord am Kai von Ålesund.
Mitte: Kapitän Sten Magne Engen an seinem Arbeitsplatz auf der Brücke der MS Richard With.
Unten: Auf der südgehenden Route wird der Torghatten, der berühmte Fels mit Loch, passiert.

Im Liniendienst gen Norden

Vor allem im Winter kann Norwegen auch heute noch nur unter Schwierigkeiten auf dem Landweg bereist werden. Deshalb war es in der Vergangenheit nur natürlich, den Seeweg entlang der Küste zu nutzen, zumal dieser ganzjährig eisfrei ist. Seit dem Beginn der Besiedlung Norwegens nach dem Ende der letzten Eiszeit vor etwa 10 000 Jahren durch steinzeitliche Jäger und Fischer waren die fischreichen Küstengewässer nicht nur Lebensgrundlage, sondern auch und gerade Ausbreitungswege nach Norden, denn die Westküste war zu diesem Zeitpunkt bereits eisfrei.

Über 83 000 Kilometer lang ist die Küstenlinie Norwegens, wenn man die Fjorde und Inseln mit einrechnet. Kein Wunder, dass die Norweger traditionell ein Seefahrervolk sind. Der Warenverkehr insbesondere zu und von den abgelegeneren Orten im Norden des Landes erfolgte fast immer auf dem Seeweg, der selbst jenseits des Polarkreises ganzjährig befahrbar ist. Wege durch das gebirgige Binnenland dagegen gab es nur wenige, zudem waren diese meist nur im Sommer passierbar.
Seit 1893 gibt es den Liniendienst der Hurtigruten-Reedereien, der heute täglich zwischen Ber-

Tourguides der MS Trollfjord und Kolleginnen grüßen die MS Midnatsol bei Trondheim.

Steckbrief Norwegen

Lage und Geografie: Skandinavische Halbinsel. Norwegen grenzt an Schweden (1630 km), Finnland (736 km) und Russland (196 km).

Fläche: 323 787 km^2 (ohne Svalbard und Jan Mayen)

Küstenlänge:
Festland: 25 148 km
Inseln: 58 133 km

Höchste Erhebung:
Galdhøppigen 2 469 m

Größter Gletscher:
Jostedalsbreen 487 km^2

Längster Fjord:
Sognefjord 204 km

Zeitzone: In Norwegen gilt die Mitteleuropäische Zeit (UTC+1), im Sommer wird auf die Mitteleuropäische Sommerzeit (MESZ) umgestellt (UTC+2).

Hauptstadt: Oslo

Flagge:

Staatsform: Norwegen ist eine parlamentarische Monarchie. Das Parlament heißt Storting.

Nationalfeiertag: 17. Mai, in Erinnerung an die Verabschiedung der Verfassung am 17.05.1814.

Währung: Norwegische Krone (NOK)

Verwaltung: Norwegen ist in 19 Provinzen (Fylke) gegliedert.

Amtssprachen:
Bokmål, von 85–90 % der Bevölkerung gesprochen; Nynorsk, von 10–15 % der Bevölkerung gesprochen; Samisch, in sechs Kommunen

Einwohnerzahl: 4,95 Millionen

Religion:
Lutherische Staatskirche: 82 %
Andere protestantische Kirchen: 3,7 %
Muslime: 1,6 %
Katholiken: 1,1 %

Wirtschaft: Norwegen hat eine sehr breit gefächerte Wirtschaft. Die größten Beiträge zum Bruttoinlandsprodukt leisten folgende Wirtschaftszweige:
Erdöl- und Erdgasbereich: 20,4 %
Dienstleistungen der öffentlichen Verwaltungen: 15,8 %
Gewerbliche Dienstleistungen: 9,6 %
Industrie: 8,6 %
Warenhandel: 7,4 %
Obwohl traditionell immer noch von Bedeutung, aber volkswirtschaftlich gesehen auf den hinteren Rängen, landen Land- und Forstwirtschaft sowie Fischfang und -aufzucht mit je 0,5 % des Bruttoinlandsproduktes.

Tourismus: Die Deutschen bilden mit mehr als 1,6 Millionen Besuchern die größte Gruppe der Auslandsgäste, gefolgt von den Schweden mit knapp 1 Million. Auf den nächsten Plätzen folgen Dänemark (ca. 850 000), Niederlande (ca. 750 000) und Großbritannien (ca. 500 000). Das Schlusslicht bildet Japan mit rund 100 000 Besuchern noch hinter Italien und Russland.

Oben: Die MS Trollfjord vor der Einfahrt nach Hammerfest.
Mitte: Ein Hochzeitstag lässt sich zur Winterzeit im Whirlpool besonders gut verbringen.
Unten: Die Suiten auf der MS Trollfjord bieten höchsten Luxus mit grandioser Aussicht.

gen und Kirkenes verkehrt. Ihm ist es zu verdanken, dass der Norden des Landes regelmäßig und auf die Minute pünktlich mit Post und Waren versorgt wird und Produkte aus dem Norden in den Süden gelangen. Riksvei Nr. 1, »Reichsstraße Nr. 1«, wird die Hurtigruten deshalb von den Norwegern liebevoll genannt.

Ruderbootstafette gen Norden

Bereits im 17. Jahrhundert wurde ein regulärer Postdienst von Trondheim nach Vardøhus, hoch im Norden der Finnmark, eingerichtet. Vardøhus besaß als Norwegens östlichste Festung große strategische Bedeutung bei der Sicherung norwegischer Interessen in der Finnmark. Amtlich bestellte Fischer bekamen den Auftrag, zweimal im Jahr diese Strecke zu befahren und dabei auch die am Wege liegenden Ortschaften zu versorgen.

Im Jahr 1804 dehnte man diesen bis dahin unregelmäßig verkehrenden Dienst aus und brachte die Post nicht mehr nur zweimal pro Jahr, sondern alle drei Wochen auf den Weg. Drei Boote mit jeweils acht Ruderern waren wie Stafettenläufer auf den drei Reiseabschnitten von Trondheim nach Bodø, von Bodø nach Tromsø und schließlich von Tromsø bis nach Alta unterwegs. Dieser Dienst war jedoch immer noch weit davon entfernt, eine bessere regelmäßige Versorgung zu ermöglichen, zumal größere Güter in den offenen Booten nicht transportiert werden konnten.

Als schließlich die Dampfschiffe aufkamen, übernahmen diese die Touren der Ruderboote. Ab 1838 verkehrten die modernen Schiffe zwischen Trondheim und Tromsø, doch auch sie fuhren nur bei Tageslicht. Im Sommer stellte dies kein Problem dar, sind doch nördlich des Polarkreises die Tage in dieser Zeit lang. Je nach geografischer

Breite geht die Sonne zwischen einem Tag und mehreren Wochen gar nicht unter. Im Winter jedoch kehren sich die Verhältnisse um, und die Polarnacht herrscht genauso lange wie die Mitternachtssonne im Sommer. In der Dunkelheit aber war die Reise in den Norden nicht durchführbar, denn die damals vorhandenen Seekarten waren noch recht ungenau. Auch Leuchtfeuer waren in den nördlichen Regionen sehr selten. Darüber hinaus waren die Dampfschiffe aufgrund ihrer Größe und ihres wesentlich stärkeren Tiefgangs weniger wendig als die Ruderboote. Sie mussten sich exakt an die Fahrrinnen halten, wollten sie nicht auf einem der Tausenden Felsen auf der Strecke auflaufen.

Der Pionier Richard With

Ab 1875 gab es Bestrebungen, den Post- und Frachtverkehr noch weiter zu intensivieren und staatlich zu fördern. 1890 wurde ein Konzept für den ganzjährigen Betrieb einer Schifffahrtslinie entlang der norwegischen Küste erarbeitet. Das Problem der Navigation bei Dunkelheit war jedoch immer noch nicht gelöst. Am 18. April 1891 gab das norwegische Innenministerium eine öffentliche Ausschreibung für den Liniendienst bekannt, an die mehrere Bedingungen geknüpft waren:

- Die Strecke zwischen Trondheim und Vadsø sollte ganzjährig zweimal pro Woche befahren werden.
- Die Durchschnittsgeschwindigkeit sollte bei elf bis zwölf Knoten liegen, um die Teilstrecke zwischen Trondheim und Svolvær in maximal 48 Stunden bewältigen zu können.
- Passagiere, Post und Fracht waren zu transportieren.
- Für den Transport von Frischfisch musste ein Kühlraum vorhanden sein.

Oben: Zum Abschiedsdinner wird Champagner serviert.
Mitte: Hummer und eine reichhaltige Auswahl an Atlantikfischen ist Standard des Buffets.
Unten: Die Abendsonne leuchtet auf der MS Nordnorge.

Oben: Der Panoramasalon auf der MS Nordkapp bietet einzigartige Ausblicke.
Mitte: Johann Person, Tourguide auf der MS Nordkapp, begleitet einen Gast von der Gangway.
Unten: Die Bettwäsche wird, frisch und sauber, im Frachtraum verstaut.

Damit schlug die Stunde des 1846 geborenen Kapitäns Richard With. Er hatte bereits als Kind seinen Vater, der ebenfalls Kapitän war, auf Fahrten zwischen Bergen und Vardø begleitet und 1865 sein Steuermannspatent erworben. Als Gründer der Vesterålens Dampskibsselskap (VDS) von 1881 fuhr er mit dem eigenen Dampfschiff Vesterålen regelmäßig von Senja, den Vesterålen und Lofoten nach Bergen. Gemeinsam mit dem Lotsen Andreas Holte hatte er über die Strecke so detaillierte Aufzeichnungen geführt, dass er sich zutraute, auch bei Dunkelheit seinen Weg zu finden.

Die Geburt der Hurtigruten

Am 2. Juli 1893 verließ die »D/S Vesterålen« als erstes Schiff der Vesterålens Dampskipsselskap Trondheim in Richtung Hammerfest. Kapitän war, wie sollte es anders sein, Richard With. Er benötigte für die Strecke 67 Stunden und erreichte seinen Zielhafen eine halbe Stunde früher als geplant. Begeistert von seinem eigenen Erfolg, nannte er die Verbindung *hurtig ruten*, »die schnelle Linie«. Damit war die inzwischen legendäre Bezeichnung »Hurtigruten« geboren.

Bereits im folgenden Jahr kamen zur Hurtigruten zwei weitere Linien hinzu. Nun wurden zweimal pro Woche die Strecken Trondheim–Hammerfest, Bergen–Hammerfest und Hammerfest–Vadsø bedient. Letztere verlängerte man bereits 1908 bis nach Kirkenes, das bis heute aufgrund eines Staatsvertrags aus dem Jahr 1911 die Endstation der Hurtigruten darstellt. 1936 wurden die drei Linien zu einer durchgehenden Verbindung zusammengeführt. 14 Schiffe von sechs verschiedenen Reedereien gewährleisteten von nun an die tägliche Verbindung von Süden und Norden. Das Leben in den abgelegenen Ortschaften des Nordens änderte sich damit dauerhaft, und die Hurtigruten wurde zum nationalen Symbol der Verbundenheit von Norwegens Landesteilen.

Die Geschichte der Hurtigruten

Innerhalb weniger Jahre entwickelte sich die Hurtigruten zu einem festen Bestandteil des norwegischen Verkehrsnetzes, der aus dem normalen Leben nicht mehr wegzudenken war. Doch die Ereignisse der folgenden Zeiten gingen auch an der Schifffahrtslinie nicht spurlos vorbei. Insbesondere der Zweite Weltkrieg hatte nachhaltigen Einfluss auf die Hurtigruten. Viele Schiffe wurden von den deutschen Besatzern beschlagnahmt und für militärische Zwecke genutzt. Allein neun Schiffe wurden während des Krieges versenkt. Um den Liniendienst wenigstens teilweise aufrechterhalten zu können, setzte man sogar Fischkutter ein. Am Ende des Krieges waren nur noch drei von ehemals 14 Schiffen fahrtüchtig.

Erst nachdem ein staatlich gefördertes Schiffsbauprogramm gestartet worden war, konnte 1950 der tägliche Liniendienst wieder aufgenommen werden. Bis 1956 gingen zehn neue, speziell für diesen Zweck konzipierte Schiffe in Dienst, welche die alten Schiffe ersetzten. Diese unmittelbar nach dem Krieg in Dienst gestellten Schiffe der traditionellen Generation (Etterkrigsflåten) entsprachen jedoch weder in Bezug auf die Technik noch auf den Komfort den Ansprüchen, die in den folgenden Jahrzehnten an ein kombiniertes Fracht- und Passagierschiff gestellt wurden. In den 1980er-Jahren wurde daher die mittlere, »Mellomgenerasjonen« genannte Schiffsgeneration der Hurtigruten auf die Reise geschickt. Statt mithilfe von Ladekränen, wie sie noch bei den Schiffen der Etterkrigsflåten verwendet wurden, konnten diese Schiffe über hydraulisch betätigte Luken in der Außenwand beladen werden. Außer-

Oben: Der Sonnenstrahl passt fast zum Namen der MS Polarlys, zu deutsch: Polarlicht.
Mitte: Die Herbstsonne an der Reling genießen.
Unten: Am Morgen legt die MS Polarlys in Harstad an.

Oben: Die MS Nordlys auf dem Weg zum Geirangerfjord.
Mitte: Trotz modernster Navigation auf allen Schiffen ist das gute alte Fernglas unentbehrlich.
Unten: Entspannen und Genießen gehört für die Gäste zum Bordalltag.

dem wurde die Passagierkapazität erhöht. Indes reichten auch diese Verbesserungen nicht aus, weshalb bereits kurze Zeit später die neue Generation »De Nye Skipene« aufgelegt wurde. Ihre Schiffe sind wie moderne Kreuzfahrtschiffe ausgestattet.

Eine neue Herausforderung

Jahrzehntelang stellte die Hurtigruten die einzige Versorgungsmöglichkeit für viele Ortschaften dar. Demzufolge wurde sie erheblich subventioniert. Seit 2001 wird allerdings nur noch der Winterfahrplan subventioniert, da die Zunahme des Flugverkehrs und der Ausbau des Schienen- und Straßennetzes zu mehr Konkurrenz zu Lande führten. Lediglich im Winter konnte sie ihre Stellung behaupten, denn vereiste Start- und Landebahnen, verschneite Straßen und unpassierbare Schienenstrecken schrecken die Schiffe nicht. Um keine roten Zahlen zu schreiben, war man gezwungen, nach neuen Konzepten für die Schiffe zu suchen.

Zwar ist auch heute noch der Post- und Frachtverkehr ein wichtiger Bestandteil des Hurtigruten-Konzepts, doch bestimmt der Tourismus in zunehmendem Maße das Geschäft. Im Sommer werden neben den »klassischen« Hurtigruten-Strecken Fahrten in den Geiranger- und den Trollfjord durchgeführt. Zudem orientieren sich die Liegezeiten in den Häfen heutzutage nicht mehr nur an den für die Fracht notwendigen Be- und Entladezeiten, sondern auch und vor allem an den Wünschen der mitreisenden Touristen. Für sie werden spezielle Ausflüge zu Sehenswürdigkeiten rund um die Häfen angeboten. Inzwischen wird mit der »Fram«, dem jüngsten Schiff der Flotte, sogar ein Expeditionskreuzfahrtschiff eingesetzt. Den veränderten Anforderungen mussten auch die Schiffe angepasst werden. Sie wurden von Generation zu Generation größer und komfortabler. Die Zahl der Kabinen wurde erhöht und auch der Service an Bord entspricht heute dem vergleichbarer Kreuzfahrtschiffe.

Die Hurtigruten-Flotte

Im Liniendienst werden von der Hurtigruten ASA elf Schiffe aus drei Schiffsgenerationen eingesetzt. Die »MS Nordstjernen« und die »MS Lofoten« gehören als Methusalems der Flotte der heute »Etterkrigsflåten« genannten traditionellen Generation an. Sie wurden 1956 bzw. 1964 gebaut und haben bereits mehrere Modernisierungen hinter sich: die »MS Nordstjernen« zuletzt im Jahr 2000, die »MS Lofoten« im Jahr 2003. Beide Schiffe strahlen aber immer noch das nostalgische Flair der 1950er- und 1960er-Jahre aus. Die »MS Lofoten« wurde 2001 sogar unter Denkmalschutz gestellt, denn, wie ein Passagier treffend feststellte: »Die Schiffe der traditionellen Generation sind schön und zweckmäßig, die Schiffe der neuen Generation komfortabel und zweckmäßig.«
Die mittlere Generation, die Mellomgenerasjonen, bestand ursprünglich aus den drei Schiffen »MS Lyngen«, »MS Narvik« und »MS Vesterålen«. Von ihnen ist nur noch die »MS Vesterålen« im Liniendienst auf der Hurtigruten im Einsatz. Die MS Vesterålen wurde bereits zweimal modernisiert und mit Restaurant, Café, Shop und Spielzimmer sowie einem Internetzugang ausgestattet.

Die insgesamt zehn Schiffe der neuen Generation »De Nye Skipene« liefen ab 1993 vom Stapel. Davon fahren heute noch acht auf der Hurtigruten. Das älteste, die »MS Kong Harald«, nahm am 6. Juli 1993 seinen Dienst auf. Das vorerst jüngste Schiff im Liniendienst ist die »MS Midnatsol«. Sie startete erstmals am 14. April 2003 auf der Strecke von Bergen nach Norden. Die neue Generation

Oben: Die MS Richard With passiert auf der nordgehenden Route die Lofotenwand.
Mitte: Mal gespannt, was der »Smutje« leckeres gezaubert hat …
Unten: Der Weg zum Restaurant auf Deck 4 der MS Richard With.

Geschichte im Überblick

17. Jahrhundert Zwei Mal pro Jahr wird Post von Fischern auf der Strecke von Trondheim nach Vardøhus transportiert.

1804 Erste feste Verbindung im Dreiwochentakt mit Ruderbooten zwischen Trondheim und Alta.

1838 Erste Dampfschifflinie zwischen Trondheim und Tromsø, allerdings nur im Sommer.

1881 Gründung der ersten Hurtigruten-Reederei, der Vesterålens Dampskibsselskap (VDS).

1883 Genaue Vermessung der Seewege mithilfe des von Thomson neu entwickelten Kreiselkompasses.

2. Juli 1893 Beginn des ersten regelmäßigen Liniendienstes zwischen Trondheim und Hammerfest mit dem Dampfschiff »Vesterålen«. Neben den Start- und Zielhäfen werden neun weitere Häfen, nämlich Rørvik, Brønnøysund, Sandnessjøen, Bodø, Svolvær, Lødingen, Harstad, Tromsø und Skjervøy angelaufen.

Die MS Nordstjernen fuhr im März 2012 zum letzten Mal im Liniendienst.

1898 Die Verbindung wird erweitert. Es existieren nunmehr drei Linien: Trondheim–Hammerfest, Bergen–Hammerfest und Hammerfest–Vadsø. Wöchentlich gibt es drei Abfahrten.

1911 Die Route wird ein weiteres Mal erweitert. End- und Wendepunkt der Schiffe ist jetzt Kirkenes.

1922 Auch die Inselgruppen der Lofoten und Vesterålen werden ab jetzt regelmäßig angefahren.

1925 Der Fortschritt lässt sich nicht aufhalten. Mit der »Dronning Maude« wird das erste Schiff in Dienst gestellt, das in allen Kabinen fließendes Wasser hat.

1936 Der Reisetakt wird erhöht. Von nun an fahren die Schiffe täglich ab.

1937 Alle Schiffe werden mit Echolot, Radiopeilsender und einem elektrischen Logbuch ausgestattet.

1945 Da während des Zweiten Weltkriegs neun Hurtigruten-Schiffe versenkt wurden, werden unmittelbar nach Kriegsende neue Schiffe gebaut, um den Betrieb vollständig wieder aufzunehmen.

1950 Der Liniendienst wird wieder in vollem Umfang mit täglichen Abfahrten und auf ganzer Strecke aufgenommen.

1952 Alle Hurtigruten-Schiffe werden von modernen Dieselmaschinen angetrieben.

1969 Die Sommer-Express-Route nach Spitzbergen wird eingerichtet.

1979 Die Hurtigruten-Reederei BDS verkauft ihre vier Schiffe an die Reederei TFDS.

1993 100 Jahre Hurtigruten. Die »MS Kong Harald« wird in Dienst gestellt.

1994 Die Navigation wird auf elektronische Seekarten umgestellt.

2001 Die im Jahre 1964 in Dienst gestellte »MS Lofoten« wird unter Denkmalschutz gestellt.

2003 Zum ersten Mal wird ein Hurtigruten-Schiff, die »MS Nordnorge«, als Expeditionskreuzfahrtschiff in der Antarktis, Chile und Argentinien eingesetzt.

2005 Die »klassische« Route wird im Winter um die sogenannten Nostalgiefahrten ergänzt. Die »MS Lofoten« und »MS Nordstjernen« werden dafür eingesetzt.

2006 Die Hurtigruten-Reedereien OVDS und TFDS fusionieren zur Hurtigruten Group ASA.

2007 Die »Fram«, das erste speziell für die Expeditionskreuzfahrten der Hurtigruten gebaute Schiff, wird in Dienst gestellt.

2012 Nach 56 Dienstjahren wird das älteste Schiff der Flotte, die MS Nordstjernen, 2012 aus dem Liniendienst genommen. Im Sommer wird sie an der Westküste Spitzbergens eingesetzt.

Die Flotte im Überblick

Generation	Schiff	Baujahr	BRZ	Länge [m]	Breite [m]	Passagiere	Betten	Kfz.-Plätze
Traditionelle Generation	Nordstjernen	1956	2 191	80,77	12,6	400	151	0
	Lofoten	1964	2 621	87,4	13,2	400	155	0
Mittlere Generation	Vesterålen	1983	6 261	108,0	16,5	510	302	35
Neue Generation	Kong Harald	1993	11 204	121,8	19,2	691	483	45
	Richard With	1993	11 205	121,8	19,2	691	466	45
	Nordlys	1994	11 204	121,8	19,2	691	475	45
	Nordkapp	1996	11 386	123,3	19,5	691	464	45
	Polarlys	1996	11 341	123,0	19,5	737	479	35
	Nordnorge	1997	11 384	123,3	19,5	691	457	45
	Finnmarken	2002	15 690	138,5	21,5	1 000	628	45
	Trollfjord	2002	16 140	135,75	21,5	822	646	45
	Midnatsol	2003	16 151	135,75	21,5	1 000	644	45
	Fram	2007	11 647	113,86	20,2	500	318	25

wurde von Anfang an mit allem versehen, was ein modernes Kreuzfahrtschiff benötigt: Wellness-Einrichtungen in unterschiedlicher Ausstattung, vom Sonnendeck über Fitnessraum, Sauna und Whirlpool bis hin zum Swimmingpool, sind auf den Schiffen ebenso vorhanden wie Läden, Bars, Cafés und Bibliotheken. Nicht alles ist auf jedem Schiff zu finden, aber keines der Schiffe muss den Vergleich mit anderen Kreuzfahrern scheuen.

Das Leben an Bord

Ob eine Tour auf der Hurtigruten wirklich »Die schönste Seereise der Welt« ist, muss jeder für sich entscheiden. Doch wann immer man mit den Schiffen der legendären Linie an Norwegens Küsten unterwegs ist, wird man eine unvergessliche Fahrt erleben. Dazu tragen nicht zuletzt die Atmosphäre und der Service an Bord bei.

»Lässig und leger«, ist die Devise an Bord der Hurtigruten-Schiffe. Die auf anderen Kreuzfahrtschiffen üblichen Rituale gibt es dort nicht. Der Kapitän lädt nicht an seinen Tisch ein, und seine Begrüßung der Gäste beschränkt sich auf eine Durchsage über die Bordsprechanlage. Auch ein Bordprogramm mit Musik, Tanz und Entertainment wird, abgesehen von der Nordpolartaufe, nicht geboten. Angesichts der faszinierenden Natur Norwegens vermisst dies jedoch niemand. Schnee- und eisbedeckte schroffe Berge, an deren Flanken Wasserfälle zu Tal stürzen, schmale, tiefblaue Fjorde, dazwischen Wiesen und Weiden, Obstbäume und kleine Siedlungen, Gehöfte, die wie Spielzeug an die steilen Fjordhänge geklebt scheinen – die mannigfaltige Landschaft zieht jeden in ihren Bann. Von den Panoramasalons oder den Decks genießen die Passagiere auf der 1250 Seemeilen langen Tour die einzigartige Aussicht. Unterwegs hält es niemanden in den Kabinen, ob-

Oben: Die MS Kong Harald wurde 1993 in Stralsund gebaut.
Mitte: In der Cafeteria der MS Kong Harald leuchtet noch das alte Deckenglasfenster der Ursprungsreederei TFDS.
Unten: In Tromsö haben die Schiffe nordgehend vier Stunden Aufenthalt.

wohl diese gemütlich und mit allem Komfort ausgestattet sind.

Selbst beim Essen kommt der Landschaftsgenuss nicht zu kurz. Große Fenster in den Restaurants ermöglichen einen ungehinderten Blick nach draußen. Allerdings verdient auch das Essen Aufmerksamkeit. Wer eine der Pauschalreisen bucht, kommt in den Genuss der Vollverpflegung. Frühstück und Mittagessen werden als unglaublich vielfältige Buffets geboten. Traditionell besteht bereits das Frühstück aus einer Vielzahl verschiedener Fisch- und Fleischspezialitäten, die neben dem üblichen Angebot aus mehreren Brot-, Käse- und Wurstsorten, Marmeladen und Müsli gereicht werden. Beim Mittagessen kommen noch einige warme Speisen hinzu. Das Abendessen wird als dreigängiges Menü serviert und lässt ebenfalls keine Wünsche offen. Wer wirklich von allem probieren will, hat möglicherweise am Ende der Reise ein Problem mit seiner Kleidung. Für den kleinen Hunger zwischendurch ist im Café vorgesorgt. Snacks und Gebäck sind dort rund um die Uhr erhältlich. Unüblich für Norwegen, aber auf den Hurtigruten-Schiffen Standard, ist der Ausschank von Alkohol. Von 6 Uhr morgens bis 3 Uhr nachts werden in den Bars Wein, Bier und Schnaps ausgeschenkt, allerdings zu den in Norwegen üblichen hohen Preisen.

Der Fahrplan

Eigentlich ist der Fahrplan der Schiffe eindeutig. Die Reise beginnt und endet in Bergen, in Kirkenes ist am siebten Tag der Wendepunkt. So fahren die Schiffe seit 1911, nachdem die seit 1893 bis dato gefahrene Route bis nach Kirkenes verlängert worden war. Aber hinter der simplen Basisroute versteckt sich ein ausgeklügeltes Baukastensystem von Reisemöglichkeiten, die nahezu

Oben: Die MS Vesterålen liegt am Pier von Svolvaer.
Mitte: Das beschauliche Restaurant des drittältesten Schiffes, der MS Vesterålen.
Unten: Imposant: eine der beiden 16-Zylinder-Maschinen der MS Vesterålen mit immerhin 6472 PS.

Oben: Alle Schiffe haben tagsüber am Heck die Flagge mit dem königlichen Postzeichen gehisst.
Mitte: Die Hotelmanagerin in ihrer Rezeption auf der MS Lofoten.
Unten: Norweger musizieren gern. So wird für die Gäste der Aufenthalt in der dunklen Jahreszeit kurzweilig.

beliebig kombinierbar sind. Die Palette der Angebote reicht vom einfachen Transfer von einem zum anderen Hafen bis hin zu einer kompletten Reise einschließlich An- und Abreisearrangement, Vor- und Nachprogrammen sowie insgesamt 41 verschiedenen buchbaren Ausflügen. Davon stehen 26 auf der nordgehenden und 15 auf der südgehenden Route zur Auswahl. Von ihnen werden wiederum einige nur im Sommer, andere nur im Winter angeboten. Eine kleine Einschränkung ist insofern gegeben, als sich die Ausflüge zum Teil überschneiden, sodass nicht alle während einer Reise buchbar sind. Das Problem der für Ausflüge sehr kurzen Liegezeiten wird ebenso einfach wie wirkungsvoll gelöst. Die Passagiere steigen in Hafen A aus, wo sie ihren Ausflug mit Bus, Bahn oder Boot beginnen. Währenddessen ist das Schiff bereits wieder unterwegs zu Hafen B oder C. Dorthin folgen ihnen die Ausflügler nach und kommen je nach Länge des Ausflugs erst dann wieder an Bord.

Wer – wie viele Norweger, die mit dem Pkw, Wohnwagen oder Wohnmobil unterwegs sind, nur eine Teilstrecke fahren möchte, geht in einem der 34 Hurtigruten-Häfen an Bord, nutzt die Hurtigruten als traditionelle Fähr- und Transferlinie und verlässt das Schiff nach der ersten, zweiten oder sonstigen Etappe wieder. Wer jedoch die ganze Schönheit der norwegischen Küste und des Hinterlandes genießen will, ist gut beraten, die »klassische Route« zwischen Bergen und Kirkenes zu befahren.

Sieben Tage dauert die nordgehende Route, die in Bergen startet. Um 16 Uhr beginnt die Einschiffung, und um 20 Uhr heißt es während des Sommerfahrplans »Leinen los«. Im Winter legen die Schiffe erst um 22.30 Uhr ab. Nach nur wenigen, 15 Minuten dauernden Aufenthalten in der Nacht erreicht das Schiff am Morgen Ålesund. Hier werden mehrere Ausflüge angeboten. Von Ålesund geht es im Sommer in den berühmten Geirangerfjord, der 2005 zum UNESCO-Weltnaturerbe erklärt wurde. Die meisten Aufenthalte in den nächsten Häfen sind nur kurz. 15 Minuten genügen meist, um »die Post auszutragen«. Den Ansprüchen einer Kreuzfahrt wird das Schiff dadurch gerecht, dass es an touristischen Zentren wie beispielsweise Trondheim längere Liegezeiten einplant. Am Morgen des vierten Tages wird der Polarkreis überschritten. Danach werden Bodø, Tromsø und Honningsvåg erreicht. Kirkenes, der Endpunkt der Reise, wird am siebten Tag exakt um 9.45 Uhr erreicht – die Hurtigruten-Schiffe sind für ihre Pünktlichkeit berühmt.

Bereits um 12.45 Uhr legt das Schiff in Kirkenes wieder ab, um sechs Tage später in Bergen einzulaufen. Auf dem Weg dorthin werden tagsüber einige der Häfen angelaufen, die auf der nordgehenden Route in der Nacht besucht wurden. Das sind neben anderen Hammerfest, Sortland, Stokmarknes mit dem Hurtigruten-Museum, Svolvær, und Brønnøysund.

Mit klingenden Namen versehen, erfreuen sich neben den klassischen Seereisen Themenreisen zunehmender Beliebtheit. Hinter Titeln wie »Polarkreis & Eismeer«, »Nordlicht & Sterne«, »Literatur«, »Pottwale & Polarkreis«, »Poesie und Sinfonie – Edvard Grieg« verbergen sich Touren, die nicht dem Fahrplan der Hurtigruten folgen, sondern vielmehr echte Kreuzfahrten mit Aufenthalten in zusätzlichen Häfen und speziellen Veranstaltungen sind. Experten an Bord informieren durch zahlreiche Vorträge, Lesungen und bei Exkursionen über das jeweilige Motto der Reise. Museumsbesuche, Konzerte und Tanzdarbietungen runden das Angebot ab.

Oben: Kapitän Torry Sakkariassen vor der Nordstjernen ist einer der jüngsten Kapitäne der Hurtigruten. **Mitte:** Das Auge isst mit. Die Desserts, die auf den Schiffen serviert werden, sind immer erste Sahne. **Unten:** Sonnenaufgang zwischen Harstad und Risöyhamn.

BERGEN – DIE STADT

Vorangehende Doppelseite: Bei Nacht erstrahlt Bergen in ganz besonderem Glanz.
Mitte: Ein solcher Blick über Bergen im klaren Herbstlicht ist eher selten.
Unten: Ist die Dreimastbark »Staatsrad Lehmkuhl« nicht auf Fahrt, kann sie in Bergen besichtigt werden.

1 Geschichte und Geschichten

Vielseitiges Bergen

»Bergen ist die Stadt mit den Füßen im Meer, dem Kopf nahe dem Himmel und dem Herz auf dem rechten Fleck.« So charakterisieren Bergens Einwohner liebevoll und zutreffend ihre Stadt. Eingerahmt von sieben bis zu 670 Meter hohen Bergen, liegt sie an einem Naturhafen am Ende des Puddefjords. Tradition und Moderne, gemütliches Kleinstadtleben und betriebsame Geschäftigkeit sind eine gelungene Symbiose eingegangen und geben der Stadt ein einzigartiges Flair.

Den Titel der größten Stadt Norwegens musste Bergen 1880 an Oslo abgeben. Bis dahin war es jedoch die wichtigste Hafenstadt des Landes, die zudem auf eine lange Tradition zurückblicken konnte. Bereits um 1070 soll König Olav Kyrre an der Stelle der heutigen Stadt einen Ort namens Björgwin gegründet haben, was so viel wie »Bergwiese« bedeutet. Neuere archäologische Untersuchungen stellen das jedoch in Zweifel. Die bislang

MAL EHRLICH

IN RUHE ENTDECKEN

Sie müssen nicht alle Museen und andere Sehenswürdigkeiten in Bergen besucht haben. Versuchen Sie auch nicht, die ganze Stadt an einem Tag kennenzulernen. Sie setzen sich dadurch nur selbst unnötig unter Stress. Suchen Sie sich besser unter dem vielfältigen Angebot die Sehenswürdigkeiten aus, an denen Sie wirklich interessiert sind. Und selbst dann sollten Sie für Bergen drei Tage veranschlagen!

Die Hakonshalle in der Festungsanlage Bergenhus.

ältesten Funde stammen nämlich aus dem Jahr 1130, damals war Olav Kyrre jedoch bereits seit mehr als 30 Jahren tot. Doch wer immer auch Bergens Grundstein gelegt haben mag, schon unmittelbar danach stieg die Siedlung zu einem wichtigen Handelshafen auf. Im 13. Jahrhundert war Bergen darüber hinaus zeitweise die erste echte Reichshauptstadt Norwegens, bis Oslo ihr 1299 diesen Rang ablief. Zu einem wirtschaftlichen Niedergang führte dies jedoch nicht. Aus dieser Zeit stammt die Festung Bergenhus. Sie zählt zu den am besten erhaltenen Festungen Norwegens und wurde im Lauf der Jahrhunderte mehrfach erweitert und umgebaut. Mehrere Hallen, eine Kirche, der Rosenkrantzturm als Teil der eigentlichen Festung und zwei massive Tore wurden hinzugefügt. Der ganze Komplex wurde von einer Festungsmauer umgeben. Die Håkonshalle, eines der großen steinernen Gebäude des Königshofes, in dem die Wohnung, die Arbeitsräume des Königs und ein großer Festsaal untergebracht waren, ist nach schweren Beschädigungen durch eine Explosion während des zweiten Weltkrieges restauriert worden und wird bis heute ebenso genutzt wie der Rosenkrantzturm.

AUTORENTIPP!

DER SCHÖNSTE WEG NACH BERGEN!

Am schnellsten erreicht man Bergen mit dem Flugzeug, Direktflüge zum Flughafen Bergen-Flesland werden von nahezu allen europäischen Metropolen angeboten. Der Flug über die Gebirgslandschaft Norwegens ist atemberaubend. Wer noch mehr von Norwegen sehen möchte, reist mit dem Auto von Oslo an. Die Reichsstraße 13 (E 16) führt 496 Kilometer weit nach Bergen.

Zu empfehlen ist jedoch die Fahrt mit der legendären Bergenbahn. Die 470 Kilometer lange Strecke führt über die größte Hochebene Europas, die Hardangervidda. Auf diesem »Stück Arktis in Europa« bestehen gute Chancen, einige der rund 15 000 hier wildlebenden Rentiere zu beobachten. Der höchste Punkt der Strecke liegt auf 1237 Metern. Auf der Strecke überquert man etwa 300 Brücken und durchfährt 182 Tunnel mit einer Gesamtlänge von 73 Kilometern. Die längste Röhre ist der 10,3 Kilometer lange Finse-Tunnel.

Norwegische Staatsbahn.
www.nsb.no

AUTORENTIPP!

DIE REISE VOR DER REISE

Auch wenn Sie die schönste Seereise der Welt gebucht haben, gönnen Sie sich eine Reise vor der Reise. Diese können Sie individuell planen, oder Sie buchen eine der drei Pakettouren, die von Hurtigruten angeboten werden. Alle drei sind zu empfehlen, mein Favorit ist aber die Tour »Norway in a nutshell«.

Der Ganztagesausflug startet in Bergen mit der Bahn in Richtung Nordwesten durch das gebirgige Hordaland bis zu dem kleinen Ort Voss, wo sie in den Bus umsteigen. Durch atemberaubend schöne Landschaften gelangen Sie nach Gudvangen am Ende des an vielen Stellen nur 250 Meter breiten Nærøfjords. Dieser wohl schmalste Fjord Norwegens wird von beeindruckenden, bis zu 1800 Meter hohen Bergen eingerahmt. Hier heißt es wieder umsteigen, diesmal in ein Ausflugsboot, das durch den Nærøfjord in den Aurlandsfjord nach Flåm fährt. Mit der legendären Flåmbahn geht es 866 Meter steil bergauf nach Myrdal, nicht ohne am Wasserfall Kjosfossen einen Fotostopp eingelegt zu haben. Dort steigen Sie in die Bergenbahn ein, die Sie zurück nach Bergen bringt.

Für Individualisten. Offizielles Reiseportal für Norwegen, www.visitnorway.com/de

BERGEN – DIE STADT

In der Altstadt von Bergen bestimmen farbenfrohe Holzhäuser das Stadtbild.

Obwohl der Königshof ab 1299 nach Oslo verlegt worden war, nahm die Bedeutung der Stadt ab 1360 noch einmal mit der Gründung des Hanse-Handelskontors Tyske Bryggen, »Deutscher Anleger«, zu. Da Kontore keine selbstständigen Mitglieder der Hanse sein konnten, wurde die Niederlassung der Hansestadt Lübeck untergeordnet. Das Handelskontor bestand zunächst aus 20 benachbarten Gebäuden, wuchs jedoch schnell zu einem ganzen Wohn- und Handelsviertel an. Die Stadt entwickelte sich durch den Import von Getreide und den Export von Fisch zum wichtigsten Handelszentrum Skandinaviens. Zur Blütezeit der Hanse machten die deutschen Kaufleute und Handwerker ein Viertel von Bergens Bevölkerung aus. Noch heute ist der nur noch »Bryggen« genannte Stadtteil eine der Hauptattraktionen Bergens, wenngleich dort nicht mehr die alten Gebäude, sondern Rekonstruktionen stehen. Die Originalbauten waren durch verheerende Feuersbrünste zerstört worden, von denen die Stadt mehrfach heimgesucht wurde. Die typisch norwegischen Holzhäuser boten den Flammen in der

Vergangenheit immer reichlich Nahrung. Die Hafenzeile wurde jedoch immer wieder nach den alten Plänen aufgebaut. Sie stellt sich auch heute noch so dar wie im 14. Jahrhundert und wurde deshalb von der UNESCO 1979 zum Weltkulturerbe ernannt. Alle anderen Gebäude im Stadtgebiet mussten nach dem letzten großen Brand im Jahr 1916 aufgrund einer Feuerschutzverordnung aus Stein errichtet werden.

Zeitreise in die Vergangenheit

Während Bryggen wie eh und je ein lebendiger, intensiv genutzter Stadtteil ist, mutet das Leben nördlich des Zentrums in Gamle Bergen wie vor rund hundert Jahren an. In »Alt Bergen« stehen Holzhäuser aus dem 18., 19. und 20. Jahrhundert, die sowohl aus der Stadt selbst als auch aus der gesamten Region um Bergen stammen. Sie wurden an ihren Originalstandorten abgetragen und Stück für Stück wiederaufgebaut. Hier scheint die Zeit stehen geblieben zu sein, lässt sich das Leben der reichen Kaufleute ebenso nachempfinden wie das des armen Dienstmädchens, des Bäckers, des alternden Beamten und nicht zuletzt des Zahnreißers und seiner Patienten. Tausende von Gegenständen erzählen vom Alltag der Menschen in vergangenen Jahrhunderten, von ihrer Arbeit und ihren Festen.

Bergen heute

Heute ist Bergen mit rund 261 000 Einwohnern die zweitgrößte Stadt in Norwegen. Als traditioneller Lebensunterhalt wird auch heute noch Fischfang betrieben, daneben spielt die Aquakultur von Lachsen eine große Rolle. Der berühmte Fischmarkt Torgen ist nur einen Steinwurf von Bryggen entfernt gelegen. Außer am Wochenende findet man hier täglich alles, was die Nordsee und der Nordatlantik an Meerestieren zu bieten haben,

Oben: In der Abendsonne bekommen die Giebelhäuser von Bryggen eine malerische Leuchtkraft.
Mitte: Spaziergang durch die engen, steilen Gassen der Altstadt.
Unten: Während der Sommermonate spielen Musikgruppen auf dem breiten Bürgersteig vor Bryggen auf.

Oben: Zum Hafenfest kommen auch traditionelle Fischkutter ...
Mitte: ... und norwegische Originale.
Unten: Der Innenraum der Hakonshalle in der Bergener Festung Bergenhus.

angefangen beim Kabeljau über verschiedene Plattfischarten, Seeteufel und Lachsen bis hin zu Garnelen und Hummern. Selbst Königskrabben werden hier neuerdings angeboten. Sie sind vom Weißen Meer, wo sie ausgesetzt wurden, auf den langen Weg entlang der norwegischen Küste nach Süden gewandert. Obst- und Gemüsestände ergänzen das Angebot. Wer Hunger hat, findet an kleinen Imbissbuden eine große Auswahl.

Vom Fischmarkt ist es nicht weit zur Talstation der Fløyen-Bahn. Die Standseilbahn fährt auf einer 850 Meter langen Strecke auf den 339 Meter hohen Fløyen, einen der sieben Berge der Stadt. Von dort hat man einen wunderbaren Blick auf Bergen und seinen Hafen. Wer noch höher hinaufwill, kann mit der Bergener Hochfjellseilbahn auf den Gipfel des höchsten der sieben Berge rund um Bergen, den Ulriken, fahren. Alle halbe Stunde startet ein Bus vom Fischmarkt zur Talstation, von dort bewältigt die Gondel die Strecke zum 643 Meter hoch gelegenen Aussichtspunkt in sechs Minuten. Oben bietet sich ein fantastischer Blick weit über die Stadt und hinaus auf den Fjord. Durch den Berg bohrte man zudem den 7,3 Kilometer langen Ulrikentunnel, damit die von Oslo nach Bergen führende Bergenbahn auch wirklich dort ankommen kann.

Bergen und seine Kirchen

Sehenswerte sakrale Bauten in Bergen sind die Marienkirche, die Nykirken und die Domkirche St. Olav. Die Marienkirche, eine romanische Basilika, wurde um 1130 nach dem Vorbild des Speyrer Doms aus Naturstein erbaut. Sie soll das älteste noch erhaltene Gebäude der Stadt sein.. Die Marienkirche wurde als Hauptkirche des Kontors von 1408 bis 1766 ausschließlich von den dort ansässigen Hansekaufleuten genutzt.

Die Domkirche St. Olav aus dem 12. Jahrhundert ist definitiv ein Besuch wert.

Dass Begriffe wie »neu« und »alt« immer relativ sind, zeigt die Nykirken. Die »Neue Kirche« geht bis auf das Jahr 1622 zurück. Sie ist damit zwar fast 500 Jahre jünger als die Marienkirche, hat aber doch schon eine wechselvolle Geschichte hinter sich. Viermal ist sie im Lauf der Jahrhunderte abgebrannt, zum ersten Mal bereits zwei Jahre nach ihrer Einweihung. Zuletzt wurde sie im Jahr 1944 zerstört, als der von der deutschen Wehrmacht konfiszierte holländische Fischkutter »Voorbode« im Hafen explodierte. Er legte nicht nur die Kirche, sondern auch große Teile der Stadt in Schutt und Asche. Aber immer haben die Bewohner Bergens die Nykirken wieder aufgebaut. Als »Kinder-Kirche«, wie sie auch genannt wird, ist sie den Kindern gewidmet. Besonders sehenswert

AUTORENTIPP!

WANDERUNG AUF DEM FLØYEN

Den Blick vom 339 Meter hohen Fløyen auf die Stadt und den Hafen von Bergen sollten Sie sich nicht entgehen lassen. Mit der berühmten Standseilbahn Fløibanen erreichen Sie die Bergstation in wenigen Minuten. Rødhette, »Rotkäppchen«, und Blåmann, »Blauer Mann«, heißen ihre beiden traditionell rot beziehungsweise blau lackierten Wagen. An der Bergstation liegt der Trubel der Stadt unter Ihnen. Wem das noch nicht genug ist, dem sei eine der vielen Wanderungen empfohlen, die um den Fløyen verlaufen. Eine der schönsten führt von der Bergstation zunächst auf dem gut ausgebauten Blåmansveien bis zum Halvdan Griegsvei, der links abzweigt. Der Weg geht durch den Wald zum See Nedrediket und weiter aufwärts durch das Tal zum See Storediket, wo er sich nach Süden wendet. Nicht weit entfernt ist die Brushytte, deren Kiosk sonntags geöffnet ist. Von dort geht es zurück, um mit der Fløibanen oder zu Fuß in die Stadt zurückzukehren. Ein halber Tag ist für die Exkursion anzusetzen.

Fløibanen AS. Vetrlidsallmenningen 21, 5014 Bergen, www.floibanen.no, Tel. 55 33 68 00

BRYGGEN
KNUT SKURIVEIT

ist zudem ein massiver, geschnitzter Taufengel, der ein Taufbecken in seiner Hand hält. Er wird bei Taufen an einem Seilzug von der Decke herabgelassen.

Die Domkirche St. Olav kann ebenfalls auf eine bewegte Vergangenheit zurückblicken. Um das Jahr 1150 wurde sie aus Stein erbaut und dem Heiligen Olav II. Haraldsson geweiht. Von 1015 bis 1028 war Olav II. König von Norwegen. In einer Schlacht mit aufständischen Bauern wurde er getötet und auf dem Schlachtfeld begraben. Er wurde deshalb als Märtyrer verehrt und soll nach seinem Tode Wunder vollbracht haben. Im frühen 13. Jahrhundert fiel die Kirche dann einem Franziskanerkloster zu, das sich in der Nähe befand. In den folgenden Jahrhunderten brannte die Kirche ab, wurde wieder auf- und mehrfach umgebaut, zuletzt in den 1880er-Jahren. Aus dieser Zeit stammt auch der von dem norwegischen Architekten Christian Christie gestaltete Altar, der einem Reliquienschrein nachgebildet wurde.

Stadt des flüssigen Sonnenscheins

Alle reden vom Wetter, auch die Bewohner Bergens. Mit durchschnittlich fast 2300 Millimeter Niederschlag an bis zu 225 Regentagen hält Bergen den einsamen Rekord in ganz Europa. Jeder Besucher ist gut beraten, regenfeste Kleidung mitzuführen. Dabei sind die Temperaturen aufgrund des warmen Golfstroms, der an der norwegischen Küste nach Norden führt, sehr moderat: Die Jahresmitteltemperatur beträgt etwa 7,7 °C. Der Juli ist der wärmste Monat mit Temperaturen zwischen 12 °C und 19 °C und durchschnittlich 5,8 Sonnenstunden pro Tag. Die niedrigsten Temperaturen werden im Februar erreicht, wenn das Thermometer zwischen –0,9 °C und 3,3 °C pendelt.

Linke Seite: Das Speicherhausensemble Bryggen im Abendlicht.
Oben: Der Rosenkrantzturm ist Teil der Festung Bergenhus.
Mitte: Das Panorama vom Fløyen aus auf die Stadt ist atemberaubend.
Unten: Zum Hafenfest kommen Musiker aus dem ganzen Land

2 Bergen
Ein Stadtrundgang

In Bergen liegen fast 900 Jahre Stadtgeschichte so dicht beieinander, dass ein nicht allzu langer Spaziergang einer Zeitreise von der Gründung der Stadt bis heute gleichkommt. Die Relikte aus vergangenen Zeiten sind zum Teil außerordentlich gut erhalten oder liebevoll nach alten Plänen und Zeichnungen rekonstruiert. Nur wenige Gebäude haben reinen musealen Charakter, der größte Teil wird auch heute noch genutzt.

Mitte: Die Festung Bergenhus ist eine der ältesten und besterhaltenen Festungen Norwegens.
Unten: Am Torget, dem Fischmarkt von Bergen, herrscht buntes Treiben.

Königsresidenz Bergenhus

Unser Stadtrundgang beginnt bei den ältesten Gebäuden der Stadt, der Festung Bergenhus Ⓑ. Dort war die Håkonshalle aus dem 13. Jahrhundert zu ihrer Zeit das größte Gebäude des königlichen Palastes. Das Gebäude wurde anlässlich der

MAL EHRLICH

SOUVENIRS

Kaufen Sie Souvenirs? Nein? Dann gehören Sie zu der Minderheit von Touristen, die sich nicht in den Souvenirläden drängen. Böse Zungen behaupten ja, dass man dort alles bekommt, was die Welt nicht braucht – und doch möchte ich eine Lanze für die Souvenirläden brechen. Besonders in den Museumsshops bekommen Sie neben dem bekannten Schnickschnack häufig interessante Bücher, Broschüren, CDs und DVDs. Auch damit werden die Museen und andere touristische Einrichtungen finanziert. Wie sagte Kaiser Vespasian bereits? *»Pecunia non olet!«*, »Geld stinkt nicht!« Kitsch können Sie ja auch einfach getrost liegen lassen.

Hochzeit von König Magnus Håkonson mit der dänischen Prinzessin Ingebjørg Eriksdatter am 11. September 1261 zum ersten Mal offiziell genutzt. Zum 700. Jahrestag dieses Ereignisses wurde die Håkonshalle komplett renoviert und wieder eröffnet. Noch heute kommt sie bei Staatsbesuchen und für Konzerte zum Einsatz. Der Rosenkrantzturm C, dessen älteste Teile aus den 1270er-Jahren stammen, gilt als eines der wichtigsten Renaissancedenkmale Norwegens. Im Lauf der Zeit ist er immer wieder vergrößert und umgebaut worden – auch und gerade, um den hanseatischen Kaufleuten zu zeigen, wer die Macht in der Stadt hat. Durch enge Gänge und schmale Stufen gelangt man auf das Dach des Turmes, wo sich ein weiter Blick über Stadt und Hafen öffnet.

Bryggen – hanseatisches Erbe

Die nächste Station ist das 1976 eröffnete Bryggens Museum D. Hier erfährt der Besucher alles über die Geschichte der Hanse in Bergen, über die angewandten Bautechniken und das Leben in den als Lager und Kontoren genutzten Gebäuden. Beim anschließenden Spaziergang durch die engen Gassen der Tyske Bryggen E findet man viele der im Museum gezeigten Techniken und Details in der Architektur wieder. Ein Beispiel sind die gebogenen Balken, die zum Abstützen der Dächer verwendet werden. Solche Balken wachsen aus Bäumen deren Wurzeln an einer Seite vorsichtig gekappt wurden. Unter seinem eigenen Gewicht neigt sich der Baum zur Seite, wächst aber später wieder gerade nach oben. Die Krümmung im unteren Stammbereich jedoch bleibt. Diese Technik wurde auch im Schiffsbau angewandt, um natürlich gewachsene, gebogene Spanten zu gewinnen.

Etwas abseits von den Holzgebäuden steht die Shøtstue F. In diesem Versammlungsraum der

AUTORENTIPP!

RUNDGANG MIT EXPERTEN

Es ist sicher kein Problem, eine fremde Stadt zu erkunden, wenn man sich vorher mit ausreichend Informationsmaterial eingedeckt hat. So ein Stadtrundgang hat seinen eigenen Reiz und gleicht ein wenig einer Schatzsuche nach dem Motto: »Finde ich auch wirklich alle Dinge, die im Reiseführer so blumig beschrieben sind?« Wer sicher sein will, wirklich umfassend informiert zu werden, ist bei Bryggen Guiding gut aufgehoben. Vom 1. Juni bis 31. August startet jeden Morgen um 10 Uhr eine geführte Tour durch die schmalen Gassen von Bryggen einschließlich der Shøtsuene. Der Fremdenführer spricht selbstverständlich Deutsch. Die etwa eineinhalb Stunden lange Tour lässt keine Fragen offen. Treffpunkt und Ticketverkauf befinden sich am Bryggens Museum. Das Ticket berechtigt auch zum Eintritt in das Bryggens Museum und das Hanseatische Museum. Erwachsene zahlen 100 NOK, Kinder unter 16 Jahren sind frei. Bergen-Card-Besitzer erhalten 10 Prozent Ermäßigung.

Bergen Bryggens Museum.
Dreggsalm. 3, Postboks 4052,
Tel. 55 30 80 30, 5835 Bergen,
bryggens.museum@bymuseet.no,
www.bymuseet.no

AUTORENTIPP!

SCHLEMMEN IN BERGEN

Ein Tag in Bergen ist anstrengend! Vor allem dann, wenn man sich nicht auf einen Besuch von Bryggen und den Fischmarkt Torgen beschränkt. Tagsüber genügt es während der Tour durch die Stadt, den Hunger an einem der vielen Verkaufsstände auf dem Fischmarkt zu stillen. Der Abend aber sollte mit einem in aller Ruhe eingenommenen Essen ausklingen. Dazu findet sich kein besserer Platz als mitten im Ort des Geschehens, an der Tyske Bryggen am Enhjørningsgården 29. Das dortige Restaurant Enhjørningen ist für seine Fischspezialitäten bekannt, auch wenn der Name »Einhorn«, dessen Ursprung im Dunkeln liegt, keinen Bezug zu Fisch aufweist. Die erste urkundliche Erwähnung des Enhjørningen stammt übrigens aus dem Jahr 1304. Damit ist es das älteste Fischrestaurant Bergens. Wie überall in Norwegen ist das Essen nicht billig, doch stimmt die Qualität. Ein Drei-Gänge-Menü ist für 67 bis 88 €, ein Tellergericht für 38 bis 42 € erhältlich. Vorherige Platzreservierung ist zu empfehlen, denn auch die Bergener selbst gehen hier gerne essen. Ein gutes Zeichen!

Enhjørningen Fiskerestaurant.
Enhjørningsgården 29,
5003 Bergen, Tel. 55 30 69 50,
Fax 55 30 69 51,
www.enhjorningen.no

hanseatischen Kaufleute wurden die Jahresversammlungen, Schulungen und Gerichtsverfahren der Hanse abgehalten. Ursprünglich besaß jeder Gebäudetrakt eine Shøtstue, übrigens das einzige Gebäude, das im Winter geheizt war und in dem gekocht werden durfte, weil es aus Stein gebaut war. In den Holzhäusern war das aus gutem Grund wegen der Brandgefahr verboten. Dass Bryggen trotzdem mehrfach abbrannte, zeigt, wie real diese Gefahr war.

Das Thema Hanse und Bryggen wird mit dem Besuch der Marienkirche G abgeschlossen. Die Kirche war Eigentum des Kontors, das auch die Pastoren berief. Die Gottesdienste wurden bis 1868 auf Deutsch abgehalten. Das Altarbild, ein großes Triptychon, stellt die Jungfrau Maria dar. Es stammt vermutlich aus einer Lübecker Werkstatt und wurde im späten 15. Jahrhundert gefertigt.

Alles was das Meer bietet

Danach wird es Zeit für eine kleine Stärkung. Die bekommt man nirgendwo besser als auf dem Torgen I, dem berühmten Bergener Fischmarkt. Und damit ist man nach der historischen Tour in der Gegenwart angekommen. Auf dem außerordentlich sehenswerten Markt gibt es eine Fülle maritimer Köstlichkeiten, und selbst wer sich nicht für ein Fisch- oder Krabbenbrötchen entscheiden mag, darf doch an vielen Ständen kostenlos einfach einen kleinen Happen probieren.

Auf dem Torgen wird zwar die gesamte Palette der norwegischen Fischarten und Meeresfrüchte in einer unglaublichen Vielfalt angeboten, dennoch ist er aber beileibe kein reiner Fischmarkt. Neben den unvermeidlichen Souvenirs findet man hier auch die mit Recht so beliebten Norweger-Pullover und Mützen aus Schafswolle.

Sightseeing auf Rädern

Bis hierher ist man gut beraten, auf die eigenen Füße zu vertrauen, denn alle Sehenswürdigkeiten liegen dicht beieinander und durch die engen Gassen der Tyske Bryggen kommen Fahrzeuge ohnehin nicht. Aber Bergen hat noch eine Menge mehr zu bieten. Der On & Off Sightseeing Bus zum Beispiel fährt Sie für 150 NOK (Bergen-Card-Besitzer 100 NOK) von einer Sehenswürdigkeit zur anderen. Sie können jederzeit zu- und aussteigen, sei es am Aquarium, an der Grieg-Halle, der Nykirken oder der Fløibanen. Startpunkt ist direkt am Fischmarkt an der Ecke Torgen/Strandkaien. Eine Alternative ist der Bergens Expressen. Der wie eine Lokomotive gestaltete Lkw zieht eine Reihe von offenen Anhängern, die Eisenbahnwaggons nachempfunden sind, durch die Stadt. Die Tour dauert etwa eine Stunde, Erläuterungen zu den einzelnen Orten werden per Tonband in verschiedenen Sprachen gegeben. Aussteigen während der Fahrt ist allerdings nicht möglich. Tickets gibt es für 120 NOK bei der Touristen-Information oder direkt an Bord. Bergen-Card-Besitzer erhalten einen Rabatt von 10 Prozent. Start- und Endpunkt der Tour ist das Hanseatische Museum H. Während der Hochsaison vom 21. Juni bis 21. August startet der Express zwischen 10 und 19 Uhr im Halbstundentakt.

Kreativ geschmückte Fassade in Bergen.

Oben: Direkt neben dem Fischmarkt locken zahlreiche Restaurants und Kneipen.
Mitte: Darf es eine geräucherte Makrele sein?
Unten: Touristenbus am Torget.

0
250 m
N
Skuteviken
Sjøgaten
Sandviksveien
Nye Sandviksveien
Lamberts vei
Hans Hauges
Reipslagergaten
Ladegårdsgaten
M Vahls gt
Øvre Sandviksveien
Tartargaten
Gutenbergsveien
Skoltegrunnskaien
Fischerei-Museum
Fern-fähren
Skuteviks-veien
Festung Bergenhus
Håkons-halle
Festningskaien
Rosenkrantz-turm
Breistølv
Lade-gårdsg.
Prof. Dahls g.
Helgesens g.
Krohnengsgaten
C Fastings gt.
Tordenskjolds gate
Henrik Wergelands gt.
Skanselien
Stenkjellergaten
Sandbrugaten
Marien-kirche
Bryggens Museum
Schøtstue
Øvregaten
Øvre Blekeveien
Bryggen
Restaurant Enjhørningen
Hanseatisches Museum
Vågen
Nordnes-parken
Aquariet
Nordnesbakken
Nordnesgaten
Nordnesveien
Nordnes
Haugeveien
Tolbu-almenning
C Sundtsgaten
Strand-gaten
„Kinderkirche" Nykirken
Nyk. alm.
Georgerner verf
Verftsbakken
almenning
Katamarane
Ausflugsboote
Vetrlidsallm.
Talstation der Fløyen-Bahn
Lille Øvregt.
Kong
Kors-kirche
Strandkaien
Fischmarkt Torgen
Domkirche St. Olav
Klostergaten
Holbergs-
Skottegaten
Nøstegaten
Ø. Muralm.
Valkendorfsg.
Strandgaten
Chr. Michelsens-gaten
Marke-veien
Børse
Østre Skostredet
Dom-kirkeg.
Oscars Gate
Nøste-kaien
Puddefjorden
Theater „Den nationale Scene"
Torgalmenning
Rathaus
Rådhusgaten
Post
Allehelgens g.
Markeveien
Starvhusg.
Rådhusgaten
Peter Motzfeldts g.
Ole Bulls Plass
Baneveien
Neu-manns
Barfots g.
Engen
Vaskerelven
Gate
Kunstgewerbe-museum
Fest-plassen
Lille Lunge-gårds vann
Nøstegaten
Teatergaten
Håkons Gate
Vestre Torg G.
Kai
Sydnesgaten
Rosen-
Magnus
Sigurds bergsg.
Olav Kyrres Gate
Christies
Lars
Städt. Kunstmuseum
Strømgaten
Sydnes
Pauls-kirche
Meyers Sammlung
Hilles
Gate
Jekte-viken
Professor Hansteens Gate
Jekteviks-bakken
Johannes-kirche
Nygårdsgaten
Grieg-hallen
Hurtigrutenkai
Dokkeveien
Fosswinckelsgaten
Universität
Botanischer Garten
Universitäts-sammlungen
Allégaten
H. Holmboes gate
Daniel Hansens gt.
Dokkeveien
Bredalsmarken
Seefahrts-museum
Olav Ryes vei
Parkveien
Strømgaten
Fosswinckels gate
Nygårdsgaten
Damsgårdsveien
O. J. Brochs g.
Theater-museum
Parkveien
Allégaten
Carl Konows gate
Welhavensgate
Professor Hansteens Gate
Damsgårds-sundet
Konsul Børs Gate
Realfagbygget
Fyllingsveien
Nylundsveien
Frydenbøveien
Damsgårdsveien
Thormøhlensgaten
O. J.Brochs gate
Puddefjordsbroen
Voldene
Michael Krohns gate
Nylunds-veien
Frydenbøveien
Technisches Museum
Wissenschafts-zentrum VilVite
Nygårds-parken
Gabriel Tischendorfsvei
Damsgårdsveien
Weg nach Troldhaugen, Fantoft-Stabkirche u. Talstation der Ulriken-Bergbahn

Infos und Adressen

INFORMATION

Bergen Tourist Information. Neben kostenlosem Informationsmaterial gibt es auch einen kleinen, erfreulich gut sortierten Souvenirshop. Tickets für Fähren, Züge und Konzerte sowie Bergen Card erhältlich. Vågsallmenningen 1, Tel. 55 55 20 00, info@visitBergen.com, www.visitBergen.com

ESSEN UND TRINKEN

Café Opera. Bistro-Restaurant mit norwegischen Speisen zu sehr moderaten Preisen. Im Erdgeschoss am Do, Fr und Sa Live-Musik. Im Obergeschoss gemütliche Clubatmosphäre. 10 Prozent Ermäßigung für Bergen-Card-Besitzer! Engen 18, Tel. 55 23 03 15, cafeopera@engengruppen.no

Holbergstuen. Gutes Restaurant mit traditioneller Karte, auf der neben Fisch und Meeresfrüchten auch Wal- und Robbenfleisch angeboten wird. Guter Service zu norwegischen Preisen. 15 Prozent Ermäßigung für Bergen-Card-Besitzer! Torgallmenningen 6, Tel. 55 31 80 15

Kafe Kippers USF. Straßencafé und Restaurant in einer ehemaligen Sardinenfabrik am Puddefjord. Suppen, Sandwiches und kleine Gerichte sind erhältlich. 15 bis 20 Prozent Ermäßigung für Bergen-Card-Besitzer! Georgenes Verft 3, Tel. 55 31 00 60, usf@engengruppen.no, www.usf.no

ÜBERNACHTEN

Clarion Collection Havnekontoret. Das 4-Sterne-Hotel in zentraler Lage mit Restaurant hat auch eine Sauna und einen Fitnessraum. Nichtraucherzimmer werden angeboten. Sehr guter Service. Slottsgaten 1, Tel. 55 60 11 00, cc.havnekontoret@choice.no

First Hotel Marin. In der zweiten Reihe hinter der Tyske Bryggen gelegenes 4-Sterne-Hotel mit Sauna, Dampfbad, Fitnessraum, Restaurant und Bar. WLAN kostenlos. Kein barrierefreier Zugang! Rosenkrantzgaten 8, Tel. 53 05 15 00, www.firsthotels.no

Sehenswürdigkeiten in Bergen

- **A Fischereimuseum**
- **B Festung Bergenhus**
- **C Rosenkrantzmuseum**
- **D Bryggens Museum**
- **E Bryggen**
- **F Shøtstue**
- **G Marienkirche**
- **H Hanseatisches Museum**
- **I Fischmarkt Torgen**
- **J Touristeninformation**
- **K Theater »Den nationale Scene«**
- **L »Kinderkirche« Nykirken**
- **M Akvariet**
- **N Botanischer Garten**
- **O Hurtigrutenkai**
- **P Wissenschaftszentrum VilVite**
- **Q Lepramuseum**
- **R Domkirche St. Olav**
- **S Talstation der Fløyen-Bahn**
- **T Weg nach Troldhaugen, Fantoft-Stabkirche und Talstation der Ulriken-Bergbahn**

3 Preisgekrönte Vielfalt

Bergens Kulturlandschaft begeistert

Alle größeren Städte in Norwegen verfügen traditionell über ein großes kulturelles Angebot. Unter diesen sticht Bergens Auswahl dennoch hervor. Die nach mitteleuropäischen Maßstäben eher kleine Stadt bietet eine Fülle unterschiedlichster Angebote aus allen Bereichen der Kunst, Kultur, Volksbildung und Wissenschaft. Nicht umsonst wurde Bergen im Jahr 2000 von der UNESCO zur Europäischen Kulturhauptstadt ernannt.

Bergen besitzt über zwei Dutzend Museen unterschiedlicher Ausrichtung und Gestaltung. Zu den wichtigsten zählen das Bergen-Museum mit seinen kultur- und naturhistorischen Abteilungen, das Fischereimuseum, das Bryggens Museum, das Hanseatisk Museum und das Hordamuseum, ein Heimatmuseum, in welchem das Leben und Arbeiten der Menschen in der Region dargestellt wird. Das interessante St. Jörgens Hospital war vom Mittelalter bis in die Mitte des 20. Jahrhunderts

MAL EHRLICH

BERGEN MIT KINDERN

Mit Kindern zu reisen ist anstrengend, denn ihre Interessen decken sich nur selten mit denen der Eltern. Versuchen Sie einen Kompromiss zu finden, und fahren Sie nach dem Rundgang durch Bryggen mit der Fähre quer über das Hafenbecken zum Akvariet. Dort werden der Haitunnel, die Robben und Pinguine nicht nur Ihre Kinder begeistern. Alternativ bietet auch das Wissenschaftszentrum VilVite Interessantes für die erlebnishungrigen Kleinen.

Mitte: Beeindruckend: das Haus des Violinvirtuosen Ole Bull.
Unten: Chorkonzert mit den Bergener Sinfonikern im Dom St. Olav.

ein Krankenhaus für Leprakranke. In den Gebäuden aus dem 18. Jahrhundert entdeckte der norwegische Arzt Gerhard Armauer Hansen 1873 den Lepra-Erreger. 1946 starb im St. Jörgens der letzte Leprapatient, heute ist es das wahrscheinlich einzige Lepramuseum der Welt. Für Einzelbesucher ist es nur im Sommer geöffnet, Gruppen erhalten auch im Winter nach Voranmeldung Einlass.

Bergen besitzt zudem eine eindrucksvolle Sammlung wertvoller Kunstschätze aus dem In- und Ausland. Mitten in der Stadt sind die Galerien dicht an dicht am Ufer des Stadtsees Lille Lungegårdsvann gelegen. Die Ausstellungen mit Bildern von Munch, Picasso, Klee, Tidemand, Gude, Kandinsky und anderen Meistern bieten interessante Einblicke in die Geschichte, Kultur und das künstlerische Engagement Bergens. Eine China-Sammlung und der sogenannte Bergener Silberschatz sind in der Kunstmeile ebenfalls zu sehen. In der Galerie S 12 haben sich Glas- und Keramikkünstler zusammengeschlossen. Besucher können hier kostenlos die Kreationen der Künstler bewundern und ihnen bei der Arbeit über die Schulter schauen.

Auch Musikfreunde kommen auf ihre Kosten. Das bereits 1765 gegründete und damit älteste Symphonieorchester der Welt ist in Bergen beheimatet. Das alljährliche Internationale Bergen-Festival im Mai und Juni ist eine bekannte Größe im internationalen Musikbetrieb. Musik hat Tradition in Bergen – der berühmteste Sohn der Stadt, Edvard Grieg, hat hier seine Spuren hinterlassen. Troldhaugen, einst das Zuhause des Komponisten, ist heute sowohl ein Museum als auch eine Spielstätte für Musiker aus aller Welt. Grieg war aber nicht der einzige bekannte Musiker der Stadt. In Bergen lebte und arbeitete auch der Komponist Harald Sæverud, der durch seine Musik zu Ibsens Drama *Peer Gynt* bekannt wurde. Die Auftragsarbeit wur-

AUTORENTIPP!

DIE BERGEN CARD – EINE STADT FÜR 260 KRONEN

Nur 260 NOK öffnen Ihnen in Bergen 48 Stunden lang (fast) alle Türen – so viel kostet für Besucher die Bergen Card. Mit ihr können Sie die Stadtbahn und Linienbusse ebenso kostenlos benutzen wie den Bus nach Troldhaugen zum Grieg-Museum. Der Eintritt in das Museum ist für Besitzer der Bergen Card um 50 Prozent ermäßigt.
Die Karte bietet jedoch noch mehr Vorteile. Mit Ausnahme des Aquariums, das nur einen Nachlass von 25 Prozent gewährt, ist damit der Eintritt in alle anderen Museen frei. Auf Sightseeing-Touren variieren die Preisnachlässe zwischen 10 und 50 Prozent, bei Musikveranstaltungen zwischen 20 und fast 70 Prozent. Wer sich nach all den Anstrengungen stärken will, bekommt in einigen Restaurants Essen und Getränke um 10 bis 15 Prozent preiswerter. Die Bergen Card können Sie schon von zu Hause aus über das Internet buchen, sie ist jedoch auch problemlos in Bergen bei der Touristeninformation, am Bahnhof und in vielen Hotels erhältlich. Die für 24 Stunden gültige Version der Bergen Card kostet 200 NOK.

Das Restaurant »Wesselstuen« am Ole Bulls Plass.

Oben: Die Nykirken.
Mitte: Edvard Grieg im Byparken.
Unten: Das Museumsdorf Alt Bergen oder Gamle Bergen.
Rechte Seite oben: Das Kunstindustriemuseums.
Rechte Seite unten: Konzertsaal im Museum von Troldhaugen.

de 1946 erstmals mit dem Bühnenstück aufgeführt und gilt heute als antiromantisches Gegenstück zu der von Grieg komponierten Fassung. Neben der klassischen Musik haben auch Folklore, Jazz und Rockmusik ihren Platz in Bergen. Von September bis Mai finden im Jazz Forum Bergen jeden Freitag Konzerte mit in- und ausländischen Künstlern statt. Im Klub Det Akademiske Kvarter finden sich ganzjährig Jazz- und Blues-Musiker zu Konzerten und Jam-Sessions ein.

Das Theater Den nationale Scene gehört zu den führenden Häusern in Norwegen und ist das älteste Theater des Landes. Es geht auf das Det Norske Theater zurück, das 1850 von dem Violinsolisten Ole Bull 1850 gegründet worden war, aber schon nach einigen Jahren schließen musste. Ab 1876 nahm die damals gegründete Stiftung Den nationale Scene die Arbeit an der alten Spielstätte wieder auf. Seit 1993 hält die Bühne den Status eines »nationalen Theaters« inne. In jedem Jahr finden hier mehr als 500 Aufführungen statt.

Für Naturliebhaber ist der botanische Garten der Universität mit dem Arboretum, einer umfassenden Sammlung heimischer und exotischer Gehölze, ein Muss. Unbedingt sehenswert ist auch das Akvariet. In diesem größten Aquarium in Nordeuropa führt ein gläserner Tunnel durch das große Haibecken. Dor schwimmen die Haie beängstigend nah an den Besuchern vorbei. Das »jüngste Kind« im Erlebnis- und Bildungsprogramm von Bergen ist das im Mai 2011 eröffnete Wissenschaftszentrum VilVite. Hier werden naturwissenschaftliche Erkenntnisse an 75 interaktiven Maschinen, Multimediaeinrichtungen und Experimenten unterhaltsam und spielerisch vermittelt. Die Werbung verspricht Angebote für Menschen im Alter von 0 bis 100 Jahren. Tatsächlich ist das nur ein wenig übertrieben.

Mitte: Im Wohnhaus von Edvard und Nina Grieg in Troldhaugen …
Unten: … darf natürlich auch das Wohnzimmer mit Flügel nicht fehlen.

4 Troldhaugen

Idyllische Ruhe und Stabkirche Fantoft

Unmittelbar hinter Bergens Stadtgrenze ziehen sich beeindruckende Wälder wie ein dichter Teppich über die Berge. Nicht umsonst haben sich diejenigen, die es sich leisten können, hier niedergelassen. Die Stadt nahe genug, um deren Annehmlichkeiten in Anspruch nehmen zu können, die damit verbundene Unruhe aber weit genug entfernt. Edvard Grieg und Fredrik Georg Gade ist es zu verdanken, dass Troldhaugen und die Fantoft-Stabkirche hier entstanden bzw. erhalten sind.

Wer Norwegens berühmtestem Sohn besuchen will, muss ein wenig aus der Innenstadt zum südlichen Stadtrand hinausfahren. Mit der Stadtbahn – Besitzer der Bergen Card sind damit kostenlos unterwegs – fährt man bis zur Haltestelle Hop. Dort wendet man sich links in den gut ausgeschilderten Troldhaugveien. Folgt man diesem Weg, erreicht man nach einem Fußmarsch von rund 15 bis 25 Minuten den Troldhaugen. Hier, auf dem »Trollberg«, ließ sich Edvard Grieg von seinem Cousin, dem Architekten Schak August Steenberg Bull, eine Villa erbauen, die er selbst als »mein bestes Stück« bezeichnete. Da Grieg auch als etablierter Komponist den größten Teil seines Einkommens noch aus Konzerten bezog, führte er ein unstetes Leben. Seine Reisen führten ihn jedes Jahr während der Konzertsaison in die damals berühmtesten Musikstädte Europas wie Paris, Prag, London, Leipzig und Berlin. Die Sommermonate verbrachte er aber von 1885 bis zu seinem Tod im Jahr 1907 in Troldhaugen. Unterhalb der Villa hatte er sich eine kleine Holzhütte bauen lassen, in

Informative Tafeln im Museumsanbau erzählen vom Leben Edvard Griegs.

die er sich zum Komponieren zurückzog. Villa und Komponierhütte sowie die Grabstätte Griegs und seiner Frau Nina sind seit 1928 als Museum der Öffentlichkeit zugänglich. Die Räume sind heute noch genauso möbliert wie zu Griegs Lebzeiten.1985 wurde das Museum um den Konzertsaal Troldsalen mit 200 Plätzen erweitert. Ein gesonderter Museumsbau mit einer Dauerausstellung, einem Café und dem unvermeidlichen Museumsladen kam 1995 dazu. Die Eintrittspreise sind moderat: Erwachsene zahlen 80 NOK, Kinder unter 16 Jahren sind frei. Mit der Bergen Card kostet der Eintritt nur 30 NOK.

Während des Sommers und im Herbst werden im Troldsalen etwa 25 Liederabende, Klavier- und Kammermusikkonzerte mit Kompositionen nicht nur von Grieg aufgeführt. Karten für die Abendkonzerte sind über das Internet und an der Touristeninformation buchbar. 220 NOK zahlen Erwachsene, Kinder dürfen für 50 NOK zuhören.
Bergen-Card-Besitzer erhalten einen ermäßigten Eintritt von 150 NOK, Kinder mit Bergen Card sind frei. Zu den Abendkonzerten fährt ein kostenloser Bus vom Zentrum nach Troldhaugen. Vom 7. Juni bis 30. September finden an allen Werktagen jeweils um 13 Uhr dreißigminütige »Lunchkonzerte« mit ausgewählten Werken von Grieg statt. Karten dafür sind nur in Troldhaugen selbst für 100 NOK

AUTORENTIPP!

KONZERT IN TROLDHAUGEN

Für Musikliebhaber undenkbar: ein Besuch in Bergen, ohne ein Konzert mit der Musik des berühmtesten Sohns der Stadt zu hören. Dies gilt vor allem auch, weil mit dem Troldsalen 1985 ein Konzertsaal errichtet wurde, der sich wunderbar in die Landschaft des Troldhaugen einfügt. Während der Konzerte fällt der Blick durch ein großes Panoramafenster hinter der Bühne auf die kleine Holzhütte, in die sich Edvard Grieg zum Komponieren zurückzog.
Wer am »puren« Grieg interessiert ist, erhält bei den täglichen Lunchkonzerten einen guten Einblick in das Schaffen des Meisters. Bei den Abendkonzerten, die stets von erstklassigen Musikern bestritten werden, stehen auch Werke anderer Komponisten auf dem Programm, beispielsweise von Mozart, Ravel, Chopin, Liszt, Schubert, Schönberg oder Britten. Denken Sie jedoch daran, dass Sie schnell sein müssen: Für die beliebten Konzerte sind nur selten noch Tickets an der Abendkasse erhältlich.
Vorbestellung ist per Internet möglich unter booking@troldhaugen.no, Tel. 55 92 29 92.

Oben: Auch neben dem neuen Museum steht eine Statue von Edvard Grieg.
Unten: Das Wohnhaus Griegs vom Garten aus.

erhältlich, Kinder zahlen die Hälfte. Alle Konzertkarten berechtigen auch zum Besuch des Museums.

Auf dem Weg zum Troldhaugen empfiehlt es sich, einen kurzen Abstecher zur Stabkirche Fantoft einzuplanen. Dorthin gelangen Sie mit der Stadtbahn bis zur Haltestelle Paradis. Dem Birkelundsbakken folgend, erreichen Sie das Bauwerk nach einem Fußmarsch von etwa zehn Minuten. Die Fantoft-Stabkirche wurde vermutlich um 1150 in Fortun erbaut. Das kleine Dorf liegt nördlich von Bergen an einem Seitenarm des Sognefjords. 1882 wurde die Kirche an ihren jetzigen Platz am Südrand von Bergen versetzt. Da sie nicht mehr alle Gläubigen fassen konnte, sollte sie durch einen Neubau ersetzt werden. Bevor sie abgerissen und ihr Baumaterial als Brennholz verkauft wurde, konnte der Bergener Kaufmann Fredrik Georg Gade die Stabkirche erwerben. Er ließ sie in seinem Garten in Fantoft wieder aufbauen.

1992 brannte die Kirche durch Brandstiftung vollständig nieder, wurde aber originalgetreu nach alten Plänen und Fotografien wieder aufgebaut. Das Holz wurde im gleichen Wald geschlagen wie das der alten Kirche, zudem wurden ausschließlich

Wie ein Scherenschnitt wirkt die Silhouette der Stabkirche Fantoft im Gegenlicht.

Mitten im Wald steht die Stabkirche Fantoft. Der Herbst ist die schönste Jahreszeit für einen Besuch.

Holznägel verwendet, um die Konstruktion zusammenzuhalten. Auch die Imprägnierung des Holzes wurde mit traditionellen Techniken erreicht. Die Kirche entspricht in ihrem derzeitigen Zustand der Situation der Jahre von 1883 bis 1992. Was nicht durch Pläne und Fotografien rekonstruierbar war, wurde durch stilistische Anleihen aus anderen Stabkirchen, vor allem der berühmten Borgund-Stabkirche in der Kommune Lærdal, ergänzt. Die Kirche wird seit ihrer Verlegung nach Fantoft nicht mehr als sakrales Gebäude, sondern als Museum genutzt. Die Eintrittspreise für Erwachsene und Kinder betragen 42 bzw. 16 NOK, mit der Bergen Card ist der Eintritt frei.

Wissen Sie übrigens, woher die Bezeichnung »Stabkirchen« stammt? Eigentlich müssten die Bauwerke doch Mastenkirchen heißen, da ihre tragenden Elemente senkrecht stehende Holzmasten sind. Diese werden hier jedoch »Stäbe« genannt. Die einfachsten Stabkirchen besaßen an den vier Ecken jeweils einen Stab. Durch Querbalken verbunden, erhielten sie ihre Stabilität. Die Außenwände bestanden aus senkrecht stehenden Planken, die an den Stäben befestigt wurden. Größere Stabkirchen besaßen ein Gerüst aus zwölf oder mehr Stäben.

Oben: Nach dem Brand von 1992 wurde die Kirche nach den alten Plänen rekonstruiert und wieder komplett aufgebaut.
Unten: Detail einer Holzsäule.

Mitte: Die MS Trollfjord liegt am Hurtigrutenkai zur Abfahrt bereit. **Unten:** Soeben hat die MS Vesterålen an der Pier in Bergen festgemacht.

5 Bergen
Ausgangspunkt der Hurtigruten

Etwas abseits des historischen Stadtzentrums im Südwesten der Stadt liegt der Stadtteil Jekteviken. Hier befindet sich der 2005 fertiggestellte Hurtigrutenkai, auch »Hurtigrutenterminalen« genannt. Von hier aus starten die Schiffe, die schon lange keine reinen Post- und Frachtschiffe mehr sind, im Tagestakt nach Norden. Pünktlich um 20 Uhr heißt es im Sommer »Leinen los!«, im Winter um 22.30 Uhr.

Bergen war nicht von Beginn an Ausgangspunkt der Hurtigruten. Die erste Reise mit der »D/S Vesterålen« startete 1893 im etwa 344 Seemeilen nördlich gelegenen Trondheim, das bereits seit 1877 an das norwegische Eisenbahnnetz angeschlossen war. 1881 kam noch eine Verbindung nach Schweden dazu. Damit war praktisch ganz Skandinavien angebunden. Bergen dagegen war zu dieser Zeit praktisch nur über das Meer zu erreichen. Zwar wurde bereits 1876 mit dem Bau der Bergenbahn begonnen, die die beiden größten Städte Norwegens miteinander verbinden sollte, aber erst 1883 konnte die erste Teilstrecke einer Schmalspurbahn in das 100 Kilometer entfernte Voss in Betrieb genommen werden. Es dauerte dann immerhin noch 26 Jahre, bis 1909 der erste Normalspurzug aus Bergen in Oslo einrollte.

Bergen wird Teil der Hurtigruten

Während die Linie Trondheim–Hammerfest schon etabliert und nahezu unentbehrlich geworden war, wurde 1898 eine zweite Linie über Bergen hinaus nach Süden bis nach Stavanger eingerichtet. Auch sie hatte Hammerfest als Endpunkt. Stavanger wurde aber bald wieder aufgegeben, sodass dann Bergen der südlichste Hurtigruten-Hafen wurde. Entscheidend waren die wirtschaftliche Bedeutung Bergens als Handelszentrum und die immerhin zu dieser Zeit absehbare Fertigstellung der Bergenbahn.

Geschäftiges Treiben im Hafen

Heute sind die Schiffe der Hurtigruten aus dem täglichen Leben Bergens nicht mehr wegzudenken. Pünktlich jeden Tag um 14.30 Uhr macht eines der elf auf der Route verkehrenden Schiffe an der Pier fest. Die *linesmen*, wie die Hafenarbeiter genannt werden, die das Schiff an den Pollern vertäuen, stehen dort schon bereit, um die Leinen – je nach Schiff und Wetterlage bis zu acht armdicke Seile – an Land zu ziehen. Über eine Rampe gehen die Passagiere von Bord. Gleichzeitig werden durch die große seitliche Luke des Schiffs Fahrzeuge, Post und Fracht entladen.

Kaum hat der letzte Passagier das Schiff verlassen, werden auch schon die Kabinen für die Neuankömmlinge vorbereitet. Diese können bereits ab 16.00 Uhr an Bord gehen, was von vielen auch genutzt wird. Meist kommen die individuell anreisenden Gäste als Erste. Die Busse mit Passagieren, die ein Anreisepaket oder Vorprogramm gebucht haben, kommen später. Alles ist minutiös geplant und klappt in der Regel reibungslos. An Bord können sich die Gäste zunächst einmal ein wenig mit dem Schiff vertraut machen oder auch vom Deck zuschauen, wie Proviant und Gepäck verladen werden. Falls nötig wird auch Treibstoff gebunkert, immerhin kann ein Schiff wie die »MS Midnatsol« bis zu 500 Kubikmeter Diesel und Schweröl tanken. Kurz vor dem Ablegen erfolgt die obligatorische Seenotrettungsübung, um für den Ernstfall gerüstet zu sein. Genauso pünktlich wie das Schiff gekommen ist, legt es wieder ab.

Oben: Immer wieder eröffnet sich durch die schmalen Gassen der Blick auf ein Hurtigrutenschiff.
Mitte: Gespannt sehen die Gäste der MS Vesterålen dem Anlegemanöver entgegen.
Unten: Die MS Trollfjord kurz vor dem Auslaufen.

VON BERGEN NACH MOLDE

Vorangehende Doppelseite: Das Vestkapp im Wechselspiel mit den Wolken.
Mitte: Florø ist der erste Hafen, der von den Schiffen auf dem Weg nach Norden angelaufen wird.
Unten: Beobachter beim Anlegen in Florø.

6 Von Florø bis Torvik

Vorbei am Vestkapp weiter Richtung Norden

Die Häfen Florø, Måløy und Torvik sind auf der nordgehenden Route die ersten Stationen nach Bergen. Allein die Fahrt dorthin ist schon ein besonderes Erlebnis. Dies gilt vor allem für Reisende, die zum ersten Mal die faszinierende Landschaft Norwegens vom Schiff aus erleben. Wenn dann noch das Wetter mitspielt, bleiben die Außendecks bis in die späte Nacht dicht mit staunenden Passagieren besetzt.

Im Sommer lohnt es sich, nach dem Auslaufen an Deck zu bleiben und die Fahrt zu genießen. Der Kurs führt zunächst durch den Hjeltjefjord und anschließend durch den Fedjefjord. Hier befindet sich das Schiff noch im Wellenschutz der vorgelagerten Inseln, sodass auch empfindliche Naturen die Reise genießen können. Die Insel Fedje, die dem Fjord den Namen gegeben hat, bleibt am Ausgang des Fjordes auf der Backbordseite zurück und das offene Meer ist erreicht. Aber immer

MAL EHRLICH

NUR DAS WICHTIGSTE SICH MERKEN

Fachbegriffe sind selten auf Anhieb verständlich. Das ist auch in der Seefahrt nicht anders. Leicht merken kann man sich jedoch, dass Steuerbord die rechte und Backbord die linke Seite des Schiffes bezeichnet. Aber, muss man das wirklich wissen? Tatsächlich schadet es nicht, wenn Sie sich auf Ihrem Schiff ein wenig auskennen. Lassen Sie sich jedoch nicht durch allzu viel Fachchinesisch verwirren. Begriffe wie Azipod, Pitch oder *dynamic positioning* müssen Sie nicht verstehen!

noch dicht unter Land folgt das Schiff seinem Kurs nach Norden.

Florø und Måløy

Um 2 Uhr nachts erreicht es schließlich Florø, wo es erstmals stoppt. Die unspektakuläre Ortschaft ist die westlichste Gemeinde Norwegens und wurde darüber hinaus bereits zweimal mit dem Preis für die freundlichste Stadt des Landes bedacht. Leider besteht keine Möglichkeit, den Wahrheitsgehalt dieser Auszeichnung zu prüfen. Der Aufenthalt in Florø dauert nur 15 Minuten – genug, um wichtige Post und Frachtstücke abzugeben und aufzunehmen. Auch auf der südgehenden Route hält das Schiff nur für eine halbe Stunde, dann allerdings am frühen Morgen. Zu dieser Zeit zeigt sich der Ort in der Morgensonne von seiner besten Seite.

Nach der anschließenden Fahrt durch den Frøysjøen und vorbei an der Mündung des Nordfjords erfolgt zwei Stunden später der nächste Stopp in Måløy. Die 6300 Einwohner zählende Gemeinde lebt vorwiegend vom Fischfang. Kurz bevor es die Stadt erreicht, unterquert das Schiff die 1224 Meter lange Ulvesund-Brücke. Es heißt, dass diese Brücke bei bestimmten Windverhältnissen so schwingt, dass das hohe C ertönt. Um es zu hören, muss man allerdings nordgehend um 4 Uhr morgens an Deck sein. Auf der südgehenden Tour wird die Brücke erst um kurz vor 6 Uhr morgens erreicht.

Das Vestkapp

Auf seinem weiteren Weg passiert das Schiff das Vestkapp. Wer im Sommer früh genug aufsteht, kann den markanten Felsen am Ende der Halbinsel Stadlandet auf der nordgehenden Route sehen: Ab 5.15 Uhr morgens beginnt die Passage der

AUTORENTIPP!

»DER FRÜHE VOGEL FÄNGT DEN WURM!« …

… und auf der Strecke von Torvik nach Ålesund bestehen im Sommer gute Chancen, ihn dabei zu beobachten. Sobald es hell genug ist, machen sich die auf den Klippen der Inseln und der Festlandsküste brütenden Vögel auf, um die ewig hungrigen Schnäbel ihres Nachwuchses zu stopfen. Ob Dreizehenmöwen, Basstölpel, Trottel- und Dickschnabellummen, Papageitaucher oder Eissturmvögel, jede Vogelart hat ihre eigene Technik des Nahrungserwerbs entwickelt. Die elegantesten Flieger sind die Eissturmvögel. Ohne Flügelschlag fliegen sie dicht über den Wellen und setzen sich nur gelegentlich kurz auf die Wasseroberfläche, um dort kleine Krebse, Flügelschnecken und Tintenfische aufzupicken. Lummen und Papageitaucher starten ihre bis zu 70 Meter tiefen Tauchgänge von der Wasseroberfläche und »fliegen« unter Wasser ihrer Beute nach. Die spektakulärsten Flugmanöver vollführen Basstölpel. Die gänsegroßen Vögel stürzen sich aus großer Höhe ins Wasser und tauchen dort nach Fischen. Ein Erlebnis, das sich niemand entgehen lassen sollte. Ein Fernglas ist nützlich.

Blick auf die vom Europäischen Nordmeer steil aufsteigenden Felsklippen der norwegischen Vogelinsel Runde.

Oben: Das Hafenbecken von Florø.
Mitte: Sonne tanken auf dem Weg nach Ålesund.
Unten: Von hohen Bergen geschützt: der Hafen von Måløy, der zweite Hafen der nordgehenden Route.

Meeresstraße Stadhavet, die hier vorbeiführt. Auf der südgehenden Tour wird er nachts passiert. 497 Meter hoch ragt das auch »Weibsbild« genannte Vestkapp senkrecht aus dem Meer. Ebenso wenig wie das Nordkap der nördlichste Punkt Norwegens ist, markiert der Felsen den westlichsten Ausläufer des Landes. Er steht jedoch als Symbol für die vielen Seeleute, die hier an den steilen Klippen ums Leben gekommen sind. Bereits im 9. Jahrhundert war das Vestkapp bei den Seeleuten gefürchtet, zählt man doch nirgendwo in Norwegen mehr Sturmtage als hier. Wenn der Wetterbericht wieder einmal ein heranziehendes Sturmtief meldet, legen selbst erfahrene Fischer gerne einen Ruhetag ein, und dies mit gutem Grund. Am Vestkapp trifft der Golfstrom aus südwestlicher Richtung auf die norwegische Küste. Von Westen kommen obendrein häufig eine lange Dünung aus dem Atlantik und dazu kurze, harte, von den Felsen reflektierte Wellen. Dies alles vermischt sich bei Sturm zu einem tobenden Inferno, das die Seefahrt vor dem Kap zu einem in der Tat lebensgefährlichen Abenteuer werden lässt.

Unendlich viele wahre und erfundene Geschichten über versunkene Schiffe und ertrunkene Seeleute ranken sich um die Stadhavet. Den »größten Friedhof Norwegens« hat man die Meeresstrecke vor Stadlandet auch genannt. Schon Norwegens erster König, Harald Schönherr, vermied es, im Herbst um das sturmumtoste Kap zu segeln. Belegt ist, dass allein 1594 hier 15 Schiffe sanken und nahezu 500 Menschen zu Tode kamen. 1869 fegte ein schwerer Orkan über das Vestkapp, die genaue Zahl der damals ertrunkenen Fischer steht bis heute nicht fest. Aus neuerer Zeit ist das Unglück des Fischkutters »Brenning« bekannt, der im Jahr 1956 im Sturm kenterte und alle 19 Besatzungsmitglieder mit in die Tiefe riss. 58 Schiffswracks wurden bislang in der Stadhavet entdeckt, die genaue Zahl der Wracks wird wohl nie ermittelt werden.

Letzte Station vor Ålesund

Torvik ist eine weitläufige Streusiedlung auf der Insel Leinøya. Vom Schiff aus sehen die Passagiere meist nur die Pier und einige Lagerhallen. Auf der nordgehenden Tour werden hier die Hurtigruten-Schiffe gelegentlich von einer kleinen Blaskapelle begrüßt. Auf der südgehenden Tour wird der Hafen nachts um 2 Uhr erreicht; für Blasmusik ist es dann noch zu früh. Auch in Torvik hat das Schiff nur 15 Minuten Aufenthalt, gerade genug, um sich die Füße zu vertreten. Nach dem Ablegen sind noch 15 Seemeilen bis Ålesund zurückzulegen. Diese Strecke wird in etwas mehr als einer Stunde bewältigt.

Der Leuchtturm Stabben Fyr, nur wenige Minuten westlich von Florø.

Infos und Adressen

INFORMATION

Florø Tourist Information. Strandgata 30, 6900 Florø, Tel. 57 74 30 00, www.fjordkysten.no Öffnungszeiten: 02.05.–13.06. Mo–Fr 9–16.30 Uhr, 14.06.–14.08. Mo–Fr 9–18 Uhr, Sa 10–16 Uhr, So 11–15 Uhr, 15.08.–01.09. Mo–Fr 9–16.30 Uhr, Sa 10–16 Uhr, So 11–15 Uhr

Måløy Tourist Information. Gate 1, 6700 Måløy, Tel. 57 84 50 77, www.nordfjord.no Öffnungszeiten: 15.08.–17.06. Mo–Fr 8–15:45 Uhr, 20.06.–26.06. Mo–So 10–16 Uhr, 27.06.–31.07. Mo–Fr 9–17 Uhr, Sa–So 10–16 Uhr, 01.08.–14.08. Mo–Fr 10–16 Uhr.

Herøy kommune. Touristeninformation der Gemeinde Heroy, zu der auch Torvik gehört. Postboks 274 6099, Fosnavåg, Tel. 70 08 13 00, Fax 70 08 13 01, www.heroy.commune.no

ESSEN UND TRINKEN

Vestkapphuset. Café und Restaurant mit Aussichtsturm, der einen Blick auf den Felsen das »Weibsbild« gestattet. Spezialitäten des Hauses sind Fischsuppe mit Brot oder Hackfleischpfanne mit Reis und Salat. Andere Gerichte gibt es auf Anfrage. Bei sämtlichen Mittagessen ist eine Tasse Kaffee im Preis enthalten. Nummerierte »Vestkapp-Zertifikate«, auf denen der Name des Besuchers, das Datum und die Windstärke eingetragen sind, können erworben werden. 6717 Flatraket, Tel. 57 85 68 17, Fax 57 85 68 16 / 57 85 83 50, www.vestkapp.no

Mitte: Nicht umsonst ist Runde eine Vogelinsel: Sie hat weniger als 100 menschliche Einwohner.
Unten: Papageitaucher gibt es dafür umso mehr auf Runde.

7 Vogelinsel Runde

Nicht nur für Ornithologen einen Ausflug wert

Ganze 6,4 Quadratkilometer ist die Insel Runde klein, und doch ist sie Brutrevier oder Rastplatz für 225 verschiedene Vogelarten. Gegenüber den bis zu 500 000 Vögeln von A wie Austernfischer bis Z wie Zwergmöwe, die jedes Jahr zum Brüten herkommen, sind die weniger als 100 Einwohner deutlich in der Minderzahl. Auch einige Tausend Touristen im Jahr verschieben das Verhältnis nicht wesentlich.

Runde liegt etwa 30 Kilometer südwestlich von Ålesund in der Gemeinde Herøy. Die Insel ist durch eine nacheiszeitliche Landhebung entstanden. Als steiles Gebirge erhebt sich Runde aus dem Meer. Höchster Punkt ist der Runde Varden mit 333 Metern. In den bis zu 250 Meter hohen Felswänden im Westen der Insel liegen die Brutkolonien der Seevögel, während sich die 150 Einwohner auf die Orte Runde und Goksøyr verteilen. Neben der Landwirtschaft im flachen Unterland bilden die Fischerei und in zunehmendem Maß der Tourismus die Lebensgrundlage der Einwohner.

Von Ålesund kommend, legt die Fähre der Linie Sulesund–Hareid hier an, von Süden erreicht man die Insel über die E39, Volda und durch den Eiksundtunnel auch ohne Fähre. Auf Runde empfiehlt sich eine Wanderung zu den Vogelklippen. Von dort aus sind die Papageitaucher sehr gut zu beobachten. Ein absolutes Muss ist zudem eine Bootstour, um die Vogelkolonien auch vom Meer aus zu beobachten. Der Vogelfelsen auf Runde ist der größte, der in Norwegen südlich des Polarkreises gelegen ist. Auf der Insel brüten über 60 verschiedene Vogelarten regelmäßig, weitere elf Arten gelegentlich. Die größten Kolonien bilden Lummen, Papageitaucher, Dreizehenmöwen, Basstölpel und Kormorane. Andere, darunter Seeadler, Habicht, Wander- und Gerfalke, sind während des ganzen Jahres rund um Runde zu beobachten, brüten jedoch auf anderen Inseln oder auf dem Festland. Für alle anderen dort bisher beobachteten Arten ist Runde ein wichtiger Rastplatz. Für Seevögel sind die Vogelfelsen auf Runde ideal. Die Insel liegt mitten in fischreichen Gewässern, und die Felswände bieten Schutz für die Brut.

Runde wird von den Hurtigruten-Schiffen nicht direkt angefahren, doch ein Abstecher lohnt sich. Wer die Insel nur für einen Tag besuchen möchte, kann – allerdings nur an Werktagen – das Schiff nordgehend morgens in Torvig verlassen, mit dem Bus der Linie 333 nach Fosnavåg und von dort mit der Linie 331 nach Runde fahren. Wenn das Schiff aus dem Geirangerfjord nach Ålesund zurückkommt, erreicht man den Anschluss mit der Fähre.

Wer Runde nicht nur für einen Tag besuchen will, kommt an Knut Asle Goksøyr nicht vorbei. Bei ihm ist man in guten Händen, z.B. wenn man auf dem Campingplatz, in einer Hütte, einem Ferienhaus oder gar in einem ehemaligen Lotsenhaus übernachten will. Auch Inselrundfahrten zu den Vogelfelsen, eine Seehundsafari oder Angeltouren können Sie buchen. Für das leibliche Wohl der Inselbesucher wird im Runde Kafé gesorgt. 2009 wurde das Runde Informationszentrum geöffnet, dem auch eine Wetterstation angeschlossen ist. Es gehört zu einer Forschungs- und Ausbildungsstation, in der Wissenschaftler eine Fülle von Projekten bearbeiten. Sie forschen über Optimierungsmethoden in der Fischerei, über Gewässerreinhaltung, die CO_2-Aufnahme des Meerwassers und die Nutzung von Wellenenergie.

Infos und Adressen

INFORMATION

Runde Camping. Knut Asle Goksøyr,
Tel. 70 08 59 05,
www.insel-runde.de

Runde Miljøcenter.
www.rundecentre.no

Runde Tourist Information Office.
www.heroy.kommune.no
Öffnungszeiten: 01.–31.05.
tägl. 10–16 Uhr, 01.06.–01.09.
tägl. 10–18 Uhr, Tel. 90 18 34 55.

Mitte: Brütende Basstölpel an den steilen Klippen der Insel.
Unten: Seeadler sieht man das ganze Jahr über auf und um Runde.

8 Ålesund

Mehr als Stockfisch und Jugendstil

Ålesund steht zu Recht synonym für Jugendstil in Norwegen. Keine andere Stadt hat einen Stadtkern, der durch diese Stilrichtung so geprägt ist wie Ålesund. Und doch wird man der Stadt nicht gerecht, wenn man sie darauf reduziert. Ålesund ist mehr! Die Stadt ist in hohem Maße geprägt durch Kunst und Kultur, Handel und Fischerei, Natur und Tourismus.

Gemessen an der tausendjährigen Geschichte anderer norwegischer Städte ist Ålesund eine junge Stadt, auch wenn hier schon tausend Jahre alte Siedlungsreste gefunden wurden. Zwar steht die 1904 erbaute Borgund-Kirche auf den Resten einer Kirche aus dem 12. Jahrhundert, die erste urkundliche Erwähnung von Ålesund als Niederlassung Bergener Kaufleute stammt jedoch aus der Mitte des 15. Jahrhunderts. Danach dauerte es immerhin noch rund 400 Jahre, bis König Oscar I. von Schweden Ålesund im Jahr 1848 die Stadt-

MAL EHRLICH

WENIGER IST MEHR

Wer möchte bei einer Kreuzfahrt entlang einer der schönsten Küsten Europas nicht möglichst viel erleben? Schon vor der Reise wird häufig eine Liste mit all den Sehenswürdigkeiten erstellt, die man gesehen haben muss. Vor Ort wird dann abgehakt. Drei Museen und ein Stadtrundgang an einem Vormittag! Das Soll ist erfüllt, aber das Erleben und Aufnehmen des Gesehenen bleiben auf der Strecke. Weniger ist mehr, mag das Angebot auch noch so reich und vielfältig sein.

Mitte: Auch bei diesigem Wetter schön: Ålesund vom Berg Aksla aus.
Unten: Spät am Abend steuert die MS Polarlys Ålesund an.
Seite 60 oben: Die Jugendstilhäuser bilden ein buntes Ensemble.
Seite 60 unten: Die MS Nordlys in Ålesund.

Jugendstilhäuser am Brosundet in der Stadtmitte.

rechte verlieh. Seit dieser Zeit wuchs Ålesund kontinuierlich, zum Wohlstand der Stadt trug vor allem die Fischerei bei. Ålesund wurde einer der wichtigsten Fischereihäfen und ist bis heute Norwegens größter Exporthafen für Stockfisch.

Zerstörung als Chance

Ålesund wäre möglicherweise noch heute eine typische norwegische Kleinstadt mit bunten, malerischen Holzhäusern, hätte nicht eine Katastrophe die Stadt von Grund auf verändert. In der Nacht vom 22. zum 23. Januar 1904 fiel in einer Margarinefabrik eine Petroleumlampe um. Kleine Ursache, große Wirkung: Die Lampe setzte das Gebäude in Brand. Durch stürmischen Wind begünstigt, breitete sich das Feuer rasend schnell aus. Innerhalb von 16 Stunden hatte die Feuersbrunst 850 Häuser in der Innenstadt in Schutt und Asche gelegt. Rund 10 000 Menschen, fast 85 Prozent von Ålesunds Einwohnern, waren schlagartig obdachlos. Rasche Hilfe war in den stürmischen Winter-

AUTORENTIPP!

ÅLESUND UND GEIRANGERFJORD

Wer weder auf die Stadtbesichtigung noch auf die Fahrt durch den Geirangerfjord verzichten will, kann von Ålesund weiter mit dem Schiff nach Geiranger fahren und dort an dem Ausflug »Große Panoramafahrt mit Ålesund« teilnehmen. Die erste Station ist das außerhalb des Ortszentrums gelegene Geirangerfjord-Center. Dort wird der Fjord in einer Multimediashow in allen vier Jahreszeiten präsentiert.
Dann geht es mit dem Bus über den Ørnevegen, die Adlerstraße, mit ihren elf Haarnadelkurven bis auf 620 Meter. Von einem Aussichtspunkt in der letzten Kehre, dem Ørnesvingen, der Adlerkehre, erschließt sich dem Betrachter die ganze Schönheit des Fjordes mit dem Ort Geiranger und dem Wasserfall »Sieben Schwestern«. Die Fahrt führt danach weiter nach Eidsdal, wo das Verkehrsmittel gewechselt wird. Ein Ausflugsschiff bringt Sie durch den Storfjord zurück nach Ålesund. Dort schließt sich eine kleine Stadtrundfahrt an, während der auch der Hausberg Aksla besucht wird.

Norwegisches Fjordcenter Geiranger. Tel. 70 26 38 10, booking@verdsarvfjord.no, www.verdsarvfjord.no

MS NORDLYS

tagen nach dem Brand daher dringend notwendig. Aus allen Teilen des Landes wurden Hilfskräfte und Handwerker herbeigeholt, um die schlimmsten Folgen der Feuerkatastrophe zu beseitigen. Unerwartete Unterstützung kam aus Deutschland. Kaiser Wilhelm II., der in Norwegen regelmäßig seinen Urlaub verbrachte und auch Ålesund häufig besucht hatte, reagierte sofort. Bereits vier Tage nach dem Brand erreichten vier Schiffe mit Hilfsgütern den Hafen der Stadt. Nach ihrer Entladung dienten sie für obdachlos gewordene Einwohner Ålesunds als Notunterkünfte. Die Bürger dankten dem Kaiser, indem sie eine der Hauptstraßen nach ihm benannten und ein Denkmal im Stadtpark errichteten.

Das verheerende Feuer wurde, wie in anderen Städten Norwegens auch, zum Anlass genommen, nur noch aus Stein gemauerte Häuser in der Innenstadt zuzulassen. Dies war die große Chance für junge norwegische Architekten, die mit dem Wiederaufbau beauftragt wurden. Sie waren durch den damals international modernen Jugendstil mit seinen dekorativ geschwungenen Linien, flächenhaften floralen Ornamenten und der Aufgabe von Symmetrien stark beeinflusst. Gleichzeitig unterlagen sie jedoch auch nationalromantischen Impulsen. Daraus entstand eine einzigartige Stilmischung, die den Reiz der Stadt ausmacht. Bereits 1907 waren die Schäden des Feuers weitgehend beseitigt und die Stadt erstrahlte in neuem Glanz, den sie heute noch zeigt.

Ålesund als Erlebnis

Auf der nordgehenden Route wird Ålesund morgens um 8.45 Uhr erreicht, auf der südgehenden um Mitternacht. Wer also die Stadt bei einer Hurtigruten-Fahrt kennenlernen möchte, muss gen Norden fahren. Der immerhin 45 Minuten lange

Infos und Adressen

INFORMATION

Touristeninformation. Destinasjon Ålesund & Sunnmøre, Skateflukaia, Tel. 70 15 76 00, info@visitalesund.com, www.visitalesund.com/de

ESSEN & TRINKEN

Fjellstua. Das älteste Speiserestaurant in Ålesund auf dem Berg Aksla bietet einen herrlichen Blick auf die Stadt und Gerichte zwischen 77 und 204 NOK. Bei gutem Wetter kann man auf der Terrasse essen. Berg Aksla, Tel. 70 10 74 00, www.fjellstua.no

SEHENSWÜRDIGKEITEN

Ålesund Kirche. Prestegata, Tel. 70 16 53 00.

Unweit des Hurtigrutenanlegers steht die Statue »Hundevakta« des Künstlers Arne Martin Hansen.

AUTORENTIPP!

ÅLESUND MIT DEM FAHRRAD

Das eine tun und das andere nicht lassen. So könnte das Motto für Besucher lauten, die Ålesund im wahrsten Sinne des Wortes erfahren und sich gleichzeitig etwas körperlich ertüchtigen möchten. Alle Sehenswürdigkeiten der Stadt sind mit einem gemieteten Fahrrad in kurzer Zeit erreichbar, angefangen beim Aquarium Atlanterhavsparken auf der Tyneset ganz im Westen der Halbinsel über die Stadt mit der Kirche, dem Fischereimuseum, der Jugendstilstadt und dem Aalesunds Museum bis zum Sunnmøre Museum in der Bucht Borgundkaupangen. Wer es bis dorthin geschafft hat, kann auf dem Rückweg noch einen Abstecher auf den Aksla machen. Auf dem Berg werden im Restaurant Fjellstua Snacks und Getränke zu moderaten Preisen angeboten. Während der Rast kann man das beeindruckende Panorama der Stadt und der südlich gelegenen Sunnmøre-Alpen genießen.

Actin AS. Dronning Sonjas Plass, Tel. 920 95 745, stein.magne@actin.no, www.visitalesund-geiranger.com/de/Aktivitaten/ Fahrrad-Leihgebühr für eine bis zehn Stunden 200 NOK.

Umgebaute Lagerhäuser am Hurtigrutenkai.

Aufenthalt ist jedoch viel zu kurz, um die wunderschöne Stadt kennenzulernen. Die Lösung: einfach aussteigen. Dies ist in den Sommermonaten möglich, weil das Schiff noch einen Abstecher in den berühmten Geirangerfjord macht und auf dem Rückweg erneut in Ålesund anlegt.

Ein Spaziergang durch die Stadt versetzt den Besucher in die Zeit des beginnenden 20. Jahrhunderts zurück. Malerisch durch Brücken verbunden, erstreckt sie sich auf drei Inseln im Brosundet. Je nach persönlicher Vorliebe kann man Ålesund auf eigene Faust erkunden oder sich einer Stadtführung anschließen, die als buchbarer Ausflug »Stadt des Jugendstils« angeboten wird. Sie sollten nicht versäumen, durch die Fußgängerzone zu schlendern und am pittoresken Brosundet, dem Meeresarm, an dem Ålesund liegt, den Fischern zuzusehen, die ihren Fang direkt vom Kutter aus verkaufen. In einem der wenigen Häuser, die den Brand von 1904 unversehrt überstanden, ist das Fischereimuseum untergebracht. Dort erfahren Sie alles über den Fischfang und die Weiterbearbeitung der Fänge zu Stockfisch, auf dessen Verkauf Ålesunds Aufschwung und Reichtum gründeten. Die sehenswerte Kirche aus dem Jahr 1909 steht etwas abseits vom Stadtkern in der Prestegata. Sie ist für ihre schönen Fresken sowie für ihre Giebelfenster berühmt. Diese sind mit sehr schönen Glasmalereien versehen und wurden von Kaiser Wilhelm II. gestiftet.

Wer sich körperlich betätigen will, sollte vom Stadtpark aus die 418 Stufen zum Aussichtspunkt auf dem »Hausberg« Aksla hinaufsteigen. Von dort reicht der Blick über die Stadt, die vorgelagerten Inseln und die südlich gelegenen Sunnmøre-Alpen. Wer sich die 418 Stufen nicht zutraut, kann auch ganz einfach mit dem Auto auf den Berg hinauffahren.

Sehenswürdigkeiten in Ålesund

Mit Ausnahme des Atlanterhavsparken und des Sunnmøre Museums, die etwas außerhalb des Stadtzentrums liegen, sind alle Sehenswürdigkeiten fußläufig erreichbar. Die Reihenfolge ist nicht zwingend vorgegeben, wird aber erfahrungsgemäß so gewählt.

Stadtansicht vom Schiff aus.

Ⓐ **Hurtigrutenkai**

Ⓑ **Touristeninformation**, Skateflukaia – direkt auf dem Weg zur Stadt gelegen, kann man sich hier ausführlich informieren.

Ⓒ **Brosundet** – um diese Meeresbucht ist die Stadt gebaut.

Ⓓ **Jugendstilmuseum** und **Kube Art Museum**, Apotekergata.

Ⓔ Die **Ålesund-Kirche** in der Prestegata ist bekannt für ihre Fresken und die von Kaiser Wilhelm II. gestifteten Giebelfenster mit Glasmalereien.

Ⓕ **Fischereimuseum**, Molovegen – eines der wenigen aus Holz gebauten Häuser, die den verheerenden Brand im Jahr 1904 unversehrt überstanden haben.

Ⓖ **Teaterfabriken**, Molovegen.

Ⓗ **Aalesund Museum**, Rasmus Rønnebergsgata.

Ⓘ **Løvenvoldkino**, Løvenvoldgata.

Ⓙ **Parken Kulturhus** und **Ålesunds Kunstforening**, Parkgata.

Ⓚ **Hausberg Aksla** mit Restaurant Fjellstua und Wanderwegen.

Ⓛ **Sunnmøre Museum**, Borgundgavlen.

Ⓜ **Atlanterhavsparken**, Tueneset – maritimes Erlebniszentrum in Ålesund.

9 Ålesund

Stadt der Museen

Traditionell gründet Ålesunds Wohlstand auf der Fischerei. Bis heute ist die Stadt der größte norwegische Exporthafen für Stockfisch. Da wundert es nicht, dass die Stadt ein Fischereimuseum besitzt, in dem die Entwicklung von Fischfang und Fischindustrie umfassend dargestellt wird. Das Fischereimuseum ist jedoch keineswegs das einzige sehenswerte Museum in Ålesund. Die Palette ist breit gefächert.

Auch wenn die Fischerei nicht jedermanns Sache ist, lohnt sich ein Besuch im Fischereimuseum in der Straße Molovegen 10 am Eingang zum alten Hafen von Ålesund. Untergebracht ist es in einem der wenigen Holzhäuser der Stadt, die dem Feuer entgangen sind, das im Jahre 1904 den größten Teil der Stadt zerstörte. Es ist außerdem das einzige Gebäude aus dem 19. Jahrhundert, das umfassend restauriert wurde. Schon bei der Anfahrt zum Hurtigrutenkai fällt das markante weiße Gebäude ins Auge.

Im Erdgeschoss erfährt der Besucher alles über den Dorschfang, den daraus bereiteten Stockfisch und die Gewinnung, Verarbeitung und Haltbarma-

Mitte: Das Gebäude des Jugendstilzentrums.
Unten: Typisches Detail aus dem Jugendstil.

Jugendstilgebäude an der Apotekergata.

chung eines der wichtigsten Handelsgüter des 19. und 20. Jahrhunderts, nämlich des für medizinische Zwecke genutzten Dorschlebertrans. Seit 2009 informiert eine zusätzliche Ausstellung über die Entwicklung der Tiefseefischerei von den Anfängen bis heute.

Stadtgeschichte nacherleben

Das Ålesunds Museum in der Rasmus Rønnebergsgata stellt als klassisches historisches Museum die Entwicklung der Stadt und deren Bedeutung als Handels- und Industriezentrum der Region Sunnmøre dar. Auch die jüngere Geschichte wird mit einer Fülle von Exponaten präsentiert. Der große Brand von 1904 und der anschließende Wiederaufbau der Stadt nehmen dabei breiten Raum ein. Auch ein düsteres Kapitel der Geschichte, die Besetzung Norwegens durch die deutsche Wehrmacht während des Zweiten Weltkrieges, wird ausführlich behandelt. Beide Museen werden von der Stiftung Sunnmøre Museum betrieben.

Jugendstil im Museum

Braucht man ein Jugenstilmuseum, wenn die ganze Innenstadt aus liebevoll gepflegten Jugendstilhäusern besteht, die quasi ein »lebendes Museum« darstellen? Wer sich »nur« an den Gebäuden erfreuen will, kann die Frage getrost mit Nein beantworten. Aber das 2003 von Königin Sonja eingeweihte Jugendstilsenteret in der Apotekergata 16 ist mehr als ein Museum im herkömmlichen Sinn und deshalb allemal einen Besuch wert.

Das denkmalgeschützte Gebäude, in dem vormals die Svaneapoteke untergebracht war, ist Museum, Galerie, öffentliche Bibliothek, Veranstaltungszentrum und Treffpunkt für Architektur- und Kunstinteressierte. Es beherbergt zudem das interessante Kube Art Museum, in dem auch zeitgenössische

AUTORENTIPP!

EINTAUCHEN IN DIE VERGANGENHEIT

Wenn die Zeit ausreicht, lohnt sich ein Abstecher zum Sunnmøre Museum. Das Freilichtmuseum ist nur etwa vier Kilometer vom Stadtzentrum entfernt und mit Auto und Fahrrad gut zu erreichen. Der Grundstein für das Museum, das sich wunderbar in die Landschaft der Bucht Borgundkaupangen einfügt, wurde bereits 1931 gelegt. Seitdem sind hier annähernd 50 Gebäude aus der Sunnmøre-Region zusammengetragen und liebevoll restauriert worden.
Eine der Attraktionen ist die Sammlung alter Boote, darunter das Wikingerschiff »Borgundknarren«, mit dem auch kurze Fahrten angeboten werden. Empfehlenswert ist zudem ein Besuch des Mittelaltermuseums, das ebenfalls auf dem Gelände des Freilichtmuseums errichtet wurde. Der Eintritt ist in den Tickets – 80 NOK für Erwachsene und 30 NOK für Kinder – eingeschlossen. Komplettiert wird das Angebot durch einen etwa 1,5 Kilometer langen Naturwanderpfad.

Sunnmøre Museum. Öffnungszeiten nach Saison wechselnd. Borgundgavlen, Tel. 70 17 40 00, www.sunnmore.museum.no

Jugendstilornament in der alten Apotheke des Jugendstilzentrums.

Kunst präsentiert wird. Für Gruppen und Einzelpersonen werden dort Führungen durch die wechselnden Ausstellungen angeboten. Im früheren Labor und Büro des Apothekers sind jetzt ein Café und ein Museumsladen eingerichtet. Das Ticket für 65 NOK für Erwachsene, 50 NOK für Rentner und 35 NOK für Kinder und Studenten berechtigt zum Eintritt sowohl in das Jugendstil- als auch das Kube Art Museum.

Atlanterhavsparken

Der Atlanterhavsparken ist nur wenige Autominuten von Ålesunds Zentrum entfernt auf der Halbinsel Tueneset gelegen. Dieser »Atlantikpark« ist eine echte Attraktion, für Erwachsene ebenso wie für Kinder. Auf 4000 Quadratmetern Ausstellungsfläche kann man hier elf große Aquarien bestaunen, in denen Unterwasserlandschaften mit ihren typischen Tieren und Pflanzen nachgebaut sind. In ihnen tummelt sich alles, was im Nordatlantik Rang und Namen hat. Nur wenige Zentimeter große Garnelen, mehr als einen halben Meter messende Hummer, See-Anemonen, Seewolf und Kabeljau sind hier in ihrem (fast) natürlichen Lebensraum zu beobachten.

Der absolute Publikumsmagnet ist jedoch ein riesiges, vier Millionen Liter fassendes Becken, für das die Bezeichnung »Aquarium« kaum mehr zutrifft. In seiner Meereslandschaft sind Kabeljau, Heilbutt und Meeraal ebenso zu Hause wie Dornhai und Nagelrochen. An der riesigen gläsernen Seitenwand des Beckens drücken sich die Besucher zweimal am Tag die Nase platt, wenn die Tiere von Tauchern gefüttert werden. Hurtigruten-Passagiere können einen Ausflug buchen, der sowohl den Besuch des Atlanterhavsparken als auch die Fahrt zu Ålesunds Hausberg Aksla einschließt.

Oben: Aksel Holms Plass.
Mitte: Fragment einer Jugendstil-Parkbank in der Apotekergata.
Unten: Fütterung im Atlanterhavsparken, einem der größten Aquarien Europas.

Infos und Adressen

Sogar ein Secondhand- und Trödelladen ist im Jugendstilhaus untergebracht.

MUSEEN

Aalesunds Museum. Rasmus Rønnebergsgata 16, Tel. 70 12 31 70, aalesunds.museum@c2i.net, www.aalesunds.museum.no,
Eintritt: Erwachsene 50 NOK, Kinder (6–16 Jahre) 30 NOK, bis 6 Jahre kostenlos
Öffnungszeiten: Mo–Fr 9–15 Uhr, Sa und So geschlossen.

Fischereimuseum. Molovegen 10, Telefon und Mail wie Ålesunds Museum,
Eintritt: Erwachsene 50 NOK, Kinder 20 NOK, Öffnungszeiten: wie Aalesunds Museum.

Jugendstilmuseum und Kube Art Museum. Apotekergata 16, Tel. 70 10 49 70, post@jugendstisenteret.no, www.jugendstilsenteret.no, www.kunstmuseetkube.no
Eintritt: Erwachsene 70 NOK, Kinder 35 NOK, im Eintrittspreis sind beide Museen inbegriffen. Öffnungszeiten: 1.06.–31.08. tägl. 10– 17 Uhr, 01.09.–31.05. Di–So 11– 16 Uhr, im September auch Mo.

Atlanterhavsparken. Tueneset, Tel. 70 10 70 64, tor-erik@atlanterhavsparken.no, www.atlanterhavsparken.no, Eintritt: Erwachsene 155 NOK, Kinder (3–15 Jahre) 75 NOK, Kinder unter 3 Jahren frei, 20.06.–20.08. So–Fr 10–18 Uhr, Sa 10–16 Uhr, 21.08.–19.06. Mo–Sa 11–16 Uhr, So 11–18 Uhr.

Ålesunds Kunstforening. Galerie für zeitgenössische Kunst. Bis zu 14 verschiedene Ausstellungen mit Arbeiten aus Grafik, Malerei, Keramik und Bildhauerei werden dort im Jahr gezeigt. Vor allem Grafiken werden dort auch zum Verkauf angeboten. Eintritt frei, Parkgate 3, Tel. 70 12 22 37, aalk@online.no, www.alesundkunstforening.no

Jugendstilensemble am Apotekertorget.

Mitte: 4-Sterne-Hotel Brosundet am Binnenhafen.
Unten: Restaurant Børsen in der Apotekergata.

10 Ålesund

Festivals und mehr

Kultur wird großgeschrieben in Ålesund. Theater, Konzert, Tanz, bildende Künste und nicht zuletzt die Kochkunst haben im Leben der Stadt ihren festen Platz. Einige Festivals und zahlreiche Einzelveranstaltungen decken das gesamte Spektrum kulturellen Schaffens ab. Aber damit nicht genug. Musik und Gaumenfreuden sind in der Stadt eine harmonische Verbindung eingegangen. Abendkonzerte bei einem guten Wein oder ein Dinner mit Musikuntermalung gehören dazu.

Ålesund besitzt mit dem Parken Kulturhus seit 1998 eine moderne Spielstätte für alle Sparten der Bühnenkunst. Mitten im Stadtzentrum bietet es 1100 Gästen Platz. Renommierte Theatertruppen wie Den Norske Opera aus Oslo oder das Tourneetheater Riksteateret geben hier immer wieder Gastspiele.

Alljährlich im März findet das Ålesund Theaterfestival mit Gastspielen internationaler Ensembles

MAL EHRLICH

ABWECHSLUNG AUF DEM TELLER

Wer isst sich nicht gern satt und manchmal sogar darüber hinaus, wenn das Essen besonders gut schmeckt, es obendrein ansprechend zubereitet und, wie im Falle einer Kreuzfahrt, im Preis eingeschlossen ist. Von daher haben große Portionen viele Anhänger, denn: »… da bekommt man etwas für sein Geld!« Aber brauchen wir das wirklich? Ist es nicht viel interessanter, einmal an Land zu gehen und regionale Spezialitäten zu kosten? Einen Versuch ist es wert.

statt. Von der Klassik bis zur modernen zeitgenössischen Kunst werden für Erwachsene und Kinder Theateraufführungen, Konzerte und Tanzveranstaltungen angeboten. Noch weiter gefasst ist das Spektrum des Nynorsk-Festivals, das jedes Jahr Ende Juni in Ålesund stattfindet. Neben Theateraufführungen gehören Literaturlesungen, Musik und die bildenden Künste zu den Schwerpunkten des Festivals. Freunde der Big-Band-Musik sollten das dreitägige »Ålesund-Big-Band-Festival« im Juni nicht versäumen, zu dem Bands aus ganz Norwegen aufspielen. Von Swing bis Mambo reicht das Spektrum der Musik, die in den 20er-Jahren des letzten Jahrhunderts aus dem Dixieland und dem Chicago Jazz hervorgegangen und bis heute aktuell ist. Benny Goodman, Duke Ellington, Gene Krupa und Lionel Hampton lassen grüßen. Beim alljährlich im August stattfindenden »Jugendfest« trifft man das Who's who der internationalen und nationalen Rockszene bei Freiluftkonzerten auf dem St. Olavs Plass im Zentrum Ålesunds.

In den Wintermonaten öffnet zwei bis drei Mal pro Monat pünktlich um 19 Uhr das Kube Art Museum in der Apotekergata 16 seine Türen für die inzwischen schon zur Tradition gewordenen Donnerstagskonzerte. Kleine Streicher-, Bläser- und Gitarrenensembles spielen klassische Kammermusik. Aber es wird nicht nur Musik auf fertigen Instrumenten gemacht. An einigen Abenden gibt es auch Einführungen in die faszinierende Kunst des Instrumentenbaus. Dabei kann jeder Besucher auch einmal selbst Hand anlegen.

Darüber hinaus können Besucher über das ganze Jahr hinweg Ausstellungen und Konzerte besuchen. Cineasten werden sich im liebevoll restaurierten Kino Løvenvold mit seinen im alten Stil gehaltenen Freskenmalereien nicht nur wegen der

AUTORENTIPP!

DER FRISCHESTE FISCH IN NORWEGEN

Es muss nicht immer Fisch sein, aber in Ålesund sollte man sich maritime Leckerbissen nicht entgehen lassen. Schließlich besitzt die Stadt den wichtigsten Fischereihafen Norwegens. Frischer kann man Fische, Hummer und Königskrabben nicht bekommen. Aber auf die Zubereitung kommt es an! Und davon verstehen die Köche im Sjøbua Fiskerestaurant eine Menge. In einem liebevoll restaurierten Speicher am Hafen untergebracht, zählt es nicht nur zu den bekanntesten Fischrestaurants Norwegens, sondern besticht auch durch sein Ambiente. Die Gäste betreten das Lokal von der Straßenseite her, die Meeresfrüchte werden den Köchen jeden Tag frisch direkt vom Kutter in die Küche gereicht. Im Sommer wird bei schönem Wetter das Essen auch auf einem zur Terrasse umfunktionierten Schwimmponton serviert.

Sjøbua Fiskerestaurant. Brunholmgata 1 A, Tel. 70 12 71 00, sjoebua@xi.no, www.sjoebua.no, Öffnungszeiten: Werktags 16–1 Uhr, Küche bis 23 Uhr, an Sonn- und Feiertagen geschlossen.

Oben: Die Statue »Ut mot havet« von Kirsten Kokkin steht am Kipervik-torget.
Unten: Ausstellung einer kleinen Glasbläserei in der Molovegen.

Filme wohlfühlen. Beispiele bildender Kunst sind über die gesamte Stadt verteilt. Sildekona, die »Heringsfrau«, Avisgutten, der »Zeitungsjunge« Skårungen, der »Fischerjunge« oder das Buholm-Denkmal, das eine aufs Meer blickende Frau darstellt, sind Beispiele für den Kunstsinn der Bürger Ålesunds.

Wer den Gaumenfreuden verfallen ist, kann sich von den Kochkünstlern verwöhnen lassen, die alljährlich im August/September aus allen Teilen des Landes zum »Norwegischen Gourmetfestival« und der »Norwegischen Meisterschaft für Köche« nach Ålesund anreisen. Neben internationalen Gerichten und neuen Kreationen liegt ein Schwerpunkt des Wettstreits auf der heimischen norwegischen Küche, die traditionell stark auf Fisch ausgerichtet ist. Immerhin ist Ålesund Norwegens größter Exporthafen für Stock- und Klippfisch. So ist es nicht verwunderlich, dass jedes Jahr auf dem Norwegischen Gourmet-Festival der beste Stock- und Klippfisch-Koch Norwegens ausgezeichnet wird. Köche aus den anderen Regionen Norwegens haben es jedoch schwer, denn unter Kennern weiß man, dass die besten Stock- und Klippfisch-Gerichte in den Restaurants in und um Ålesund serviert werden.

Aber die norwegische Küche lässt sich nicht auf Fisch reduzieren, und selbst in der »Fischhauptstadt« Ålesund können Sie eine Vielzahl von verschiedenen Spezialitäten kosten: zartes Rentierfleisch aus der Finnmark, Braten von Lämmern, die das ganze Leben auf den Weiden in Küstennähe verbracht haben oder saftige Süßkirschen aus dem Hardangerfjord. Wer sich nicht für die norwegischen Spezialitäten begeistern kann, findet auch Lokale mit internationaler, italienischer, asiatischer und indischer Küche, die durchaus zu empfehlen sind.

Infos und Adressen

ESSEN & TRINKEN

Teaterfabrikken AS. Das Theaterrestaurant mit einer Kleinkunstbühne für Musik, Comedy und Kabarett ist in einer alten Tranfabrik untergebracht und sehr gemütlich teils plüschig, teils rustikal eingerichtet. Wegen eventueller Sprachbarrieren nicht für jedermann geeignet. Moloveien 22, Tel. 70 10 04 10, post@teaterfabrikken.no, www.teaterfabrikken.no

C & C. Das kleine Restaurant ist in der Kirkegate, etwa auf halber Strecke zwischen Jugendstilsenteret und Ålesund Kirke gelegen. Es bietet norwegische Küche, vorwiegend Fischspezialitäten, und im Vergleich moderate Preise. Kirgegata 9, Tel. 96 20 94 72, post@cateringogconsulting.no, www.cateringogconsulting.no

Hummer og Kanari. Das Restaurant serviert in einem wunderschönen Jugendstilhaus internationale und regionale Küche zu günstigen Preisen. Bestellt wird am Tresen, die Gerichte werden serviert. Kongensgate 19, Tel. 70 12 80 08, hummerkanari@hotmail.no, www.hummerkanari.no

Tajmahal Tandoori Restaurant. Das zentral gelegene Restaurant bietet traditionelle indische Küche. Die Speisen und Getränke erhält man zu ortsüblichen Preisen. Hauptgerichte kosten ab 239 NOK, vegetarische Gerichte ab 145 NOK. Mo–Sa 11–23 Uhr, So 12–23 Uhr, Kongensgate 18, Tel. 70 12 03 00, tajmahal@hotmail.no, www.tajmahaltandoori.no

KULTURELLE EINRICHTUNGEN

Parken Kulturhus. (Städtisches Zentrum für Bühnenkunst), Parkgata. 3 B, Tel. 70 16 24 69, turidb@alesund.kommune.no, www.alesund.kommune.no/kultur

Løvenvold Kino. Løvenvoldgata 11, Tel. 70 16 24 56, www.nettposten.no/kino/

Die MS Nordkapp an der Pier von Ålesund.

Mitte: Der Geirangerfjord wirkt besonders mystisch unter wolkenverhangenem Himmel.
Unten: MS Nordlys-Gäste genießen auf Deck 7 die Aussicht auf dem Weg zum Geirangerfjord.

11 Weltnaturerbe Geirangerfjord

Faszinierendes Naturschauspiel

In dürren Zahlen ausgedrückt, ist der Geirangerfjord weder der längste, noch der schmalste und auch nicht der breiteste Fjord Norwegens. In diesen Kategorien erreicht er allenfalls Mittelmaß. Was ihn unter allen anderen heraushebt, sind seine landschaftliche Schönheit, sein Klima, seine Tier- und Pflanzenwelt und nicht zuletzt seine Kulturgeschichte. Immerhin reichen Spuren menschlicher Besiedlung fast 10 000 Jahre zurück.

15 Kilometer lang und bis zu 1,3 Kilometer breit ist der Geirangerfjord. Mit leichten Windungen und annähernd in West-Ost-Richtung erstreckt er sich von seiner Mündung in den Sunnylvsfjord, der seinerseits ein Nebenarm des Storfjordes ist, bis zum Ort Geiranger. Beidseits des Fjordes ragen die Felswände mehrere Hundert Meter in den Himmel. An den steilsten Hängen steht der nackte Fels am Wasser, von Dutzenden Wasserfällen blank gewaschen. Um diese Wasserfälle mit klin-

MAL EHRLICH

NATUR STATT GETÜMMEL

Der Geirangerfjord ist für jeden Norwegenbesucher ein absolutes Muss! Zu eindrucksvoll ist die Landschaft, um sie nicht zu bestaunen. Aber braucht man auch wirklich das sommerliche Getümmel in Geiranger, wo sich Trauben von Touristen in Souvenirshops und vor Imbissbuden drängeln? Ich denke nicht, denn es gibt Alternativen: Auf dem Schiff bleiben und den Fjord genießen oder einen Spaziergang aus dem Ort hinaus in das Tal unternehmen.

Es grünt und blüht an den Hängen des Geirangerfjord.

genden Namen wie »Brautschleier«, »Freier« oder »Sieben Schwestern« ranken sich Geschichten von Liebe, Verzweiflung und Tod. In weniger steilen Bereichen wuchert üppiges Grün. Offene Wiesenflächen mit bunten Blumen wechseln sich ab mit Busch- und Baumgruppen oder kleinen Wäldern. Lawinen brechen im Winter häufig Schneisen in diese Wälder. Auf den ersten Blick kahl, bieten sie bei genauerem Hinsehen Lebensraum für speziell angepasste Pionierpflanzen, die sich dort rasch ausbreiten können. Im Verlauf von Jahren und Jahrzehnten müssen sie wieder Wäldern weichen, bis ihnen die nächste Lawine erneut Lebensraum schafft.

Spuren der Erdgeschichte

Um die Entstehung dieser faszinierenden Landschaft zu verstehen, ist ein Blick weit zurück in die Vergangenheit nötig. Als hier vor rund 420 bis 380 Millionen Jahren drei Kontinentalplatten kollidierten, schob sich bei dem Zusammenprall ein gigantisches, mindestens 10 000 Meter hohes Gebirge auf. Dieses wurde im Verlauf vieler Millionen Jahre durch die Erosion fast völlig abgetragen. Als im Erdzeitalter des Jura, vor 199 bis 145 Millionen Jahren, die Kontinentalplatten wieder auseinanderdrifteten und in der Folge der Nordatlantik entstand, wurde das Gebirge regelrecht auseinandergerissen. Seine Reste finden sich über weite

AUTORENTIPP!

MIT DEM BUS ÜBER DEN TROLLSTIGEN

Wer Ålesund schon kennt, sollte den Ausflug »Panoramafahrt mit Trollstigen« nicht versäumen. Er führt mit dem Bus von Geiranger über den Trollstigen zum 850 Meter hoch gelegenen Aussichtspunkt auf der Passhöhe. Elf Haarnadelkurven und zwölf Prozent Steigung sind dabei zu überwinden. Seit seiner Eröffnung gehört der Trollstigen zu den schönsten und bekanntesten Straßen Norwegens. Vor dem Ausbau im Jahr 1936 verlief an dieser Stelle nur ein schmaler Saumpfad, der zum Teil erhalten ist und von Wanderern heute noch genutzt wird. Auf der Passhöhe blüht der Tourismus in Reinkultur. Souvenirhütten und das Restaurant Trollstigen Fjellstue sind zwar auf viele Besucher eingerichtet, in der Hochsaison drängeln sich hier dennoch die Menschen. Doch nur wenig entfernt gehört der Blick auf den Trollstigen und die bis zu 1700 Meter hohen Berge zum Schönsten, was Norwegen zu bieten hat. Danach verläuft die Fahrt Richtung Norden durch das Valldal nach Sølsnes und anschließend am Romsdalsfjord entlang nach Molde. Nach einem Stadtbummel geht es zurück an Bord.

AUTORENTIPP!

EINE REISE DURCH DIE ZEITEN
Das Geiranger Fjordsenter wurde eingerichtet, nachdem der Fjord in das Weltnaturerbe der UNESCO aufgenommen worden war. Es informiert über die Geschichte der Region, bietet dem Besucher einen Einblick in das Leben der hier ansässigen Menschen von der ersten Besiedlung bis heute, stellt die Landschaft mit ihren Tieren und Pflanzen vor und thematisiert die Veränderungen, die durch natürliche und menschliche Faktoren entstanden. Eine aufwendige Multimedia-Show mit einer speziell komponierten Musik zeigt den Geirangerfjord im Wechsel der Jahreszeiten.
Das Geiranger Fjordsenter liegt etwa einen Kilometer außerhalb der Ortsmitte von Geiranger. Während der Hauptsaison vom 15. Juni bis 31. August pendelt zwischen 11 und 14 Uhr stündlich ein Shuttle-Bus zwischen der Ortsmitte und dem Center. Im Fahrpreis eingeschlossen sind der Besuch des Geiranger Fjordsenter und ein Abstecher zum Aussichtspunkt Flydalsjuvet oberhalb von Geiranger.

Geiranger Fjordsenter.
6216 Geiranger, Tel. 70 26 38 10, booking@fjordsenter.no, www.verdsarvfjord.no, Eintrittspreise: Erwachsene 110 NOK, Kinder bis 15 Jahre 55 NOK, Kinder unter fünf Jahren frei, Familien 225 NOK, Öffnungszeiten: 01.05.–31.08. tägl. 10–18 Uhr, 01.09.–30.04. Mo–Sa 10–15 Uhr, So nach Vereinbarung.

Teile der Nordhalbkugel verteilt. Im Tertiär, vor 55 bis 2,5 Millionen Jahren, wurden diese Gebirgsrelikte wieder bis auf ihre heutige Höhe angehoben. Flüsse kerbten auf ihrem Weg zum Meer tiefe Täler in die Berge, die von den Gletschern während der Eiszeiten in den letzten 2,5 Millionen Jahren zu breiten Trogtälern ausgeschoben wurden. Die Gletscher gaben der Landschaft im wahrsten Sinne des Wortes den »letzten Schliff«.

Vielfalt auf engstem Raum

Seit dem Ende der letzten Eiszeit vor etwa 10 000 Jahren hat sich im Fjord eine Pflanzen- und Tierwelt etabliert, die an die herrschenden Bedingungen optimal angepasst ist. Im Inneren des Fjordes herrscht ein spezielles Lokalklima. Geschützt vor den starken Winden der Küste und im Regenschatten der Berge ist es so mild, dass sogar Obstbäume gedeihen können. Das Wasser des Fjordes verhindert außerdem eine zu starke Abkühlung im Winter. Auf 62 Grad nördlicher Breite, also fast am Polarkreis, findet man solche Bedingungen nirgendwo sonst auf der Welt.

An den warmen Südhängen wachsen Laubgehölze, unterbrochen von Wiesen, in denen Glockenblumen, Leimkräuter, Storchschnabel und Hahnenfuß blühen. Auf trockeneren, felsigen Abschnitten können sich noch Alpen-Leimkraut, Schafgarbe, Johanniskraut und Weidenröschen behaupten. Größere Stauden wie Fingerhut und Eisenhut bevorzugen feuchte Standorte. Orchideen, Moltebeeren und Wollgras gibt es in Sümpfen, die auf kleinen Plateaus entstanden sind. Hier wachsen auch Birken, Erlen und Weiden. Je höher man kommt, umso kleinwüchsiger werden die Gehölze, bis auch sie nicht mehr existieren können. Hier beginnt das Reich der Moose und Flechten, die auf den Felsen bunte Überzüge bilden.

Weltnaturerbe Geirangerfjord

Derartig vielfältige Landschaften bieten natürlich auch Lebensraum für verschiedenste Tiere. Ein Spezialist ist der Schwarze Apollofalter. Seine Raupen leben ausschließlich an Lerchenspornarten. Weniger wählerisch sind Rentier, Hirsch und Reh, die regelmäßig bei der Äsung zu beobachten sind. Manchmal schauen auch Elche vorbei. Luchse und Füchse leben von den zahlreichen Kleinsäugern, vorwiegend Lemmingen. Über einhundert Vogelarten sind regelmäßig zu beobachten. Da das Meer nicht weit ist, kommen auch häufig Schweinswale auf der Suche nach Fischen in den Fjord.

Kulturgeschichte des Fjords

Diese günstigen Bedingungen überzeugten auch die nomadisierenden Jäger, die als erste unmittelbar nach dem Abschmelzen der eiszeitlichen Gletscher in den Fjord kamen. Sie folgten ihrer Hauptbeute, den Rentieren, auf deren Wanderungen. Auf gut 9000 Jahre werden die ältesten Spuren datiert. Später wurden dauerhafte Siedlungen errichtet, die Rentierjagd spielte aber immer noch eine große Rolle. Die Tiere wurden in eine Umzäunung getrieben, die zwischen geschichteten Steinmauern erbaut wurden, und aus Verstecken heraus erlegt. Aus der Zeit vor 3500 Jahren sind solche Fallen auf der »Fjell« genannten Hochebene erhalten.

Die heute sichtbaren Spuren früherer Besiedlung sind die hoch oben auf winzigen Plateaus gelegenen Häuser. Die meisten sind längst verlassen, einige aber wurden liebevoll restauriert. Jedes Fleckchen Grün wurde damals von den Bauern genutzt, die oft nur über Leitern zum Fjord hinabgelangen konnten. Die Mühe lohnte sich für die Bauern aber durchaus, gedeihen doch im milden Klima des Fjords sogar Aprikosen.

Oben: Der Blick vom Dalsnibba auf die Gletscherlandschaft.
Mitte: Typische Bauernhäuser in der Nähe von Valldal.
Unten: Direkt über dem Wasserfall unweit von Valldal am Trollstigveien.

Oben: Die Passage durch den Geirangerfjord ist ein Highlight. **Mitte:** Die moderne Aussichtsplattform am Örnevegen bietet einen einzigartigen Blick auf den Fjord. **Unten:** Ein kleinerer Wasserfall unweit der berühmteren Fälle der »Sieben Schwestern«.

UNESCO-Weltnaturerbe

All dies hat das Komitee für das Welterbe der UNESCO im Jahr 2005 bewogen, den Geirangerfjord gemeinsam mit dem Nærøyfjord in die Liste der Weltnaturerbestätten aufzunehmen. In der Begründung heißt es: »Nærøy-und Geirangerfjord gelten als die mit Abstand schönsten Fjordlandschaften der Welt. Deren erhabene Natur kommt durch die schmalen, steil abfallenden Talwände zum Ausdruck, die sich von 500 Meter unter dem Meeresspiegel bis zu 1400 Meter über dem Meeresspiegel erstrecken. Zahlreiche Wasserfälle stürzen sich die extrem steilen Felswände herab, und zahllose Wildbäche fließen von schneebedeckten Gipfeln, Gletschern und Gletscherseen durch Laub- und Nadelwälder hinunter in den Fjord. Die Vielfalt weiterer Naturphänomene zu Wasser und Land, wie unterseeische Moränen und Meeressäugetiere, verstärken das Naturerlebnis. Überreste alter, jetzt verlassener Bauernhöfe und Almhütten geben der dramatischen Naturlandschaft eine kulturelle Dimension, die den Wert dieses Gebietes unterstützt und verstärkt.«

Tourismus im Geirangerfjord

Der Geirangerfjord ist der bekannteste aller norwegischen Fjorde. Seit 150 Jahren werden organisierte Touren dorthin durchgeführt. Die Hurtigruten fährt zwischen 15. April und 15. September täglich durch den Fjord nach Geiranger. Häufig ankern sogar mehrere Kreuzfahrtschiffe gleichzeitig dort und entlassen ihre Passagiere an Land. Das hat dazu geführt, dass Geiranger während der Urlaubssaison leider hoffnungslos überfüllt ist. Allerdings wird die Infrastruktur immer weiter verbessert, so dass ausreichend Speiselokale, Souvenirshops etc. und nicht zuletzt Toiletten zur Verfügung stehen.

Infos und Adressen

INFORMATION

In der Touristeninformation erhalten Sie Stadtpläne, Wanderkarten und Informationsbroschüren. Außerdem können dort Karten für das Geiranger Fjordsenter, Ausflüge und Kajaks für ein- bis dreistündige Touren im Geirangerfjord gebucht werden. Geiranger Turist- og Næringslag, Gamle Fergekai, Tel. 70 26 30 99, www.geiranger.no

ESSEN & TRINKEN

Überall in Geiranger findet man kleine Fastfood-Restaurants und Kioske, die Snacks, Kuchen, Speiseeis und Getränke verkaufen. Da die meisten Touristen mit Kreuzfahrtschiffen anreisen, auf denen die Verpflegung im Preis inbegriffen ist, besteht auch kaum Bedarf für ein größeres Angebot.

Naustkroa Restaurant. Das rustikale Mittelklasserestaurant ist direkt am Ufer des Geirangerfjords gelegen. Neben norwegischer Hausmannskost – Spezialitäten sind Lachs und Fleischklöße – werden auch Steaks und Pizza zu moderaten Preisen angeboten. Geiranger Sentrum, Tel. 70 26 32 30, post@olebuda.no, www.olebuda.no

Union Hotel Geiranger. Wer sich in Ruhe und in gepflegter Atmosphäre seinem Essen widmen will, ist gut beraten, den Trubel des Ortszentrums zu verlassen und im Union Hotel zu speisen. Das Haus der gehobenen Preisklasse befindet sich seit 1897 in Familienbesitz. Rund einen Kilometer vom Zentrum entfernt steht es auf einem Hügel oberhalb des Ortes Geiranger. Von der Nina-Grieg-Terrasse hat man einen wunderbaren Blick über Geiranger und den Fjord. Das Geiranger Fjordsenter liegt in unmittelbarer Nähe. Tel. 70 26 83 00, geiranger@hotel-union.no, www.hotel-union.no

Die MS Midnatsol kommt um die letzte Biegung des Geirangerfjords.

Spektakuläre Aussicht vom Dalsnibba in das Geirangertal.

Mitte: Zur blauen Stunde fahren die Hurtigruten-Schiffe an Moldes Rica Seilet Hotel vorbei.
Unten: Das Rosenmädchen vor dem Rathaus repräsentiert die Rosenstadt Molde.

12 Molde

Stadt der Rosen und des Jazz

Lange bevor Molde 1742 die Stadtrechte erhielt, hat es hier am Moldefjord bereits dauerhafte Siedlungen gegeben. Den »mold« genannten fruchtbaren Mutterboden nutzten die Siedler schon im 15. Jahrhundert. Trotzdem besitzt Molde keine architektonische Vergangenheit. Was ein verheerendes Feuer im Jahr 1916 an historischer Bausubstanz verschont hatte, wurde von der deutschen Wehrmacht während des Zweiten Weltkrieges zerstört.

Trotzdem ist Molde nicht zuletzt wegen des Romsdal-Museums, seines Fischereimuseums und des Hausbergs Varden einen Besuch wert. Die Stadt hat gut 24 000 Einwohner, die heute im Wesentlichen von verschiedenen Industriebetrieben, Handel und Tourismus leben. Das war nicht immer so. Einen Aufschwung im 17. und 18. Jahrhundert verdankte Molde vor allem dem Bootsbau und dem Heringshandel. Später kamen Textil- und Kleinmöbelindustrie hinzu. Einen Namen hat sich Molde zudem durch sein vielfältiges Bildungsangebot gemacht. An der 1994 gegründeten staatlichen Hochschule Molde studieren mittlerweile 1500 Studenten 32 Studienfächer.

Rosen dank Golfstrom

Molde wird auch die »Stadt der Rosen« genannt, weil hier, nur rund 400 Kilometer südlich des Polarkreises, gegen alle Erwartungen in der ganzen Stadt Rosen gedeihen. Sogar ein Denkmal hat man den Blumen gesetzt. Die Bronzeskulptur der *Rosepiken*, des »Mädchens mit den Rosen«, steht in einem Springbrunnen auf dem Rathausplatz. Sie wurde der Stadt 1971 vom ehemaligen Besitzer einer Textilfabrik gespendet. Die Blütenpracht der Rosen wird durch den warmen Golfstrom, der mit einem Ausläufer an der norwegischen Küste nach Norden zieht, und die geschützte Lage am Fjord möglich. Von dem milden Klima profitieren aber auch andere Pflanzenarten, unter anderem Kastanie, Rotbuche – und Esche. Diese wiederum wird gerne angepflanzt, weil sie in der nordischen Mythologie eine wichtige Rolle spielt. Als Weltenbaum Yggdrasil verkörpert sie den Kosmos.

Molde und der Jazz

»Jazz oder nie« heißt es beim alljährlichen Internationalen Jazzfestival in Molde. Zu diesem ältesten Jazzfestival Europas trifft sich seit 1960 alljährlich in der Stadt die nationale und internationale Jazz-Elite. Das Wahrzeichen des Festivals ist der aus Bronze gegossene Saxofonspieler auf dem Marktplatz. An den fünf Festivaltagen im Juli verwandelt sich die Stadt in einen riesigen Konzertsaal. Mehr als hundert Konzerte, davon viele kostenlos und im Freien, werden den Jazzfans geboten. Gespielt wird dabei nicht nur für Erwachsene, auch Konzerte für Kinder und Jugendliche stehen auf dem Programm. Die Liste der auftretenden Künstler ist beeindruckend: Unter anderem kommen Lenny Kravitz, Sinéad O'Connor, John McLaughlin und Dave Holland immer wieder gerne nach Molde. Zum Rahmenprogramm zählen zudem Ausstellungen und Vorträge. Den krönenden Abschluss bildet eine bunte Street Parade mit allen Musikern. Durchschnittlich 100 000 Besucher lockt das Festival alljährlich an – viel zu viele für die Übernachtungskapazitäten der Hotels. Daher richten stets die Pfadfinder etwa drei Kilometer vom Stadtzentrum entfernt ein eigenes Jazzcamp ein. In diese Zeltstadt bringen viele der angereisten Jazzfans ihre eigenen Instrumente mit, um in unzähligen Jam-Sessions mitzuspielen.

AUTORENTIPP!

RENDEZVOUS DER HURTIGRUTEN-SCHIFFE

Auf ihrer jeweiligen Tour begegnen sich die nord- und südgehenden Hurtigruten-Schiffe insgesamt zehn Mal. Im Sommer finden sechs dieser Treffen auf See und vier in Häfen statt, im Winter sind es sieben und drei Mal kommen sie sich im Hafen entgegen. Im Sommer erleben die nordgehenden Schiffe das erste Hafenrendezvous in Molde, wenn das südgehende Schiff um 21.30 Uhr für sie die Pier frei macht. Im Winter findet dieses Treffen auf See statt. Zeit, das jeweils andere Schiff näher zu begutachten, hat man jedoch erst in den Häfen von Trondheim oder Rørvik, wo die Schiffe längere Zeit nebeneinander an der Pier liegen. Dennoch lohnt es sich, an Deck zu gehen und das immer gleiche Begrüßungsritual zu beobachten. Bei Tag begrüßen sich die Schiffe mit bestimmten Signalen, die sie mit ihrem »Typhon« genannten Schiffshorn ausstoßen, bei Nacht mit Lichtsignalen. Das nordgehende Schiff grüßt zuerst zweimal lang, einmal kurz. Das südgehende Schiff antwortet zweimal lang, einmal kurz, einmal lang.

Oben: Tribut an die Stadt des Jazz: die Bronzestatue des Saxofonspielers am Hafen.
Mitte: Vor dem Fjordstuer Hotel grüßt freundlich der hölzerne Delphin.
Unten: Gemütlich sitzt man im Straßencafe an der Hauptstraße Storgata.

Stadtbummel ohne Nostalgie

Auch wenn Molde keine historischen Quartiere mehr besitzt, wartet es doch mit einer Reihe von sehenswerten Gebäuden, Einrichtungen und Denkmälern auf. Auf der nordgehenden Route reicht die halbstündige Stunde Liegezeit für eine Erkundung leider nicht aus. Auf der südgehenden Route jedoch kann man sich gut einen Eindruck von der Stadt verschaffen, vorausgesetzt man ist gut zu Fuß.

Vom Hurtigrutenkai Ⓐ führt der Weg zunächst nach links über den Julsundvegen bis zum Akerstadion Ⓑ. Es zählt für viele Sportarten zu den modernsten norwegischen Spielstätten. Das Hotel Rica Ⓒ, ein futuristischer, einem Segelboot nachempfundener Bau, ist von dort aus besser zu sehen als aus der Nähe. Auf dem gleichen Weg geht man anschließend zurück bis zum Sandvegen und spaziert nach links durch den Røknes-Park Ⓓ zum Romsdal-Museum Ⓔ. Von hier folgt man nach rechts dem Per-Amdamsvegen bis zum Museumsvegen, in den man rechts einbiegt. In den Parkvegen biegt man links ein und erreicht die Kirkebakken mit der Domkirche Ⓕ. Deren hoher, frei stehender Turm dient schon von Weitem gut zur Orientierung. Von dort sieht man auch schon das Rathaus von 1965. Es ist das Ergebnis eines Architekturwettbewerbs und nimmt Moldes Beinamen »Stadt der Rosen« auf. Auf seinem Dach wurde einer der schönsten Rosengärten angelegt. Weiter in Richtung Hafen gehend, kommt man zum Nedre Torget Ⓗ, wo der *Jazzgutten* steht. Die Bronzeskulptur des jungen Saxofonspielers war ein Geschenk der Bürger anlässlich des 250. Stadtjubiläums im Jahr 1992. Auf der Hamnegata geht es zur Touristeninformation Ⓖ und dann am Hafen entlang wieder zurück zur Pier und zum Hurtigruten-Schiff.

Infos und Adressen

INFORMATION

Destinasjon Molde og Romsdal
Das Touristenbüro bietet neben den üblichen Informationen auch kostenlosen Internetzugang in seinen Räumen. Öffnungszeiten: 20.06.–20.08. Mo–Fr 9–18 Uhr, Sa 09–15 Uhr, So 12– 17 Uhr, 21.08.–19.06. Mo–Fr 08.30–16 Uhr, Torget 4, Tel. 71 20 10 00, info@visitmolde.com, www.visitmolde.com

AKTIVITÄTEN

Molde Internasjonale Jazz Festival. Sandvn.1 A, 6412 Molde, Tel. 71 20 31 50, www.moldejazz.no

MUSEEN

Romsdal-Museum. Das 1912 gegründete Romsdal-Museum ist eines der größten Heimatmuseen in Norwegen. Es umfasst über 50 alte Gebäude aus der gesamten Region, die in einer Hofsiedlung zusammengestellt sind. Zum Museum gehört auch das Fischereimuseum auf der Molde vorgelagerten Insel Hjertøya, die nur mit Booten zu erreichen ist. Öffnungszeiten: 17.06.–30.06. Mo–Sa 11–15 Uhr, So 12–15 Uhr, 01.07.–31.07. Mo–Sa 11–17 Uhr, So 12–17 Uhr, 01.08.–14.08. Mo–Fr 11–15 Uhr,

Sichtlich stolz auf ihren Hund ist das Mädchen vor einer Konditorei in der Storgata.

So 12–15 Uhr, Per Amdamsvei 4, Tel. 71 20 24 60, post@romsdalsmuseet.no, www.romsdal.museum.no

SEHENSWÜRDIGKEITEN

Domkirche in Molde. Die 1957 eingeweihte Kathedrale des Bischofs von Molde besitzt einen 50 Meter hohen, frei stehenden Glockenturm, der in einer mit Kupfer verkleideten Pyramide endet. Die Domkirche ist bereits das dritte Gotteshaus an dieser Stelle. Die beiden ersten Kirchen brannten nieder, aber es gelang, ein altes Holzkreuz und die bekannte Altartafel *Ostermorgen* von Axel Ender aus den Flammen zu retten. Kirkebakken 2, Tel. 71 11 14 61, www.molde.kirken.no

Mitte: Einen besonders schönen Blick auf Kristiansund hat man von der Brücke der Heinsagata aus.
Unten: Die Museumsführerinnen der Kvernes Stabkirche heißen Ihre Gäste herzlich Willkommen.

13 Kristiansund
Klippfisch und Windjammer

Mit Hurtigruten nordgehend wird man Kristiansund vermutlich verschlafen. Wenn die Schiffe im Sommer von 1.30 bis 1.45 Uhr und im Winter von 22 bis 23 Uhr im Hafen liegen, lässt die Dunkelheit allenfalls einen Blick auf die Lichter der Stadt zu. Südgehend stehen die Chancen besser: Eine halbe Stunde lang ist Kristiansund dann zwischen 16.30 und 17 Uhr zu sehen. Tatsächlich ist die 25 000 Einwohner zählende Stadt jedoch einen längeren Besuch wert.

Kristiansund hat wie Molde 1742 die Stadtrechte erworben. Menschen kamen in die Region jedoch schon unmittelbar nach dem Abschmelzen der eiszeitlichen Gletscher vor etwa 10 000 Jahren. Sie gehörten zur Fosna- oder Hensbakka-Kultur, deren Angehörige bis etwa 7000 v. Chr. die Westküsten Skandinaviens besiedelten. Benannt wurde die Kultur nach Fosna, einer der drei Inseln, auf denen heute Kristiansund liegt und wo die ersten

MAL EHRLICH

IM GEDENKEN AN WEN?

Und noch ein Denkmal! wird sich mancher genervte Tourist insgeheim denken, wenn bei einer Führung die nächste Büste, das nächste bombastische Monument oder die nächste Gedenktafel angesteuert wird, deren Bedeutung sich dem Betrachter oft nicht sofort oder auch gar nicht erschließt. Wer ist da verewigt, und vor allem, warum? Für die Einheimischen mag es wichtig sein, dass Håkon der Gute gegen die dann selbstverständlich bösen Söhne Erik Blauzahns gewonnen hat, dem Besucher bleibt es wohl kaum im Gedächtnis.

Funde gemacht wurden. Ihre Wurzeln hatten sie vermutlich in der Ahrensburger Kultur. Die nomadisierenden, auf die Rentierjagd spezialisierten Jäger zogen mit dem abschmelzenden Eis nach Norden, wo sie an den Küsten ganzjährig Nahrung fanden. Statt von Rentieren ernährten sie sich nunmehr von Robben, die sie von Booten aus jagten. Die See bot Nahrung im Überfluss, und das Klima war in diesen ersten eisfreien Gebieten vergleichsweise mild. Aus dieser Zeit stammen die ersten Wohnstätten der Fosna-Kultur. Bis die verstreuten Hütten der Jäger und Fischer jedoch zu dauerhaften Siedlungen zusammenwuchsen, sollten noch mehrere Tausend Jahre vergehen.

Größere Bedeutung erlangte das Gebiet während der Wikingerzeit. Auf der Insel Frei, die zur Gemeinde gehört, kam es in Rastarkalv 955 zur Schlacht zwischen den Truppen König Håkons I., dem »Guten«, und den Söhnen von Erik Blauzahn. Håkon gewann zwar die Schlacht, wurde aber dabei so schwer verletzt, dass er kurz darauf starb. So wurden letztlich doch Eriks Söhne vom dänisch-norwegischen König als »Jarle« oder Fürsten eingesetzt und traten seine Nachfolge an. Ein Denkmal auf dem ehemaligen Schlachtfeld erinnert an die Ereignisse in jener Zeit.

Durch Fisch zu Wohlstand

Im 17. und 18. Jahrhundert entwickelte sich Kristiansund aus einer kleinen Siedlung, die am heutigen Hafen gelegen war. Die schnell wachsende Gemeinde spielte bald eine so wichtige Rolle für den Holztransport entlang der Küste sowie als Handelshafen für Hering und anderen Fisch, dass die Regierung dort eine Zollstation einrichtete. Des Weiteren gewann sie an Bedeutung, als schottische Kaufleute Ende des 17. Jahrhunderts das Wissen um die Herstellung von Klippfisch

AUTORENTIPP!

KLIPPFISCHMUSEUM

Das Klippfischmuseum Milnbrygga im Stadtteil Goma ist in einem alten, aber sehr gut erhaltenen Klippfischspeicher untergebracht. Die ältesten Teile des Gebäudes stammen aus dem Jahr 1749. Seine Wände und Zwischenböden verströmen noch immer den typischen Geruch von Klippfisch und Salz. Ein großer Teil des ursprünglichen Inventars ist erhalten und wird auch immer noch genutzt. Das Museum präsentiert Besuchern anhand von Arbeitsgeräten, Zeichnungen und Fotos die Geschichte der Klippfischproduktion vom Ende des 17. Jahrhunderts bis heute. Es empfiehlt sich, an einer geführten Tour durch den Milnbrygga teilzunehmen. Von der Innenstadt erreicht man das Museum zu Fuß um den Hafen herum über den Freiveien zum Dikselveien, an dessen Ende das Museum steht. Oder man fährt mit dem Sundbåt, einer kleinen Fähre, die die einzelnen Stadtteile verbindet.

Klippfischmuseum. Dikselveien, Tel. 71 58 70 00, post@nordmore.museum.no, www.nordmore.museum.no, Öffnungszeiten: 17.06.–17.08. und 31.08.–04.09. tägl. 12–17 Uhr.

Oben: Rettungsboote warten unter der Brücke der Heinsagata auf ihren nächsten Einsatz.
Unten: Die Hardangeryacht Anne Margrethe aus dem Jahr 1880 dient heute als Ausflugssegler.

nach Norwegen brachten. Damit wurde Kabeljau als Hauptfangfisch wirtschaftlich interessant. In der Folge florierte Kristiansund mehrere Jahrzehnte lang als größter Exporteur von Klippfisch, der vor allem in den Mittelmeerraum verschifft wurde. Dieser wirtschaftliche Aufschwung war der Hauptgrund dafür, dass die Gemeinde 1742 die Stadtrechte erhielt. Dessen sind sich die Bewohner von Kristiansund bis heute bewusst, weshalb sie dem »Klippfischweib«, der *Klippfiskkjerringa* 1992 zum 250. Stadtgeburtstag ein Denkmal setzten. Königin Sonja ließ es sich nicht nehmen, das Denkmal zu enthüllen. Darüber hinaus findet jedes Jahr im Juni das Klippfischfestival mit dem Bacalaowettbewerb statt – und es wurde ein Klippfischmuseum eingerichtet.

Windjammerbau

Der Schiffsbau hat in Kristiansund eine lange Tradition, bereits in der Steinzeit wurden seetüchtige Boote angefertigt. 1856 begann mit der Errichtung der Mellemværftet im Stadtteil Vågen eine neue Ära. Bis in die 1950er-Jahre hinein wurden Segelschiffe in der stark mechanisierten Werft gebaut, die sich auch als Reparaturbetrieb einen Namen machte. Die Mitarbeiter der Werft sind Spezialisten für die Restaurierung historischer Schiffe, die sie in alter handwerklicher Tradition wieder instand setzen. In der Holzwerkstatt und der Schmiede, die beide zur Werft gehören, werden junge Leute auch heute noch zu Holzbootbauern und Schiffsschmieden ausgebildet. Als gefragte Spezialisten werden die Mitarbeiter der Mellemværftet oft von anderen Betrieben angefordert. Die Werft arbeitet heute nicht mehr gewinnorientiert, sondern bildet eine Abteilung des Nordmøre Museums. Besucher können den Bootsbauern während der Arbeit ganzjährig über die Schulter schauen.

Infos und Adressen

INFORMATION

Touristeninformation. Piren, Tel. 71 58 54 54, info@visitkristiansund.com, www.visitkristiansund.com

ESSEN & TRINKEN

Sjøstjerna Fish Restaurant. In der Stadt des Klippfischs muss man Klippfisch, auch »Bacalao« genannt, probieren. Das Sjøstjerna ist in Kristiansund eine der ersten Adressen dafür. Der *Husets Bacalao*, Klippfisch nach Art des Hauses, wird mit Oliven serviert und ist ab 195 NOK erhältlich.Skolegata 8 (Gågata), 6509 Kristiansund, Tel. 71 67 87 78, restaurant.sjøstjerna@online.no, www.sjostjerna.no

Für eine halbe Stunde legen die Hurtigruten-Schiffe inmitten der Stadt an.

Denkmal für die Klippfischfrauen, die den Dorsch früher auf den Klippen zum Trocknen ausgebreitet haben.

MUSEEN

Nordmøre Museum. Das Heimatmuseum stellt die Geschichte der Region von der Fosna-Kultur bis heute dar. Sehenswert! Öffnungszeiten: Ganzjährig Di–Fr 10–14 Uhr Kongens Plass, Tel. 51 78 70 00, post@nordmore.museum.no, www.nordmore.museum.no

SEHENSWÜRDIGKEITEN

Segelschiffswerft Mellemværftet. Kranaveien 22, Tel. 71 67 71 95 oder 71 58 70 00, Mail und Homepage wie Nordmøre Museum, Öffnungszeiten: 17.06.–17.08. Mo–Fr 12–16 Uhr.

Schlachtfeld Rastarkalv. Historischer Schauplatz der Schlacht zwischen Håkon I., dem Guten, und den Söhnen Erik Blauzahns. Ein Denkmal erinnert an die Schlacht. v/ Frei Kirke, Tel. 71 57 40 00, postmottak@kristiansund.kommune.no, www.visitkristiansund.no

HURTIGRUTEN
TROMSØ

ÜBER DEN POLARKREIS

14 Trondheim

Wiege des norwegischen Königtums

Über 1000 Jahre alt ist Nidaros, die »Stadt in der Mündung des Flusses Nid«. So wurde Trondheim ursprünglich von seinem Gründer König Olav I. Tryggvason genannt, der dort im Jahr 997 seinen Königssitz errichtete. Die Keimzelle der Stadt lag auf der Halbinsel Øra, einer alten Thingstätte. Von hier aus wurde die Christianisierung Norwegens vorangetrieben. Aber erst nach dem Tod von Olav II. Haraldson des Heiligen im Jahr 1030 erlangte Trondheim Reichtum und Größe.

Olav II. kam in einer Schlacht mit aufständischen Bauern ums Leben und wurde noch auf dem Schlachtfeld begraben. Schon kurze Zeit danach kamen Gerüchte auf, dass in der Gegend um das Grab Wunder geschehen seien. Als man den Leichnam nach einem Jahr wieder ausgrub, war der Körper angeblich völlig unversehrt und nicht in

MAL EHRLICH

DIE REALITÄT NICHT VERGESSEN

Wer kennt ihn nicht, den Gänsehaut erzeugenden Blick in die alten Gemäuer, die einstmals als Gefängnis gedient haben und heute der Öffentlichkeit präsentiert werden? Dabei wird viel zu leicht vergessen, wie viel Leid und Elend denen widerfahren ist, die hier unter erbärmlichen Bedingungen einem ungewissen Ende entgegensahen. Darüber geht der Besucher leicht hinweg, denn ein Teil der Anlagen ist zu luxuriösen Hotels und Restaurants umgebaut worden. Einmal dort, ist das Grauen vergessen, denn das Essen wartet.

Vorangehende Doppelseite: Die MS Nordstjernen, Baujahr 1956, unter der Brücke von Brönneysund.
Oben: Bei schönem Wetter ist die Reling am Bug des Schiffes der Lieblingsplatz vieler Gäste.
Unten: Kreativer Fahrradhändler in Trondheims Övre Bakklandet.

Verwesung übergegangen. Daraufhin wurde er nach Nidaros zurückgebracht und in einem Schrein in der Sankt-Klemens-Kirche aufgebahrt. Wenig später wurde Olav als Märtyrer heiliggesprochen. Tausende von Wallfahrern pilgerten fortan zu seinem Grab.

Aufstieg und Niedergang

Als Nidaros 1152 Bischofssitz wurde, musste eine repräsentative Kirche erbaut werden. Ein kleines Gotteshaus wurde deshalb durch den Nidaros-Dom ersetzt. Auch die Stadt wuchs enorm und stieg zur reichsten und größten Stadt Norwegens auf. Nidaros erhielt seine unangefochtene Vormachtstellung bis in das 14. Jahrhundert hinein, verlor dann jedoch erheblich an Bedeutung. Die Gründe dafür lagen vor allem im Aufstieg Bergens zur Hanse-Niederlassung, in der Union Norwegens mit Dänemark ab 1380, aber auch in der Reformation, die zur Beendigung der lukrativen Wallfahrten führte. Pestepidemien und verheerende Brände taten ein Übriges, um den Niedergang Trondhjems, wie die Stadt ab der dänischen Herrschaft hieß, zu fördern.

Trondheim blüht wieder auf

Nach einem weiteren Brand, der 1681 die gesamte Altstadt vernichtete, wurde Trondheim nach dem Vorbild von Versailles völlig neu errichtet. Jean Caspar de Cicignon aus Luxemburg erhielt den Auftrag, eine neue Stadt im Barockstil zu planen. Um bei weiteren Feuern das Übergreifen der Flammen auf andere Gebäude zu vermeiden, legte man breite Straßen an. Etliche schmale Gassen aus dem Mittelalter blieben jedoch erhalten. Zur gleichen Zeit wurde auch die Festung Kristiansten gebaut. Der Holzhandel und die strategisch günstige Lage ließen die Stadt im 17. und 18. Jahrhundert wieder aufblühen. Trondheims Hafenanlagen

AUTORENTIPP!

MIT DEM FAHRRADLIFT AUF DIE FESTUNG

Deutlich jünger als Dom und Bischofsresidenz ist die oberhalb der Altstadt gelegene, rund 300 Jahre alte Festung Kristiansten E. Als nach dem verheerenden Brand im Jahr 1681 ein neues Konzept für die gesamte Stadt umgesetzt wurde, musste auch die Frage nach ihrer Verteidigung neu beantwortet werden. Beim Angriff der Schweden 1718 bestand die Festung ihre Bewährungsprobe. 72 Höhenmeter sind zu überwinden, will man die Festung besichtigen. Glücklicherweise ermöglicht hier deshalb der weltweit einzige Fahrradlift Radfahrern, ganz entspannt und ohne in die Pedale treten zu müssen, bergauf zu fahren. Wer den Weg, ob mit oder ohne Fahrrad, auf die Festung geschafft hat, kann sich nicht nur von deren solider Bauweise überzeugen, sondern auch einen wunderbaren Blick auf die Stadt und ihre Umgebung genießen. Achten Sie vor dem Anstieg auf jeden Fall auf die Flaggen der Festung, die man schon von der Stadt aus sehen kann. Nur wenn sie aufgezogen sind, sind die Tore des mächtigen Baus geöffnet.

»Flytende-flyvende« – monumentale Granitkunst des Bildhauers Geir Stormoen in der Straße Krambuveita unweit der berühmten Speicherhäuser.

AUTORENTIPP!

SKELETTE IN DER ÖFFENTLICHEN BIBLIOTHEK …

… sind eher ungewöhnlich und doch in Trondheim ein alltäglicher Anblick. Wo heute die öffentliche Bibliothek C steht, befand sich einst die St. Olavs-Kirche aus dem 12. Jahrhundert und stand außerdem ein Franziskanerkloster aus dem frühen 13. Jahrhundert. Beide Gebäude wurden im Jahr 1531 durch ein Feuer zerstört. Auf den Ruinen der Kirche errichtete man später die Bibliothek. Bei Ausgrabungen in deren Atrium fand man 1989 den Friedhof des Klosters und legte die Gräber von 15 Kindern, sechs Männern und acht Frauen aus der Zeit um 1500 frei. Vermutlich handelte es sich bei den Männern um Mönche, bei den Frauen, die schon sehr alt gewesen waren, um begüterte Damen der Gesellschaft, die ihren Lebensabend im Kloster verbrachten. Vier der Skelette sind heute im Atrium ausgestellt.

Trondheim Folkebibliotek. Peter Egges Pl. 1, Tel. 72 54 75 00, www.tfb.no, Öffnungszeiten: Mo–Do 10–19 Uhr, Fr 10–16 Uhr, Sa 10–15 Uhr, So 12–16 Uhr

Ein Kiosk der alles hat: Gamle Bybru, Ecke Nedre Bakklandet.

wurden ausgebaut, und die Stadt erhielt Anschluss an das Eisenbahnnetz. Die neue Aufbruchsstimmung äußerte sich nicht zuletzt darin, dass am 3. Juli 1767 erstmals die Tageszeitung *Adressavisen* erschien. Sie ist heute Norwegens älteste Zeitung. Im Zuge der Industrialisierung begann die Stadt wieder zu wachsen, sodass dort Anfang des 19. Jahrhunderts 10 000 Menschen lebten, mehr als zu jener Zeit in Oslo. Heute ist Trondheim mit über 173 000 Einwohnern die drittgrößte Stadt Norwegens. Nur nebenbei sei erwähnt, dass Trondheim inzwischen Universitätsstadt ist und jeder sechste Einwohner ein Student.

Stadterkundung

Dem Besucher hat die Stadt einiges zu bieten. Nahezu alle Sehenswürdigkeiten liegen auf der von einer Schleife des Flusses Nidelv gebildeten Halbinsel. Wer die Stadt erkunden möchte, beginnt am besten an der Ostseite der Altstadt an der Nidelv-Mündung. Hier befinden sich die alten, auf Pfählen gegründeten Speicherhäuser B, deren älteste aus dem 18. Jahrhundert stammen. Sie vermitteln einen Eindruck von der Bedeutung Trondheims als Handelsstadt. Die Trondheimer haben ein besonderes Verhältnis zu den Speicherhäusern und bauten sie immer wieder auf, auch nach einem Angriff schwedischer Truppen 1658, als viele der Gebäude schwer beschädigt wurden. Auch eine Modernisierungswelle in den 1930er-Jahren, als die Speicher neuen Gebäuden weichen sollten, haben sie zum Glück überstanden. Auch wenn sie heute Wohnungen, Büros, Restaurants und Läden beherbergen, haben sie doch ihren Charakter behalten.

Nicht weit von den Speichern entfernt führt die alte Stadtbrücke Gamle Brybo D aus dem Jahr 1681 von der Kjøpmannsgata über den Fluss in

Stadrundgang

- A Hurtigrutenkai
- B Speicherstadt
- C Öffentliche Bibliothek
- D Gamle Brybo
- E Festung Kristiansten
- F Nidaros-Dom
- G Erzbischöfliche Residenz mit Museum
- H Touristeninformation Trondheim
- I Markt Torvet mit der Statue von Olav Tryggvason
- J Königliche Residenz Stiftsgården
- K Fischmarkt Ravnkloa
- L Insel Munkholmen

Oben: Das Büro des Nidaros Dompropstes gegenüber vom Dom.
Mitte: Die Brücke Gamle Bybrua überspannt mit ihren feuerroten hölzernen Toren aus dem Jahr 1861 den Fluss Nidelva.
Unten: Rockheim, ein neues Museum zur Musik- und Kulturgeschichte.

den östlich gelegenen Stadtteil Bakklandet. Sie ist mit wunderschön geschnitzten Torbögen versehen und heute eines der Wahrzeichen Trondheims. Das westliche Tor wird »Glückstor« genannt. Ursprünglich hat auf jeder Seite der Brücke auch ein Wach- und Zollhaus gestanden, von denen aber nur das westliche erhalten ist. Es dient heute als Kindertagesstätte. Die Brücke ist für schwere Fahrzeuge gesperrt, einem Bummel auf die andere Seite des Flusses mit den wunderschönen Holzhäusern des Stadtteils Bakklandet steht also nichts im Wege. Von dort bietet sich auch ein fantastischer Blick auf die Speicherhäuser am anderen Ufer und die oberhalb der Stadt gelegene Festung Kristiansten E.

Die ersten Gebäude wurden in Bakklandet bereits im 17. Jahrhundert errichtet. Ursprünglich haben dort Fischer, Seefahrer und Arbeiter gelebt. Die findet man heute nicht mehr hier. Der Stadtteil ist längst eine bevorzugte Wohngegend mit vielen Cafés und Läden geworden.

Trondheims Altstadt

Von Bakklandet führt der Weg zurück über die Gamle Bybro in die Altstadt. Der berühmte Nidaros-Dom F steht linker Hand im Herzen des historischen Trondheim. Unübersehbar sind die mächtigen beiden Türme der Kathedrale. In dem benachbarten Gebäudekomplex residierte der Erzbischof bis zur Reformation im Jahr 1537. Der Palast G ist das älteste säkulare Gebäude in ganz Skandinavien und darüber hinaus eines der am besten erhaltenen. Seine ältesten Teile stammen aus dem 12. Jahrhundert. Nach der Reformation diente der Palast als Residenz des dänischen Gouverneurs, später wurde er dem Militär übergeben. Die ältesten Gebäudeteile im Nordflügel werden heute von der Verwaltung als Büros genutzt. Auch das erzbischöfliche Museum residiert in den alten Gemäuern Es präsentiert sakrale Kunst aus dem Dom sowie durchaus weltliche Exponate, so zum Beispiel die komplett erhaltene Münzwerkstatt des Erzbischofs.

Kunst und Nutzen

Das nächste Ziel ist der Markt Torvet I mit dem auffälligen Denkmal für den Stadtgründer, Olav Tryggvason. Sein Schöpfer, der Bildhauer Wilhelm Rasmussen hat ihm jedoch auch einen praktischen Nutzen verliehen: Der Schatten der Denkmalsäule fällt auf das Zifferblatt einer riesigen Sonnenuhr, das durch Pflastersteine markiert wird. Auf der Südostseite des Marktes bieten Obst- und Gemüsehändler ihre frischen Waren an, auf der Südwestseite versuchen die Blumen-, Schmuck- und Souvenirhändler Kunden anzulocken.

Nur wenige Schritte vom Torvet entfernt steht die Königliche Residenz J. Der hölzerne Prunkbau wurde Ende des 18. Jahrhunderts von einer wohlhabenden Witwe erbaut. Den Namen Stiftsgården trägt das Gebäude seit 1800, als es vom Staat als Residenz für den Gouverneur gekauft wurde. Es ist der größte aus Holz gebaute Palast Skandinaviens.

Zurück Richtung Hafen

Wer Fisch sucht, muss die Munkegata noch ein Stück in Richtung Hafen hinuntergehen. Auf dem Fischmarkt Ravnkloa K gibt es alles, was das Herz begehrt und was das Meer zu bieten hat. Die Ware gelangt ganz frisch vom Kutter direkt zum Kunden. Interessante Sehenswürdigkeiten sind hier das Denkmal des letzten Wikingers sowie die alte hölzerne Ravnkloa-Uhr, die noch heute zuverlässig daran erinnert, was die Stunde geschlagen hat.

AUTORENTIPP!

MUNKHOLMEN – DAS ALCATRAZ VON TRONDHEIM

Die kleine Insel Munkholmen L ist zwei Kilometer vor der Stadt gelegen und blickt auf eine wechselvolle Geschichte zurück. Vor dem 12. Jahrhundert war sie Hinrichtungsstätte, anschließend wurde dort um 1100 ein Kloster der Benediktinermönche errichtet. Nach der Reformation verfiel das Gebäude. Ab 1660 begann man auf der Insel eine Festung zu bauen, um gegen die Angriffe der Schweden gewappnet zu sein. Zu Kampfhandlungen kam es hier jedoch nie. Von 1680 bis 1850 wurde die Festung auch als Gefängnis genutzt. Ihre kalten, feuchten Verliese erlangten traurige Berühmtheit. 1883 wurde sie aufgelassen, im Zweiten Weltkrieg aber von der deutschen Wehrmacht noch einmal als Flakstellung genutzt. Besucher können an Führungen durch die Festung teilnehmen, die heute ihren Schrecken verloren hat. Das Haus des Kommandanten und viele andere Gebäude wurden restauriert und dienen als Restaurant und Hotel. Erreichbar ist die Insel mit einem Boot, das stündlich von Ravnkloa startet.

Munkholmen. Tel. 73 80 63 00, booking@nova-trondheim.no, www.lilletorget.no, www.trondheim.com/monks_island/

Infos und Adressen

INFORMATION

Visit Trondheim AS Visitors and Convention Bureau. In der Touristeninformation ist für 250 NOK die Trondheim-City-Card erhältlich. Sie gilt für zwei Personen. In den Läden der Stadt erhält man gegen Vorlage der Karte Rabatte zwischen 20 und 25 Prozent, in Restaurants speisen zwei Personen zum Preis von einer, und in den Hotels Norden und Europa wird ein Übernachtungsnachlass von 50 Prozent gewährt., P.O. Box 2102, 7411 Trondheim, Tel. 73 80 76 60, Fax 73 80 76 70, www.trondheim.com
Weitere Informationen finden Sie dazu unter www.enjoy-trondheim.com

SEHENSWÜRDIGKEITEN

Museum in der Bischofsresidenz. Museet i Erkebispegården. Bispegaten 11, Tel. 73 53 91 60, www.nidarosdomen.no, Eintritt: Erwachsene 60 NOK, Kinder 30 NOK, Öffnungszeiten: Di–Fr 11–14 Uhr, Sa 11–15 Uhr, So 12–16 Uhr, Mo geschlossen.

Königliche Residenz. Eintritt: Erwachsene 60 NOK, Kinder 30 NOK, Öffnungszeiten: Mo–Sa 10–16 Uhr, So 12–16 Uhr, Munkegata 23, Tel. 73 84 28 80, post@nkim.museum.no, www.nkim.no

Trøndelag Volkskundemuseum Sverresborg. Das Museum ist eines der größten Freilichtmuseen Norwegens und ist etwas außerhalb der Stadt gelegen. Es umfasst gut 60 historische Gebäude, die aus allen Teilen Trøndelags zusammengetragen wurden. Von den Erdhütten der Samen bis zu den herrschaftlichen Häusern des Großbürgertums sind alle Typen vertreten. Sowohl auf der nord- als auch auf der südgehenden Route können Sie an Bord einen Ausflug zum Trøndelag Volkskundemuseum buchen. Eintritt: Erwachsene 85 NOK, Kinder 35 NOK. Öffnungszeiten: 01.06.–31.08. tägl. 11–18 Uhr, 01.09.–31.05. Mo–Fr 11–15 Uhr, Sa & So 12–16 Uhr, Sverresborg Allé, Tel. 73 89 01 00, post@sverresborg.no, www.sverresborg.no

Die berühmten Speicherhäuser am Nidelva leuchten in der Morgensonne.

Skulptur vor dem Kunstmuseum Trondheim neben dem Dom.

ESSEN & TRINKEN

Baklandet Skydsstation AS.
Das rustikale Restaurant serviert in einem schönen Holzhaus im Stadtteil Bakklandet, nicht weit von der Gamle Bybro, traditionelle norwegische Küche. Die Gerichte kosten ab 160 NOK. Öffnungszeiten: Tägl. 12–1 Uhr Øvre Baklandet 33, Tel. 73 92 10 44, post@skydsstation.no, www.skydsstation.no

Olavs Pub & Restaurant. In diesem Szene-Restaurant auf zwei Etagen ist der lange Tresen im Erdgeschoss ein Treffpunkt. Rustikales Ambiente. Samstags und sonntags Live-Musik. Internationale Speisen und Getränke zu moderaten Preisen. Öffnungszeiten: Mo–Do 11–23 Uhr (warme Küche bis 22 Uhr), Fr & Sa 11–02 Uhr, So geschlossen, Cicignons plass, Tel. 73 80 63 11, booking@nova-trondheim.no, www.nova-trondheim.no/en/olavs-pub

Petersilleriet.
Das vegetarische Restaurant beliefert unter anderem das St. Olavs Hospital. Schmackhaftes Essen in einfacher Atmosphäre. Gerichte ab 110 NOK. Öffnungszeiten: Mo–Fr. 10–20 Uhr, Sa 10–18 Uhr, So geschlossen Erling Skakkes gt. 39, Tel. 73 60 60 14, per@petersilleriet.no, www.petersilleriet.no

Leckere Lachshäppchen werden im Hof des Erzbischöflichen Palais serviert.

15 Ausflug Trondheim

Der Nidaros-Dom und das Ringve-Museum

Mitte: Malerisch spiegelt sich der Dom im Nidelva.
Unten: Der Nidaros-Dom ist die Krönungskirche der norwegischen Könige.

Auch wenn die über drei Stunden langen Aufenthalte der Hurtigruten-Schiffe in Trondheim berücksichtigen, dass die Gäste die Stadt erkunden wollen, ist die Zeit trotzdem noch knapp bemessen. Viele Reisende beschränken sich deshalb auf wenige wichtige Sehenswürdigkeiten, die sie jedoch umfassend kennenlernen möchten. Am besten bucht man hierzu einen der an Bord angebotenen Ausflüge. Mein Favorit ist die dreistündige Tour zum Nidaros-Dom und Ringve-Museum.

Trondheims Geschichte ist an den Häusern in der Altstadt auf der Halbinsel Øra ablesbar, die zu einem großen Teil noch aus dem 17. und 18. Jahrhundert stammen. Das mit Abstand älteste Gebäude ist jedoch der Nidaros-Dom aus dem 11. Jahrhundert. Der Standort der Kirche ist nicht zufällig gewählt, da an dieser Stelle bereits vor dem Dom eine Kapelle gestanden hatte. Sie war einige Jahre nach dem Tod von Olav II. Haraldson über dessen Grab errichtet worden. Olav II. wurde im Jahr 1030 in der Schlacht von Stiklestad von aufständischen Bauern getötet und auf dem Schlachtfeld begraben. Bereits kurze Zeit nach seinem Tod berichtete man in der Region von angeblichen Wundern, die seinem Wirken – gleichsam aus dem Jenseits – zugeschrieben wurden. Unter anderem soll Olav Trolle in Steine verwandelt und einen erschlagenen Mönch ins Leben zurückgeholt haben. Daraufhin wurde Olavs Grab geöffnet. Der Legende zufolge war der Leichnam nicht in Verwesung übergegangen. Er wurde nach Trondheim gebracht und dort in einem Schrein

Der Nidaros-Dom mit seiner beeindruckenden Fassade des Hauptportals ist der größte Sakralbau Skandinaviens.

aufgebahrt. Um das Jahr 1034 wurde Olav II. heiliggesprochen und fortan »Der Heilige« genannt. Wie sich doch die Meinungen ändern können. Zu Lebzeiten trug er noch den Beinamen »Der Dicke«.

In der Folge setzte ein regelrechter Olav-Kult ein. Tausende Pilger unternahmen Wallfahrten zum Grab des Heiligen, und bereits 1040 wurden wohl schon die ersten Olavs-Messen gelesen. Es war also höchste Zeit, eine repräsentative Kirche für den Heiligen und selbstverständlich für den Bischof zu errichten. König Olav III. Kyrre ließ daher im Jahr 1070 die Kapelle durch den steinernen Nidaros-Dom ersetzen. Nach 20 Jahren Bauzeit wurde er fertiggestellt, war jedoch, typisch für eine repräsentative Kirche, nicht vollendet. Bereits 60 Jahre nach der Einweihung erfolgte der erste große Umbau. Diesem sollten bis etwa 1300 weitere Veränderungen und Ausbauten folgen. Weil hinter dem Hochaltar der Schrein Olavs des Heiligen stand, wurde der Dom auch das »Herz Norwegens« genannt.

AUTORENTIPP!

DER BOTANISCHE GARTEN

Wenn Sie das Ringve-Museum besuchen, sollten Sie auf jeden Fall auch den Botanischen Garten erkunden. Die 13 Hektar große Anlage bildet den Rahmen für die herrschaftlichen Gebäude von Ringve Gård. Der von der Universität geführte Garten ist mehr als eine bloße Sammlung von Pflanzen aus aller Welt. Es wird versucht, die verschiedenen Gewächse in ihren jeweiligen Lebensräumen zu präsentieren. So erstreckt sich beispielsweise das Arboretum um einen zentralen See, der das nördliche Eismeer symbolisiert. Die Bäume und Sträucher sind darum entsprechend ihrer Herkunft auf der nördlichen Halbkugel angeordnet. Neben der Pflanzengeografie liegen weitere Schwerpunkte auf der Ethnobotanik und Gartengeschichte. Letztere wird im sogenannten Romantischen Park des 19. Jahrhunderts, im Blumenlabyrinth und dem Renaissance-Kräutergarten anschaulich dargestellt.

Ringve botaniske hage. Lade Allé 60, Tel. 73 59 22 69, www.ntnu.no/vitenskapsmuseet, Öffnungszeiten: Ganzjährig täglich, Eintritt frei.

Mehr als 1800 verschiedene Musikinstrumente können im musikhistorischen Nationalmuseum von Ringve bestaunt werden.

Oben: Shoppingcenter an der Kongens Gata.
Mitte: Weltberühmt ist die Musikinstrumentensammlung des Museums in Ringve.
Unten: Speicherhäuser am Fluss Nidelva wurden zu Restaurants und Geschäften umgebaut.

ÜBER DEN POLARKREIS

Der Nidaros-Dom ist der größte und wichtigste Sakralbau Norwegens. Bis heute fast unverändert aus dem 12. Jahrhundert erhalten ist jedoch nur sein Ostteil. Alle anderen Gebäudeteile wurden mehrfach komplett erneuert, nachdem die Kirche bei Bränden in den Jahren 1328, 1432 und 1531 schwer beschädigt worden war. Nach dem Feuer von 1531 konnte man aufgrund fehlender finanzieller Mittel nur noch die Apsis wieder aufbauen. 1708 brannte die Kirche schließlich bis auf die Grundmauern nieder. Noch bevor der Wiederaufbau beendet war, schlug 1719 der Blitz ein – der anschließende Brand legte das Gotteshaus erneut in Schutt und Asche. 150 Jahre sollte es danach dauern, bis der Dom neu errichtet werden konnte. Der berühmte norwegische Bildhauer Gustav Vigeland hat sich mehrere Jahre dem Wiederaufbau des Doms gewidmet. Bemerkenswert sind vor allem seine Steinmetzarbeiten an der Westfront. Sehenswert sind aber auch die schönen Glasmalereien von Gabriel Kielland.

Unmittelbar neben dem Dom steht die ehemalige erzbischöfliche Residenz. Teile des Komplexes

Innenhof des Ringve-Museum in Trondheim.

Das gewaltige Kirchenschiff des Nidaros-Doms.

stammen noch aus dem 12. Jahrhundert. Damit ist die Residenz der älteste aus Stein errichtete Profanbau Norwegens. Die Gebäude beherbergen heute ein Waffen- und Fahnenmuseum sowie eine Dokumentation des norwegischen Widerstands gegen Hitlerdeutschland.

Nach so viel Geschichte wird es Zeit, sich den schönen Künsten zu widmen. Der Ausflug führt daher weiter zu dem ehemaligen herrschaftlichen Anwesen Ringve Gård. Es ist rund fünf Kilometer Richtung Osten vom Zentrum entfernt auf dem Gelände des Botanischen Gartens gelegen und beherbergt ein weltweit einzigartiges Musik-Museum. Das Ringve-Museum präsentiert Musikinstrumente aus aller Welt, aber auch norwegische Instrumente wie die Hardangerfiedel, in jeweils landestypisch eingerichteten Räumen. Musikstudenten führen durch die Ausstellungen und spielen die Instrumente auch vor. Einige darf man sogar als Besucher selbst ausprobieren. Anschließend kann man sich im Museumscafé Tordenskiold Kro mit frischen Waffeln und Kaffee stärken, bevor man den Besuch mit einem Spaziergang im Botanischen Garten abrundet.

Infos und Adressen

INFOS & ADRESSEN

Nidaros-Dom. Tel. 73 89 08 00, postmottak.ndr@kirken.no www.nidarosdomen.no

Norges nasjonale museum for musikk, Ringve-Museum. Lade Allé 60, Tel. 73 87 02 80, post@ringve.no, www.ringve.no

Auch für die Kleinen schon spannend: die Geschichte des Königs Olav Tryggvason.

Mitte: Die Durchfahrt des engen Stokksund setzt nautische Erfahrung voraus.
Unten: Immer wieder spannend für die Gäste ist die Ladetätigkeit der Schiffe. Hier die MS Vesterålen im kleinen Ort Nesna.

16 Von Rørvik bis Ørnes

Stationen auf dem Weg nach Norden

Ganze 312 nautische Meilen sind auf dem Weg von Trondheim nach Bodø zurückzulegen. Nordgehend wird die Strecke in 24,5, südgehend in 26,5 Stunden überwunden. In den langen Sommernächten bleibt viel Zeit, das fantastische Inselgewirr zu beiden Seiten des Schiffes zu betrachten. Im Winter dagegen bestehen bei klarem Himmel gute Chancen, das faszinierende Farbenspiel des Nordlichts bestaunen zu können.

Durch den Trondheimsfjord führt die Route an den Backbord liegenden Inseln Storfosna, Husøya und Starvøya vorbei. Asen, Halten, Kaura und Nordøya heißen die Leuchtfeuer, die auf diesem Abschnitt die Fahrrinne markieren. Dann ist das offene Meer erreicht, und das Schiff nimmt Kurs auf den Nærøysund zwischen den Inseln Vikna und Marøy. Rørvik auf Vikna ist der Hauptort der

MAL EHRLICH

GEWICHTSPROBLEME

Das Essen an Bord ist vorzüglich und die Fülle des Angebotes kaum überschaubar. Und das von morgens bis abends. Dazu schmeckt es in Gesellschaft noch besser, und alles will einmal probiert werden. Da man an Bord kaum Gelegenheit hat, die leckeren Kalorien wieder loszuwerden, wird der Hosenbund bereits nach wenigen Tagen zu eng. Zwar haben acht der elf Schiffe einen Fitnessraum, aber man muss schon seinen inneren Schweinehund überwinden, um sich dort so zu quälen, dass ein Effekt spürbar ist. Deshalb gilt: FdH!

Gemeinde und das erste Ziel auf dieser Reiseetappe. Kurz vor der Einfahrt in den Hafen wird die 1981 in Betrieb genommene, 701 Meter lange und 41 Meter hohe Hängebrücke über den Nærøysund unterquert. Im Hafen angekommen, liegen die nord- und südgehenden Hurtigruten-Schiffe fast eine Stunde nebeneinander an der Pier. Das bietet Gelegenheit, sich mit den Passagieren des jeweils anderen Schiffes auszutauschen oder den kleinen Ort mit seinen 2600 Einwohnern zu erkunden. Das ist jedoch schneller gesagt als getan, denn Rørvik hat eine echte Attraktion zu bieten. 2004 eröffnete hier Norveg, das Norwegische Zentrum für Küstenkultur und Küstenwirtschaft. Das Ausstellungs- und Veranstaltungszentrum ist architektonisch einem Segelschiff nachempfunden. Im »Schiffsrumpf« befinden sich die Verwaltung, die Küche und technischen Einrichtungen. Hinter den drei »Segeln« wurden Foyer, Restaurant und Ausstellungsräume untergebracht. Norveg wurde dank seiner herausragenden Architektur 2005 für den renommierten internationalen Mies-van-der-Rohe-Preis sowie für den European Museum of the Year Award 2006 nominiert.

Von Rørvik nach Brønnøysund

Die nur 46 Meilen lange Strecke von Rørvik nach Brønnøysund wird in knapp vier Stunden bewältigt. Aus dem Nærøysund kommend, fahren die Hurtigruten-Schiffe dicht unter Land zwischen der Insel Leka und dem Festland, bevor sie wieder das offene Meer erreichen. Aber schon nach kurzer Zeit kommt auf der Backbordseite der Torghatten in Sicht. Der 260 Meter hohe, sagenumwobene Berg weist in halber Höhe ein Loch auf, das sich 160 Meter lang von einer zur anderen Seite erstreckt. Beim Vorbeifahren manövriert der Kapitän so dicht an den Torghatten heran, dass die Passagiere vom Schiff aus durch den Berg hin-

AUTORENTIPP!

AUFSTIEG ZUM TORGHATTEN

Die 14 Kilometer lange Strecke von Brønnøysund zum Torghatten ist mit dem Auto in 15 bis 20 Minuten zu schaffen. Vom Fuß des Berges führt ein schmaler, in einigen Abschnitten steiler Pfad nach oben. Nach etwa 20 Minuten und 120 Höhenmetern ist das Loch im Berg erreicht.
160 Meter lang, 35 Meter hoch und 15 Meter breit ist der beeindruckende »Tunnel« durch den Berg. Auf Bohlenwegen und Treppen kann man von einer zur anderen Seite spazieren. Geübte Bergwanderer können auf dieser Seite wieder hinuntersteigen und um die Südflanke des Berges zurück zum Ausgangspunkt gelangen. Alle anderen sollten den gleichen Weg zurück nehmen. Das am Fuß des Berges gelegene Torghatten Kurs og Feriesenter ist Hotel, Restaurant und Informationszentrum in einem. Vorträge über die Entstehung des Berges und die Besiedlung der Region bereiten den Besucher auf die Wanderung vor, die unter der Führung durch Mitarbeiter des Hauses oder auf eigene Faust unternommen werden kann.

Torghatten Kurs og Feriesenter.
Tel. 75 02 54 95, pkha@online.no, www.visittorghatten.no

Beeindruckende landschaftliche Highlights erwarten einen alle paar Kilometer entlang der Küste.

durchsehen können. Dies gelingt im Sommer in der Regel sowohl auf der nord- als auch auf der südgehenden Route. Im Winter setzt jedoch die Dunkelheit so früh ein, dass dazu nur auf der südgehenden Route eine – keinesfalls hundertprozentige – Chance besteht.

Um den Torghatten und das Loch in seiner Flanke rankt sich eine tragische Geschichte um Liebe und Leidenschaft. Zwei Könige lebten einst in der Gegend: König Vågekallen mit seinem Sohn Hestmannen in Svolvær, König Sulitjelmakongen mit sieben Töchtern, eine wilder als die andere, auf der anderen Seite des Vestfjords. Sulitjelmakongen schickte die Mädchen zu Lekamøya, um sie von der Jungfrau erziehen zu lassen. Eines Abends beobachtete Hestmannen die acht Frauen beim Baden und verliebte sich in Lekamøya. In voller Rüstung ritt er über den Fjord, um sie zu entführen, doch die acht Frauen konnten vor ihm fliehen. Während die sieben Schwestern bald erschöpft niederkauerten, floh Lekamøya weiter nach Süden bis in das Gebiet des Königs Sømna. Hestmannen

Oben: Die schmale Meerenge von Brønnøysund.
Mitte: Das Anwesen von Petter Dass, dem großen norwegischen Dichter und Reformer, in Alsterhaug.
Unten: Der Ufersteg auf dem Gelände von Alsterhaug lädt im Sommer zur Rast ein.

Instandhaltung auch kleiner Boote ist unvermeidlich. Kleine Werft in Tjötta unweit von Sandnessjöen.

war so erbost über die Flucht, dass er einen Pfeil auf Lekamøya abschoss, um sie zu töten. König Sømna aber, der das Geschehen beobachtet hatte, warf seinen Hut in die Bahn des Pfeils und hielt ihn so auf. In diesem Moment ging die Sonne auf und alle Beteiligten erstarrten zu Stein. Die sieben Schwestern wurden zu der Bergkette bei Sandnessjøen, der Hut wurde zum Torghatten, Lekamøya zur Insel Leka und Hestmannen zur Insel Hestmannøy.

Die Wahrheit ist weitaus prosaischer: Während der letzten Eiszeit bedeckte ein mächtiger Eispanzer Nordeuropa und drückte mit seinem Gewicht die Kontinentalplatte tief in den Erdmantel. Als das Eis abschmolz, hob sich die Kontinentalplatte wieder an. Dieser Prozess ist bis heute nicht abgeschlossen. Das Loch im Torghatten ist einfach eine Höhle, die die Meeresbrandung in den Fels gefressen hat. Durch die Landhebung wurde sie aus dem Brandungsbereich nach oben geschoben und befindet sich inzwischen 126 Meter über dem Meeresspiegel.

Kurz nach dem Torghatten erreicht das Schiff die 4500 Einwohner zählende Gemeinde Brønnøysund. Nordgehend werden die meisten Gäste den halbstündigen Stopp verschlafen, immerhin ist es bei der Ankunft bereits 0.30 Uhr. Südgehend dauert der Aufenthalt von 16.15 bis 17 Uhr. Damit können auch die Gäste wieder an Bord genommen werden, die in Sandnessjøen das Schiff für den Ausflug zur Inselgruppe Vega verlassen haben. Die Zeit reicht trotzdem gerade aus, um sich auf der Pier ein wenig die Beine zu vertreten.

Nordische Mythologie

Knappe drei Stunden benötigt das Schiff für die 36 Meilen lange Strecke zwischen Brønnøysund

AUTORENTIPP!

AUSFLUG ZUM VEGA-ARCHIPEL

6000 Inseln, Inselchen und Schären, eine Besiedlungsgeschichte, die 10 000 Jahre zurückreicht, und Inselbewohner, die im Einklang mit der Natur leben: Dies alles hat die UNESCO dazu bewegt, den Vega-Archipel in die Liste des Weltkulturerbes aufzunehmen. Nur drei der Inseln sind bewohnt, Fischerei und Landwirtschaft bilden dort die Lebensgrundlage. Felsen, Wiesen und Moore prägen die Landschaft. Die vielen Eiderenten, die jedes Jahr zum Brüten auf die Inseln kommen, sind mit den Menschen so etwas wie eine Symbiose eingegangen. Bereits seit dem 9. Jahrhundert bereiten die Inselbewohner für die Enten unter Steinen oder in kleinen Hütten Nistplätze vor und bewachen sie während der Brutzeit, damit Nesträuber keine Chance haben. Nach der Brut werden die feinen Daunen aus den Nestern eingesammelt, gewaschen und als Füllung für Bettdecken verkauft. Der Ausflug startet in Sandnessjøen. Mit einem lokalen Boot fahren Sie nach Nes auf Vega und besichtigen dort das Eiderentenmuseum. Durch die Inselwelt des Vega-Archipels geht es anschließend nach Brønnøysund zurück zum Schiff.

Touristeninformation Gladstad.
8980 Vega, Tel. 75 03 53 88,
post@visitvega.no, www.visitvega.no

AUTORENTIPP!

WAS SIE SCHON IMMER ÜBER DEN POLARKREIS WISSEN WOLLTEN!
Polarkreis, Mitternachtssonne, Polarnacht und Ekliptik: Was auf den ersten Blick verständlich zu sein scheint, entpuppt sich bei näherer Betrachtung als ein hochkomplexes Thema, bei dem man schnell den Überblick verliert. Da haben es die Norweger und ihre Besucher gut. Exakt an der Stelle, wo die E4 auf dem Weg von Mo i Rana nach Norden den Polarkreis schneidet, steht mitten auf dem Saltfjell das Polarkreis-Informationszentrum Polarsirkelsenteret. Auf 66° 33′ 44″ N verläuft die magische Grenze zur Mitternachtssonne im Sommer beziehungsweise zur Polarnacht im Winter. Warum das so ist, wird mit Filmen, Grafiken und wechselnden Ausstellungen erklärt. Damit niemand vergisst, was er gehört und gesehen hat, kann er im Shop nicht nur Souvenirs, sondern auch Literatur zum Polarkreis erwerben. Ein eigenes Postamt und ein Restaurant vervollständigen das Angebot.

Polarsirkelsenteret AS. Saltfjellet, Tel. 75 12 96 96, www.polarsirkelsenteret.no, Eintritt frei, Öffnungszeiten: 20.05.–01.09. tägl. 8–22 Uhr.

und Sandnessjøen. Nordgehend gibt es während der Zeit nicht viel zu sehen, denn auch im Sommer wird es nachts für kurze Zeit dunkel. Allenfalls die Bergkette der »Sieben Schwestern« ist kurz vor der Ankunft in Sandnessjøen im Morgengrauen zu bewundern, gutes Wetter vorausgesetzt. Südgehend sind die Chancen deutlich besser, sowohl die mythenumwobenen »Sieben Schwestern« zu sehen als auch kurz vor Brønnøysund einen Blick auf den Vega-Archipel zu werfen. Seit 2004 gehört die Inselgruppe zum Weltkulturerbe der UNESCO.

Der magische Nordpolarkreis

Die Häfen Sandnessjøen und Nesna verblassen in der Wahrnehmung der Passagiere, die nun darauf warten, die magische Linie des Nordpolarkreises zu überqueren. Dort geht zur Sommersonnenwende am 21. Juni die Sonne nicht unter und umgekehrt zur Wintersonnenwende am 21. Dezember nicht auf. Je weiter man sich jenseits des Polarkreises nach Norden bewegt, umso länger scheint die Mitternachtssonne beziehungsweise herrscht dunkle Polarnacht. Am Nordkap geht die Sonne im Sommer bereits 2,5 Monate nicht unter, genauso lang dauert auch die winterliche Polarnacht.

Wer den Nordpolarkreis überquert, gehört ab sofort zu den Nordlandfahrern. Vielleicht doch nicht sofort, denn vor den Erfolg haben die Götter, in diesem Fall der Meeresgott Njord, den Angstschweiß gesetzt. Jeder Gast, der zum ersten Mal über den Polarkreis fährt, wird symbolisch getauft und erhält anschließend ein Taufzertifikat mit seinem neuen Namen. Damit auch jeder weiß, wo sich der Polarkreis befindet, stellte man auf einer Schäre einen Globus auf, der die magische Linie bei 66° 33′ 44″ N markiert.

Von Rørvik bis Ørnes

Nur wenig später übernimmt bei der Insel Grønnøy ein einheimisches Schnellboot die Gäste des Schiffes. Es bringt sie auf einem Ausflug in den Holandfjord zum Engenbreen, einer Zunge des Svartisen-Gletschers. Kurz darauf erreicht man das nächste Ziel, den kleinen Ort Ørnes.

Vogelbeobachtungen an Deck

Etwa eine Stunde nach dem Auslaufen aus Ørnes passiert das Schiff die Insel Fugløya. Die Brutfelsen sind vom Schiff aus nicht zu erkennen, doch im Sommer kann man das ständige Kommen und Gehen der Vögel von den Brut- zu den Nahrungsplätzen und wieder zurück hervorragend beobachten. Von den Decks aus sind Lummen, Papageitaucher und Dreizehenmöwen gut zu sehen. Wenig später ist Bodø erreicht.

Ein noch intaktes, altes Rorbu, das noch nicht in ein Wohnhaus umgewandelt wurde.

Oben: Die Strecke zwischen Nesna und Örnes wird von unzähligen kleinen Inseln gesäumt, …
Mitte: … ein Panorama, das man nicht versäumen sollte.
Unten: Die MS Polarlys läuft den kleinen Hafen von Örnes an.

0
20 km
N
Fugløya
K
Storvika
Kunna
Fore
17
Mar
Ørnes
Meløya
J
Meløy
Glomfjorden
Nev
Myken
Valværfjorden
Åmnøya
Vassdalsvik
Glom
Bjæran
Skardsfjorden
Halsa
Atlantischer
Vågaholmen
Ågskaret
Storjord
Svar
Glets
Rødøya
Rødøyfjorden
Tjong
Rødøy
Nordværnes
17
Reppen
Gjerdøya
Nesøya
Rangsund-
øya
Renga
Jektvika
Nordfjorden
Polarsikelse
Polarkreisze
Hestmona
Langnes
G
Melfjorden
Træna
Hestmon
Tonnes
Oldervika
Vesterdalen
Ozean
Kilboghamn
Melfjorden
Lurøya
Sørfjorden
Hagen
Øresvika
Trænfjorden
Lovund
Ørnvika
Aldra
Ravn
Stigfjorden
Lundeura
Moflaget
Onøya
17
Haugland
Nordsfjorden
Buøy
Stokkvågen
Tomfjorden
Røytvik
Sjona
Venes
Utskarpen
Tomma
Forsland
Åsvær
Handnes
Longset
Bustnes
Søråsvæfjorden
Dønnes
Stifjorden
Alsøya
Handnes
Rana
Hemnesberget
Ranafjord
Rølvåg
Vikholmen
Bardal
Vandved
Glein
Løkta
Nesna
808
Leirvika
Finneidfj
Nordvik
Koppardal
Lævong
Fagervika
Sørfjorden
Mula
17
Skaga
Bjørn
Bjerka
Gåsvær
Angersnes
Dønna
Leira
Elsfjord
Korgen
828
Ytterholmen
Seløy
F
Drevvatn
Engan
Silvalen
Sandnessjøen
Alstfjorden
Alsten
Øksningen
Sieben Schwestern
Remnes
Drevja
Tver
Tennvalen
E
Vestvågan
Røssåga
Okst
Lund
Alstahaug
78
806
Hundåla
Blomøya
Søfting
Straum
17
Offersøya
Vefsnfjorden
Bleikvasslia
Røssv
Hestøy
Sandvika
Vikdalen
Ånes
Tjøtta
Rødøya
Husvika
Mosjøen
Tustervatnet
Minntangen
Tro
Tustervatnet
Torte
Mindlandet
Lavasshytta
Herringbotn
Lagvatnet
Vega
Stokka
Vågsodden
Røss
vatne
Sundsvoll
Gladstad
Igerøy
Kvalfors
Kjerringneset
Ham-
nøya
Vevelstad
Rørøya
D
Visten
Hamn
Vefsna
Vesterbukta
Eidem
17
Skjåvika
Vegafjorden
Ylvingen
Laksfors
Haustreisa
Horn
Anddalsvågen
Seltra
Holmen
Grane
Svartvatnet
Hattfjelldal
Stortorgnes
Sauren
Velfjorden
Tilrem
Lomsdal-Visten
Brønnøysund
C
Engelsneset
nasjonalpark
Trofors
73
Skomovik
Vefsna
804
Torget
Tofte
Klævmoen
Inntorget
Storbørja
Torghatten
B
Kråknes
Hommelstø
Svenningdal
Fipling-
dalen
Torgfjorden
17
Berg
Ivarrud
Homborneset
Håkaunet
Reins
Sømna
Skålvik
Vik
Tosbotn
Holmvassdalen
Hongset
Sørgård
Bjørkåsen
Endress-
plass
Børgefjellskolen
Ursfjorden
Skog
76
Rossvika
Hjelmset
Båtneset
Holmvassås
Børgefjellet
Tosaunet
Vennesund
Bindalfjorden
Sefrivatnet
Jensneset
Austra
Holfm
Øvre
Fiplingvatnet
Store
Majavatnet
Leka
Åkvika
Tosenfjorden
Ottervika
Skei
Majavatn
Børgefjell
771
Lysfjord
Bangstad
Solsem
Sør-Gutvika
802
nasjonalpark
Skotnes
Terråk
Lyngsneset
Årsand
Smalåsen
Sandvik
Lysøya
Eiternes
Gravvik
Fuglstad
Mellingsmoen
Store
Måneset
771
Årfora
770
Ábjørvatnet
Namsvatnet
Lødding
Elvåsen
Rødseidet
Bjørnstad
Eidshaug
Foldereid
Indre-
folda
Rørvik
A
Kolvereid
Saltbotn
17
Namsvassgårdan
Ottersøya
Bjøråa
Storvatnet
Namsen
Strand-
valen
Hofles
Bjørhusdalen
Mjøsund-
vatnet
Kongsmoen
Namsskogan
Røyrvik
Vektarlia

Infos und Adressen

INFORMATIONEN

Touristeninformation der Gemeinde Vikna. Hier gibt es Informationen über die Region Nord-Trøndelag, Veranstaltungskalender und Exkursionsvorschläge Woxengs Samlinger, 7900 Rørvik, Tel. 74 39 33 00, post@vikna.kommune.no, www.vikna.kommune.no, www.namdalskysten.no

Norveg – Zentrum für Küstenkultur und Küstenwirtschaft. Strandgt. 7, 7900 Rørvik, Tel. 74 36 07 70, post@museetmidt.no, www.museetmidt.no, Öffnungszeiten: Di–Sa 11–15 Uhr, So und Mo geschlossen, Gruppen nach Vereinbarung.

Kystriksveien Info-Center/Innherred Tourist Office. Das Zentrum informiert über die so genannte Küstenroute zwischen Steinkjer und Brønnøysund mit dem Torghatten, den »Sieben Schwestern«, dem Saltstraumen-Malstrom und Svartisen-Gletscher. Sjøfartsgata 2A, Steinkjer, Tel. 74 40 17 17, post@rv17.no, www.kystriksveien.no

Brønnøysund. Sivert Nielsensgt. 24 Rådhuset, 8905 Brønnøysund, Tel. 75 01 20 00, postkasse@bronnoy.kommune.no, www.visithelgeland.com

Sandnessjøen. Auf dem Portal der Region Helgeland (Hålogaland) sind touristische und administrative Informationen über die gesamte Region abrufbar. 8800 Sandnessjøen, Tel. 75 04 45 00, post@helgelandskysten.com, www.visithelgeland.com

In Brønnøysund markiert ein Fels den geografischen Mittelpunkt Norwegens.

Entlang der Küste von Rørvik bis Ørnes

- Ⓐ **Rørvik und Norwegisches Zentrum für Küstenkultur und Küstenwirtschaft**
- Ⓑ **Torghatten**
- Ⓒ **Brønnøsyund** – Ausgangspunkt für Wanderungen auf den Torghatten
- Ⓓ **Vega-Archipel mit Eiderentenmuseum in Nes**
- Ⓔ **Bergkette »Sieben Schwestern«**
- Ⓕ **Sandnessjøen**
- Ⓖ **Globus als Marketing des Nordpolarkreises**
- Ⓗ **Polarsirkelsenteret, Polarkreiszentrum**
- Ⓘ **Svartisen-Gletscher**
- Ⓙ **Ørnes**
- Ⓚ **Fugløoya**

17 Svartisen-Gletscher

Der dunkle Riese

Mit einer Fläche von 370 Quadratkilometern ist der mächtige Svartisen nach dem Jostedalsbreen der größte Gletscher Norwegens. Wie eine weiße Kappe bedeckt er die Hochebene Sjaltfell, die sich vom Melfjord im Westen bis an die schwedische Grenze im Osten erstreckt. Über 60 Gletscherzungen ragen in alle Richtungen in die Täler des Saltfjells und die tief eingeschnittenen Fjorde im Westen hinein.

Der Name Svartisen, »Schwarzeis«, verweist auf die teilweise tiefdunkelblaue Farbe des Gletschers. Sie ist typisch für sehr altes und stark gepresstes Eis. Neuerdings macht er seinem Namen auch deshalb Ehre, weil sich Staub und Moränenschutt auf der Oberfläche der Gletscherzungen angereichert haben und das Eis schwarz erscheinen lassen. Dieser Effekt wird durch das Abschmelzen des Eises hervorgerufen. Wie alle anderen norwegischen Gletscher ist auch der Svartisen auf dem Rückzug. Während beispielsweise seine Gletscherzunge Engabreen noch in den 1970er-Jahren direkt in den Holandfjord kalbte, ist dort inzwischen das Eis um mehr als 2,5 Kilometer zurückgewi-

Mitte: Grandioser Blick über den kleinen See vor dem Svartisen-Gletscher.
Unten: Das kleine Ausflugsboot bringt die Hurtigrutengäste hautnah an Vogelkolonien ran.

Um eine Wanderung zum Gletscher genießen zu können, muss man genug Zeit mitbringen.

chen. Zwischen Endmoräne und Gletscherzunge liegt jetzt der See Svartisvatnet. Wer einen Spaziergang zum Eis machen möchte, muss 3,5 Kilometer um den See herumgehen, um den Gletscher zu erreichen. Am Ende ist der Svartisen jedoch noch lange nicht, ist doch die Eiszunge des Engabreen an der dicksten Stelle immer noch 400 Meter mächtig.

Ein Nationalpark der Gegensätze

Der Svartisen-Gletscher ist Teil des 2105 Quadratkilometer großen Saltfjell-Svartisen-Nationalparks. Seit 1989 schützt dieser eine sehr abwechslungsreiche Landschaft, die von Fjorden, fruchtbaren Hochtälern, Kalksteinhöhlen und natürlich dem Gletscher geprägt wird. Im zentralen Teil des Nationalparks besteht das Grundgestein vielerorts aus Kalk, und stellenweise steht Marmor an. Dieser metamorphisierte, wie man in der Geologie sagt, im Lauf von Millionen Jahren unter dem Einfluss hoher Drucke und Temperaturen aus Kalkstein. In Hunderttausenden von Jahren hat das Wasser unzählige kleine und größere Höhlen aus dem Kalk herausgewaschen. Einzelne dieser Höhlen sind über 350 000 Jahre alt. Eine der berühmtesten ist die Grønliggrotte. Diese von einem Bach durchflossene Tropfsteinhöhle ist im Gegensatz zu anderen Höhlen beleuchtet und deshalb einem enormen Besucheransturm ausgesetzt. Der Kalk ist auch dafür verantwortlich, dass auf dem Fjell, der immerhin auf der Höhe des Polarkreises liegt, eine üppige Vegetation zu finden ist. 250 verschiedene Pflanzenarten sind zum Beispiel allein im Stormdalen nachgewiesen worden. Die Hochebene bildet mit dem Gletscher aber auch eine natürliche Barriere für Pflanzen aus dem wärmeren Süden. Sie waren bisher nicht in der Lage, weiter nach Norden vorzudringen. In der Fauna sind noch keine Veränderungen zu erkennen. Nach wie vor

AUTORENTIPP!

MIT DEM FAHRRAD AN DEN GLETSCHER

Wer zum Gletscher weder mit dem Bus fahren, noch zu Fuß gehen möchte, dem bietet sich noch eine weitere, weltweit einzige Alternative: Am Anlegesteg im Holandfjord werden Fahrräder ausgeliehen, mit denen man bis zur Brestua, aber auch darüber hinaus bis fast zum Gletscher fahren kann. Auf dem absolut ebenen Weg können auch weniger geübte Radler die etwa 3,5 Kilometer lange Strecke leicht bewältigen. Am Ende der Straße muss der fahrbare Untersatz jedoch stehen gelassen werden. Auch für die Radfahrer gilt es ab dort, zu Fuß zu gehen und das letzte Stück sogar zu klettern, wenn das Eis erreicht werden soll. Das Gefühl, viele Tausend Jahre altes Eis zu berühren, ist die Anstrengung allemal wert. Auf dem Rückweg ist dann noch Zeit für eine kleine Stärkung in der Brestua.

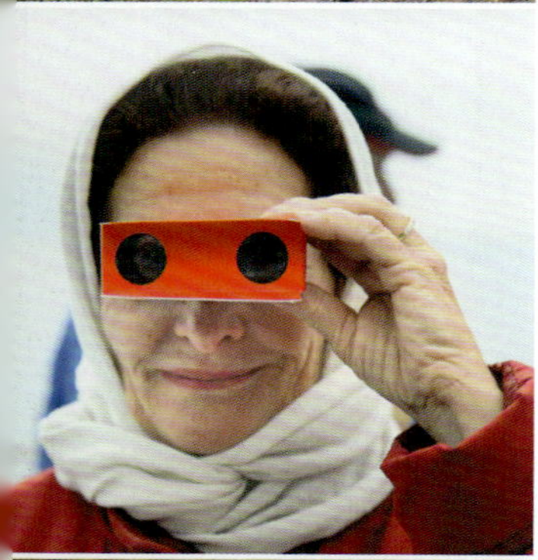

Oben: Das kleine Restaurant Brestua erwartet den Besucher bei Gebäck und heißen Getränken nach einem Rundgang um den Gletschersee.
Mitte: Ob die Dame mit ihrem Pappfernglas den Gletscher gut sieht?
Unten: Das gemütliche Wohnzimmer des Brestua.

fühlen sich Elch, Luchs, Vielfraß und Alpenschneehuhn im Nationalpark sehr wohl.

Ein Gletscher zum Anfassen

Den an Bord buchbaren Ausflug zum Svartisen-Gletscher sollten Sie sich nicht entgehen lassen! Kurz vor Ørnes steigen Sie bei der Insel Grønøy von Ihrem Hurtigruten-Schiff auf ein kleines einheimisches Schnellboot um und fahren durch den landschaftlich wunderschönen Holandfjord bis zum Svartisenvatnet. An diesem See, der sich zwischen Gletscher und Endmoräne gebildet hat, können Sie entweder in einen der bereitstehenden Busse steigen oder sich zu Fuß zum Gletscher aufmachen. Wem der Fernblick auf den Gletscher reicht, lässt sich indes auf der Terrasse des Cafés Brestua nieder. Von dort bietet sich ein eindrucksvolles Panorama mit dem See im Vordergrund und dem Gletscher im Hintergrund. Das Café ist etwa einen Kilometer vom Landesteg entfernt auf einer kleinen Anhöhe gelegen. Hier kommt das leibliche Wohl nicht zu kurz: Serviert werden lokale Spezialitäten wie Svartis-Lamm, Svartis-Rind oder Svartis-Fisch.

Den letzten Wegabschnitt zum Gletscher müssen alle zu Fuß gehen, denn die Schotterstraße endet dort, wo die vom Eis blank geschliffenen Felsen beginnen. Nur ein schmaler Pfad führt zur Gletscherzunge. Sportliche können über steile Felsen tatsächlich bis unmittelbar an das Eis herankommen, an manchen Stellen sind Seile als provisorische Handläufe gespannt, meist ist man jedoch auf die eigene Geschicklichkeit angewiesen. Viele können nicht widerstehen, sich für ein Erinnerungsfoto unter die weit überhängenden Eisklippen zu stellen. Dies ist allerdings nicht ungefährlich. Leicht kann ein Stück der Eismasse abbrechen und den darunter stehenden Menschen verletzen.

Infos und Adressen

INFORMATION

Meløy Touristoffice. Über das Touristenbüro kann eine Vielzahl von Ausflügen und sportlichen Unternehmungen gebucht werden. Das Spektrum reicht von geführten Wanderungen auf den Svartisen-Gletscher über Kajak-Trips, Angeltouren und Tauchen bis zum Besuch von Eishöhlen. Box 132, 8161 Glomfjord, Tel. 75 75 48 88 / 41 63 03 65, randi@mnu.no, www.visitmeloy.no

Northern Norway Tourist Board. Sehr ausführliche Informations- und Buchungsplattform für Reisen in Nordnorwegen. Tel. 75 54 52 00, post@northernnorway.com, www.nordnorge.com

Brestua am Svartisen. Informationszentrum und Ausflugslokal mit einheimischer Küche. Dem Restaurant ist ein Souvenirshop angeschlossen. Wer länger bleiben will, kann zwei Hütten für 1000 NOK (1. Person) mieten, jede weitere Person 200 NOK. Ab dem vierten Tag gibt's 20 % Ermäßigung. Wer es nicht so komfortabel braucht, ist mit festem Zelt auf einem Campingplatz gut bedient. Preise auf Anfrage. Öffnungszeiten: 24.06.–01.09. tägl. 11– 18 Uhr, Gruppen nach Vereinbarung Svartisen AS, 8178 Halsa, Tel. 75 75 11 00, post@svartisen.no, www.svartisen.com

Ganz nah an den Eismassen des Gletschers.

Auch hier führt die Klimaveränderung zum Rückzug des Gletschers.

18 Saltstraumen

Der größte Gezeitenstrom der Welt

Mit »nur« einem Meter Höhenunterschied zwischen dem inneren Bereich des Sundes und dem Meeresniveau an dessen Eingang nimmt sich dieser Mahlstrom zwischen den Inseln Straumen und Straumøy eher bescheiden aus – zumindest im Vergleich mit der Bay of Fundy im Golf von Maine in Kanada. Dort erreicht der Tidenhub bis zu 25 Meter. Allerdings ist der Saltstraumen mit bis zu 22 Knoten Geschwindigkeit der stärkste Gezeitenstrom der Welt.

Bei Flut drücken gewaltige Wassermassen in den nur 150 Meter breiten, 31 Meter tiefen und 2,5 Kilometer langen Sund hinein. Durch diesen »Düseneffekt« erhöht sich die Strömungsgeschwindigkeit des Wassers um ein Vielfaches. 372 Millionen Tonnen Wasser strömen alle sechs Stunden durch das Nadelöhr – im Prinzip einmal hinein und mit der nächsten Tide wieder hinaus. Das Wasser strömt aber nicht nur in einer Richtung, sondern kehrt sich gleichzeitig innerhalb des Sundes um. Dabei bilden sich Strudel mit Durchmessern von bis zu 15 Metern, die über vier Meter in die Tiefe reichen. Am stärksten ist der Strom bei Voll- oder Neumond, wenn die sogenannten Springtiden entstehen, bei denen die Flut besonders hoch aufläuft und bei Ebbe besonders niedriges Wasser erreicht wird.

Größere Schiffe haben nur dann eine Chance, den Sund zu passieren, wenn bei Stillwasser kurzfristig Ruhe einkehrt. Doch selbst wenn die Wasseroberfläche ruhig erscheint, können Strömungen ein Schiff immer noch in Gefahr bringen. Vor Ort ist

Mitte: Mit dem Speedboot von Bodø zum Saltstraumen.
Unten: Der gewaltige Tidenunterschied des Saltstraumen führt zu großen, starken Strudeln.

eine Funkstation nur damit beschäftigt, ein- und auslaufenden Schiffen die aktuellen Strömungsverhältnisse mitzuteilen. Außerdem veröffentlicht die Lokalzeitung *Avisa Nordland* jeden Tag die Zeiten, zu denen der Saltstraumen die größte Stärke erreicht. Das allerdings weniger für Schiffe als für die Touristen, die dieses Naturschauspiel erleben möchten.

Ein junges Phänomen

Der Gezeitenstrom entwickelte sich erst vor etwa 2000 bis 3000 Jahren, als sich die Kontinentalscholle, befreit vom Gewicht der eiszeitlichen Gletscher, so weit gehoben hatte, dass nur noch der schmale Durchlass zwischen den Inseln offen geblieben war. Auch in der Wikingerzeit wurde der Saltstraumen schon mit Ruderbooten befahren, die jedoch speziell für turbulente Gewässer konstruiert waren. Diese weltweit einmaligen Boote können in dem kleinen Ort Saltstraumen im Museum besichtigt werden.

Den Saltstraumen erleben

Wer will, kann den größten Gezeitenstrom der Welt hautnah in einem Boot erleben. Ein an Bord buchbarer Ausflug führt Sie mit speziellen Schnellbooten an den Ort des Geschehens. Dick eingepackt in wasserdichte Schutzkleidung werden Sie erfahren, wie selbst die starken Boote kaum gegen die heftige Strömung ankommen. Einen besseren Überblick über den gesamten Saltstraumen gewinnt man jedoch von der 41 Meter hohen Straßenbrücke, die den Mahlstrom überquert. Anschließend bietet sich ein Besuch des Erlebniszentrums Saltstraumen Opplevelsessenter an. Anhand von Abbildungen, Strömungsmodellen und einer Multimediashow wird der Gezeitenstrom anschaulich dargestellt und für alle verständlich gemacht.

Infos und Adressen

ESSEN & TRINKEN

Kjelen Kafe. Das Café ist unmittelbar am Ufer des Saltstraumen gelegen. Ripnes, 8056 Saltstraumen, Tel. 75 58 75 29, aina-skrettis@hotmail.com

ÜBERNACHTEN

Saltstraumen Hotel. Das solide Hotel bietet Aussicht auf den Gezeitenstrom. Das Restaurant ist bekannt für seine guten Fischgerichte. 8056 Saltstraumen, Tel. 75 50 65 60, www.saltstraumenhotell.no

PlusCamp Saltstraumen. Der Campingplatz ist schön gelegen und gut ausgestattet. Angler können in einem speziell eingerichteten Raum ihre Fische ausnehmen. Ein kleiner Laden und eine Kneipe vervollständigen das Angebot. Rund um den Campingplatz gibt es viele Wanderwege. Box 33, 8056 Saltstraumen, Tel. 90 09 83 62, salcampi@online.no, www.saltstraumen-camping.no

AKTIVITÄTEN

Erlebniszentrum Saltstraumen Opplevelsessenter. 8056 Saltstraumen, Tel. 75 56 06 55, home.c2i.net/rune.dahl/centere.html, Eintritt: Erwachsene 50 NOK, Kinder 30 NOK, Öffnungszeiten: Mai–August 10–18 Uhr, September–April nach Anmeldung.

MUSEUM

Saltstraumen Museum. Knaplund, 8056 Saltstraumen, Tel. 75 58 75 00, saltstraumenmuseum@hotmail.com, www.mamut.net/saltstraumenmuseum/, Eintritt: Erwachsene 20 NOK, Kinder frei. Öffnungszeiten: Mi–Fr 16–19 Uhr, Sa 12–17 Uhr, So 13–18 Uhr

Mitte: Kurz nach dem Ablegen in Bodø sichtet man auf der Steuerbordseite diese Landmarke.
Unten: Njord, der Herrscher über alle Meere, kommt für die Polarkreistaufe an Bord.

19 Bodø
Stadt der Seeadler

Den Ruf »Stadt der Seeadler« hat sich Bodø dadurch erworben, dass die beeindruckenden Vögel in den fischreichen Gewässern um die Stadt ein reiches Nahrungsangebot vorfinden. Seeadler meiden in der Regel Städte, doch auf ihrem Weg zu den Nahrungsrevieren kreisen sie häufig über der Stadt und der reizvollen Landschaft, in die sie eingebettet ist. Bodø hat aber noch mehr zu bieten, nämlich ein reiches kulturelles Leben.

Bodøs Einwohner sind stolz darauf, in der südlichsten Stadt nördlich des Polarkreises zu leben. Nur rund 80 Kilometer ist der magische Breitenkreis von hier entfernt. Vom 2. Juni bis zum 10. Juli geht die Sonne in der Stadt nicht unter. Die Mitternachtssonne ist auch auf Bodøs Stadtwappen verewigt, das eine goldene Sonne vor rotem Hintergrund zeigt. Darüber darf jedoch nicht vergessen werden, dass zwischen 15. und 29. De-

MAL EHRLICH

LIEBER DIE BEINE VERTRETEN

Die Fischerei spielt bis heute eine enorm wichtige Rolle für die Menschen und die Wirtschaft in Norwegen. Muss man aber deswegen in jedem Hafen das Fischereimuseum besuchen, um zu sehen, dass die Fischer in Bergen ähnliche Fangmethoden anwenden wie auf den Lofoten? Dass Stockfisch auf Gestellen getrocknet und Klippfisch auf Klippen ausgebreitet wird? Meiner Meinung ist das nicht nötig! Selbst in Städten wie Bodø, die »architektonisch keine Besonderheiten aufweisen«, kann es reizvoller sein, einfach nur einmal durch die Straßen zu schlendern.

zember die Sonne überhaupt nicht aufgeht. Nur die häufigen Polarlichter erhellen dann das Dunkel der Polarnacht.

Auf der nordgehenden Route bleibt das Schiff in der Mittagszeit 2½ Stunden an der Pier von Bodø liegen. Dieser relativ lange Aufenthalt bietet willkommene Gelegenheit, sicher nicht alle, aber doch einige ausgewählte Sehenswürdigkeiten kennenzulernen. Südgehend liegt das Schiff von 2 bis 4 Uhr nachts vor Anker. Während der Zeit der Mitternachtssonne sind auch um diese Uhrzeit Spaziergänge im Hellen möglich – allerdings durch eine tief schlafende Stadt.

Bodø ist eine junge Stadt, die erst im Jahr 1816 gegründet wurde. An dieser Stelle bestanden jedoch schon zuvor die Siedlung Hundholmen und eine Fischfabrik. Ein historischer Stadtkern, wie er in den meist viel älteren anderen Städten Norwegens zu finden ist, existiert allerdings nicht. Darüber hinaus zerstörte die deutsche Wehrmacht 1940 die Stadt zu großen Teilen. Heute zählt Bodø 46 000 Einwohner, von denen 5700 Studenten der Universitetet i Nordland sind. Sie hat am 1. Januar 2011 ihren Betrieb als achte Universität Norwegens aufgenommen.

Kulturelle Vielfalt

Über das ganze Jahr verteilt bietet die Stadt von Musikfestivals über Kammerkonzerte bis hin zu Kunstausstellungen eine Vielzahl kultureller Veranstaltungen. Zudem herrscht ein reges Nachtleben in Bars und Clubs. Ein bekanntes Musikfestival ist das Nordland Musik-Festival, das eine bunte Mischung aus Klassik, Jazz, Folk und Pop bietet. Das ebenfalls beliebte Parkenfestival hat sich hingegen der Rockmusik verschrieben und zählt jedes Jahr rund 10 000 Besucher.

AUTORENTIPP!

DAS LUFTFAHRTMUSEUM

Das Luftfahrtmuseum befindet sich nur einen Kilometer vom Stadtzentrum entfernt in der Nähe des Flugplatzes. Während des nordgehenden Aufenthalts in Bodø bleibt genügend Zeit für einen Besuch. Das Museum hat es sich zur Aufgabe gemacht, die Entwicklung der norwegischen Luftfahrt zu dokumentieren und darüber hinaus auch historische Forschungsprojekte zur Luftfahrt durchzuführen. Dazu ist eine Fülle von Exponaten zusammengetragen worden, darunter die einzige erhaltene, legendäre Ju-52 in einer zivilen Ausführung als Wasserflugzeug. Ausgestellt sind aber auch militärisch genutzte Flugzeuge, beispielsweise das US-Spionageflugzeug U-2. Die absolute Attraktion des Museums ist der Flugsimulator. Akrobatische Kunstflüge mit kleinen Maschinen, aber auch der Flug mit Apollo 5 zum Mond kann nachgestellt werden.

Norsk Luftfartsmuseum. Olav V gate, 8006 Bodø, Tel. 75 50 78 50, www.luftfart.museum.no, Eintritt: Erwachsene 110 NOK, Kinder 55 NOK, Öffnungszeiten: 15.06.–14.08. tägl. 10–18 Uhr, 15.08.–14.06. Mo–Fr 10– 16 Uhr, Sa–So 11– 17 Uhr.

Unter den verschiedenen Museen der Stadt ist das renommierte Nordland Museum besonders sehenswert. Seit seiner Eröffnung 1903 residiert es in einem der ältesten Gebäude im Zentrum der Stadt, das die Zerstörungen des Zweiten Weltkrieges wie durch ein Wunder unbeschadet überstand. Ein Schwerpunkt des Museums liegt auf der Kultur der Sami. Zu sehen ist beispielsweise der Nachbau eines traditionellen Hauses aus übereinandergeschichteten Torfsoden mit all seinen Nebeneinrichtungen. Besonders stolz ist man auf eine seltene samische Schamanentrommel. Ausstellungen über die Wikinger und die Lofoten-Fischerei bilden die anderen Schwerpunkte des Hauses. Ein faszinierendes Highlight ist ein riesiger Silberschatz, der 1919 nicht weit vom Stadtkern entfernt zufällig bei archäologischen Untersuchungen an einem Felsenhang gefunden wurde. Er war dort vor etwa 1000 Jahren von Unbekannten versteckt worden. Das wertvollste Stück ist die größte bisher gefundene silberne Ringfibel aus der Wikingerzeit, die bislang gefunden wurde. Der Fischerei auf den Lofoten ist eine Ausstellung mit Fanggeräten und Darstellungen über das Leben der Fischer in der Vergangenheit gewidmet. Im Keller des Museums ist das »trockene« Aquarium aufgestellt: ein Diorama, in dem eine typische Unterwasserlandschaft der norwegischen Küste mit ihren Tieren und Pflanzen nachgestellt ist.

Bollwerk gegen die Engländer

In die Zeit vor der Gründung der Stadt führt die Festung auf der kleinen, unmittelbar vor dem Hafen von Bodø gelegenen Insel Nyholmen. Das Bollwerk wurde während des Napoleonischen Krieges in den Kriegsjahren 1807 bis 1814 errichtet. Es sollte die Siedlung Hundholmen mit ihrer Fischfabrik gegen Angriffe englischer Kriegsschiffe schützen, die die norwegische Küste blockier-

AUTORENTIPP!

HANDELSSTATION KJERRINGØY

Das Dorf und die alte Handelsstation in Kjerringøy sind nur wenige Kilometer nördlich von Bodø gelegen und einen Abstecher wert. Bis 1964 war Kjerringøy eine eigene Kommune, heute leben dort nur noch etwa 300 Menschen. Im alten Handelsposten führen ein Knecht und eine Magd in historischen Kostümen durch die 15 sehr gut erhaltenen Gebäude und demonstrieren das Leben und Wirken der Menschen im 18. Jahrhundert. Im Nyfjøsen, dem »Neuen Stall«, sind eine Gaststätte, der Museumskiosk und die Touristeninformation untergebracht. In einem 20-Minuten-Video wird dort auch die Geschichte der Handelsstation erzählt. Die Station war seit 1962 mehrfach Kulisse für Verfilmungen von Knut-Hamsun-Romanen. Zuletzt diente sie 2001 als Kulisse für die Verfilmung des Romans *Dinas Buch* von Herbjørg Wassmos.

Kjerringøy Handelsstation. Kjerringøy Gamle Handelssted, 8093 Kjerringøy, Tel. 75 50 35 05, www.saltenmuseum.no, Eintritt: Erwachsene 100 NOK, Kinder 50 NOK, Öffnungszeiten: 24.05.–26.08. tägl. 11–17 Uhr, Gruppen ganzjährig nach Anmeldung.

ten. Hundholmen war in jener Zeit ein wichtiger Standort für die Verarbeitung und den Export von Fisch, zudem aber auch ein bedeutender Umschlagplatz für Getreide auf dem Weg nach Russland. Die Bewaffnung der Festung »Nyholms Skandse«, wie sie damals genannt wurde, konnte sich sehen lassen: Vier Zwölf- und acht Achtpfünder-Kanonen wurden dort in Stellung gebracht. Die Besatzung bestand aus 150 Soldaten, meist Wehrpflichtige aus der Region. Offenbar hatte die Festung derart abschreckende Wirkung, dass sie niemals in Kriegshandlungen verwickelt wurde. 1815 wurden die Kanonen abgebaut und die Anlage der Zivilverwaltung übergeben, bis sie 1835 endgültig geschlossen wurde. Die deutsche Wehrmacht nutzte die strategisch günstige Lage der Insel vor dem Hafen und errichtete dort während des Zweiten Weltkrieges Artilleriestellungen und Bunker. Als Baumaterial verwendete sie Steine und Erde der alten Festung, die dadurch teilweise abgetragen wurde. Teile der Anlage wurden 1996 anlässlich des 180-jährigen Bestehens von Bodø nach den alten Originalplänen restauriert und der Öffentlichkeit zugänglich gemacht. Weitere Rekonstruktionen sind geplant.

Nach dem Ablegen bahnt sich das Schiff den Weg durch einen schmalen Sund.

Oben: Rückkehr der Ausflügler vom Saltstraumen. Die MS Nordlys wartet schon.
Mitte: Für Abwechslung an Bord sorgt die Polarkreistaufe …
Unten: ... meist deutlich hörbar, wenn den Passagieren Eiswasser den Rücken hinunter läuft.

Oben: Das Anglerparadies Tuvsjyen von Elisabeth und Geoffrey Spencer am Saltstraumen.
Mitte: Im Speedboot zum Saltstraumen kann man auch mal eine Dusche abbekommen.
Unten: Seeadler sind am Saltstraumen zu Hause.

Mit der Natur verbunden

Um die Natur zu erleben, ist Bodø eine der ersten Adressen in Norwegen. Nicht weniger als 15 Naturschutzgebiete liegen in unmittelbarer Nähe, und auch zu den neun Nationalparks der Provinz Nordland ist es nicht weit. Der Svartisen-Nationalpark zum Beispiel ist nur 2 ½ Stunden entfernt. Auch dem Beinamen »Stadt der Seeadler« wird Bodø durch verschiedene Aktivitäten gerecht. Äußeres Zeichen dieses Engagements ist das Denkmal auf dem Nedre Torg, das ein Seeadlerpaar mit seinen Jungen darstellt. Dahinter steht jedoch aktiver Naturschutz, wie ihn etwa der Havørnklubben, der »Seeadlerclub«, betreibt. Er hat sich zum Ziel gesetzt, die Bestände des Seeadlers in und um Bodø zu schützen, über ihn zu informieren und sonstige damit verbundene Aktivitäten zu fördern. Gründe dafür gibt es ausreichend. Rund 3500 Seeadler-Brutpaare leben in Norwegen, mehr als die Hälfte des gesamten europäischen Bestandes. Ein Drittel dieser Paare brütet in der Provinz Nordland, dies sind fast 20 Prozent des Weltbestandes. Dem Havørnklubben kann jeder beitreten, sobald er drei Bedingungen erfüllt: Er muss in Bodø gewesen sein, dort einen Seeadler gesehen haben und als Erwachsener einmalig 200 NOK zahlen. Derzeit hat der Club fast 14 000 Mitglieder. Der Club leistet effiziente Arbeit im Seeadlerschutz. Jedes Jahr richtet er im Sommer die Havørn-dager, die »Seeadler-Tage«, mit Seminaren und Ausstellungen aus. Die Einrichtung eines Seeadler-Informationszentrums ist geplant. Ein spezielles Auswilderungsprogramm hat dazu beigetragen, dass Seeadler heute wieder in Schottland heimisch sind, wo sie schon ausgerottet waren. Von 1959 bis 1998 wurden 151 junge Seeadler, die noch ohne Revier waren, mit großem Erfolg dorthin umgesiedelt. 2005 gab es bereits wieder 33 Brutpaare in Schottland.

Infos und Adressen

INFORMATION

Bodø Touristinformation. Sjøgata 3, Postbox 514, 8001 Bodø Tel. 75 54 80 00, post@visitbodo.com, www.visitbodo.com

Bodø Kommune. Informationsbüro der Gemeinde Bodø, Postboks 319, 8001 Bodø, Tel. 75 55 50 00, postmottak@bodo.kommune.no, www.bodo.kommune.no

Nord-Norwegen Touristeninformation. Tel. 75 54 52 00, post@northernnorway.com, www.nordnorge.com

MUSEUM

Nordland Museum. Prinsensgate 116, 8005 Bodø, Tel. 75 50 35 00, post@nordlandmuseet.no, www.saltenmuseum.no,
Eintritt: Erwachsene 40 NOK, Kinder 10 NOK, Öffnungszeiten: 01.06.–31.08. Mo–Fr 9–15 Uhr, Sa–So 11–16 Uhr, 01.09.–30.04. Mo–Fr. 9–15 Uhr.

AKTIVITÄTEN

Havørnklubben, Seeadler-Klub. 8006 Bodø, Sjøgata 3, Tel. 75 54 80 00, turistinfo@bodo.kommune.no, www.havornklubben.no, Mitgliedsbeitrag einmalig 200 NOK.

Auch die alte »Tante Ju« ist im Luftfahrtmuseum von Bodø zu besichtigen.

ESSEN & TRINKEN

Restaurant Smak. Ein gutes Speiselokal mit einheimischer Küche, die viel Fisch, vor allem Lachs verarbeitet. Vom Tellergericht bis zum 6-Gänge-Menü ist alles erhältlich. Menüs gibt's von 555 NOK für vier Gänge bis 665 NOK für sechs Gänge. Dronningensgate 26, 8006 Bodø, Tel. 45 23 11 00, booking@restaurant-smak.no, www.restaurant-smak.no

Das Museum besticht durch seine moderne und gelungene Architektur.

NORDISCHE INSELN

20 Lofoten

Der Fuß des Luchses

Aus welcher Richtung man sich auch den Lofoten nähert, der Anblick ist stets beeindruckend. Bis zu 1200 Meter hoch ragen ihre Berge unvermittelt aus dem Meer auf. Kahl und unwirtlich erscheinen die Inseln auf den ersten Blick, im Näherkommen werden jedoch grüne Küstenstreifen mit Wiesen, Äckern und bunten Fischerdörfern sichtbar. An den Bergen wachsen Wälder, und ihre Schneefelder speisen Bäche, die in wilden Kaskaden ihren Weg ins Meer suchen.

Wie ein 200 Kilometer langer Schutzwall liegen die Lofoten vor der Küste Norwegens. Durch den bis zu 85 Kilometer breiten Vestfjord vom Festland getrennt, bilden sie das erste Hindernis für die von Westen heranziehenden Tiefdruckgebiete und mildern deren Einfluss. Die letzte Eiszeit hat die Inseln maßgeblich geformt und tiefe Fjorde und bizarre Felsformationen geschaffen. Aber auch heute noch nagen Wind und Wellen an den Fel-

Vorangehende Doppelseite: Der beschauliche Hafen von Svolvaer.
Mitte: Hamnøy ist nur mit einer Unterbrechung der Hurtigruten zu besuchen.
Unten: Henningsvær ist im Frühjahr die heimliche Hauptstadt des Dorschfangs.

MAL EHRLICH

MOLTEBEERE NUR PUR!

So manches, was als lokale Spezialität angeboten wird, erweist sich bei näherer Betrachtung als Mogelpackung. Moltebeeren sind unbestritten eine Köstlichkeit, und wenn sie auf dem Markt angeboten werden, sollte man trotz des hohen Preises zugreifen. Doch Vorsicht ist geboten bei verarbeiteten Früchten. In vielen Marmeladen liegt der Fruchtanteil gerade einmal bei 30 bis 40 Prozent, der Rest wird mit Fruchtkonzentrat und Zucker aufgefüllt. Das kaufen auch die Norweger nicht.

sen. Die Eiszeiten haben den Felsen im wahrsten Sinne des Wortes den letzten Schliff gegeben, die Gesteine der Lofoten haben jedoch schon lange vorher so manche Veränderung erfahren. Auf Moskenesøy sind sie teilweise 3,5 Milliarden Jahren alt. Sie zählen zu den ältesten freiliegenden Gesteinen der Welt.

Was Namen verraten

Lófót war ursprünglich nur der Name der Insel Vestvågøy. *Ló* ist der norwegische Name für den Luchs und *fót* heißt Fuß. »Luchsfuß« wurde die Insel genannt, weil ihr Umriss dem Fußabdruck eines Luchses ähneln soll. Später ist der Name dann auf alle Inseln des Archipels übertragen worden. Die benachbarte Insel Flagstadøy hieß früher Vargfót, was übersetzt »Wolfsfuß« heißt. Der Name ist jedoch in Vergessenheit geraten. Ob er sich auch auf die Form der Insel bezog, ist nicht überliefert.

Kein arktisches Klima

Nirgendwo sonst auf der Welt ist das Klima zwischen dem 67. und 68. Breitengrad so mild wie auf den Lofoten. Zwar können hier schwere Stürme wüten, ein Ausläufer des Golfstroms sorgt aber dafür, dass im Winter die Durchschnittstemperatur auf den am weitesten südlich gelegenen Inseln Røst und Værøy nicht unter 0 °C sinkt. Selbst im etwa 140 Kilometer weiter nördlich gelegenen Svolvær liegt die Durchschnittstemperatur im Januar nur bei moderaten -1,5 °C. Auf der gleichen Breite reichen zum Vergleich in Ostgrönland die Gletscher bis an das Meer heran, im Winter ist es bis zu -40 °C kalt und selbst im Hochsommer kann Eis die Seefahrt unmöglich machen. Rund um die Lofoten ist das Meer hingegen ganzjährig eisfrei und sichert den Menschen bis heute ihren Lebensunterhalt.

AUTORENTIPP!

EXKURSION NACH HENNINGSVÆR

Mit ihren kleinen und bunten Fischerdörfern scheinen die Lofoten aus einem Heile-Welt-Bilderbuch entsprungen zu sein. Sie gehören zu den schönsten maritimen Landschaften, die Norwegen zu bieten hat. Deshalb sollte man jede Gelegenheit nutzen, diese fantastische Inselwelt näher kennenzulernen – beispielsweise auf einem Ausflug nach Henningsvær. Auf der südgehenden Route fährt der Bus von Svolvær an der Südküste der Insel Austvågoy nach Westen. Auf der einen Seite liegt das Meer, auf der anderen Seite ragen die schroffen Bergketten der Lofoten auf. Henningsvær ist der Inbegriff eines norwegischen Fischerdorfes. Die Häuser sind zum Teil auf Pfählen im Meer gegründet und durch Holzstege miteinander verbunden. Die Galleri Lofotens Hus hütet Norwegens größte Sammlung nordnorwegischer Kunst aus deren Blütezeit. Zu jeder vollen Stunde wird dort auch eine wunderschöne Multivisionsschau über die Lofoten gezeigt. Anschließend geht die Fahrt weiter auf die nächste Insel, nach Vestvågoy, wo in Stamsund das Hurtigruten-Schiff bereits wartet.

Galleri Lofotens Hus. 8312 Henningsvær, Tel. 76 07 15 73, www.galleri-lofoten.no

AUTORENTIPP!

SEEADLERSAFARI

Zwar ist die Wahrscheinlichkeit sehr groß, dass man einen Seeadler vom Schiff aus oder in Bodø auch von Land erspäht, trotzdem sollte man sich den Ausflug zur Seeadlersafari nicht entgehen lassen. Im Trollfjord steigen die Safariteilnehmer auf einheimische Boote um. Wo das große Hurtigruten-Schiff nicht mehr fahren kann, kommt man mit den kleinen, wendigen Booten leicht voran. Mit ihnen gelangt man in die Jagdreviere der Seeadler, wo man die Vögel bei der Jagd beobachten kann. Staunend sieht man, wie sie mit ihren riesigen Fängen Fische aus dem Wasser greifen, die fast so viel wiegen wie sie selbst. Während des Sommers stellen die Seeadler ihren Speiseplan ein wenig um. Neben Fischen gehören in dieser Zeit auch junge Lummen, Enten und Möwen zu ihrer Beute. Sie patrouillieren entlang der steilen Felsklippen, auf denen Tausende Vogelpaare brüten und ihre Jungen aufziehen. Mit Glück wird abseits der Vogelkolonien auch das Nest eines Seeadlerpaares entdeckt. Ein Fernglas sollten Sie bei einer Seeadlersafari immer dabeihaben.

Vom Kabeljau zu Bacalao

Bereits vor 6000 Jahren kamen die ersten Jäger und Fischer auf die Lofoten und fanden hier hervorragende Lebensbedingungen. Die Inseln waren mit Birken- und Kiefernwäldern bedeckt, in denen Elche, Hirsche, Rentiere, Biber und als Räuber Luchse und Bären lebten. Auch das Leben im Meer war sehr vielfältig. Fische und Robben, später auch Wale standen auf dem Speiseplan der Insulaner. Wegen des milden Klimas war auch Landwirtschaft möglich. Die ersten Getreideäcker wurden bereits vor 4000 Jahren in der Jungsteinzeit angelegt. Obwohl die Landwirtschaft aufblühte, blieb doch nach wie vor der Fischfang der wichtigste Erwerbszweig. Auch als die Wikinger die Herrschaft übernahmen, änderte sich daran nichts, das Gegenteil ist der Fall. Im Winter ruderten Fischer vom Festland aus zu den Lofoten, um Kabeljau zu fangen. Da sie dort überwinterten, benötigten sie auch Unterkünfte. König Øystein, der die Bedeutung der Fischerei auf den Lofoten erkannte, ließ daher bereits im frühen 12. Jahrhundert die sogenannten Rorbuer bauen. Diese Tradition der »Hütten für Ruderer« wurde bis in das 20. Jahrhundert fortgesetzt. Bis zu 16 Männer teilten sich einen der Rorbuer, von denen die meisten direkt auf Pfählen im Wasser gebaut waren. Die gefangenen Fische wurden dort ausgenommen, paarweise an den Schwänzen zusammengebunden und zuletzt auf großen Holzgestellen zum Trocknen aufgehängt. Bereits im Mittelalter wurde ein schwungvoller Handel mit dem auf diese Weise haltbar gemachten Stockfisch getrieben, den die Norweger selbst Tørrfisk nennen. Bis in den Mittelmeerraum wird dieser typische Fisch bis heute gehandelt und kommt als *baccalà* zum Beispiel in Italien oder *bacalao* in Spanien auf den Tisch. In Portugal wird er als *bacalhau* serviert.

Rund um die Lofoten

Ⓐ **Stamsund** – Die von J.M. Johansen Anfang des 20. Jahrhunderts gegründete Stadt auf der Insel Leknes ist Zentrum der Stockfischverarbeitung auf den Lofoten. Die Stadt ist Ausgangspunkt für Wal- und Vogelsafaris, Nordlichtexkursionen und Wintersportaktivitäten im »Lofoten Snowboard & Alpincenter«.

Ⓑ **Henningsvær** – Typisches norwegisches Fischerdorf mit der »Galleri Lofotens Hus«, die die landesweit umfassendste Sammlung nordnorwegischer Kunst bietet.

Ⓒ **Svolvær** auf der Insel Austvågøy ist das Verwaltungszentrum der Kommune Vågan. Außerdem befindet sich hier das Kriegsmuseum mit der umfassendsten Sammlung von Uniformen, Orden und Ehrenzeichen aus dem Zweiten Weltkrieg. Eine weitere Attraktion ist die aus Eis modellierte Landschaft »Magic Ice«.

Ⓓ **Kabelvåg** – Erster Ort mit Stadtrechten in Nordnorwegen.

Ⓔ **Raftsund** – Der Fjord trennt die Lofoten von den Vesterålen. Vom Raftsund zweigt der Trollfjord ab.

Ⓕ **Trollfjord** – Sehr schmaler, landschaftlich reizvoller Fjord, Heimat der Trolle.

Ⓖ **Stokmarknes** – Sitz der Hurtigruten mit Hurtigrutenmuseum.

Ⓗ **Sortland** – Hurtigrutenhafen.

Ⓘ **Stø** – Ausgangspunkt für Walsafaris.

Ⓙ **Harstad** – Der Startpunkt für die Panoramafahrt über die Insel Langøya.

Ⓚ **Wikingersiedlung Borg** – Detailgetreuer Nachbau eines Wikingerlanghauses. »Lebendes Museum«, in welchem das Leben der Wikinger nachgestellt wird.

Gestelle voller Stockfisch sind überall auf den Lofoten verteilt.

Möwen sind während der Seeadlersafari stetige Begleiter.

Oben: So nah vor die Linse bekommt man Möwen eher selten.
Mitte: Die größten Fanggründe des Dorsches liegen vor den Lofoten.
Unten: Auch ältere Fischer sind beim Entladen ihres Fanges noch aktiv dabei.

Teilhaber am Fischreichtum

Nicht nur den Fischern sichern die reichen Fischgründe der Lofoten ihr Auskommen. Ungeheure Mengen an Seevögeln bevölkern während der Brutzeit die steilen Felsen an den Küsten. Etwa ein Viertel des gesamten Seevogelbestandes von Norwegen, rund 2,5 Millionen Tiere, brütet auf den steilen Felsen südwestlich von Røstlandet, einer der südlichsten Inseln der Lofoten. Aber auch auf den anderen Inseln brüten zahlreiche Vögel, darunter Kormorane, Mantelmöwen, Dreizehenmöwen, Eissturmvögel, Basstölpel, Papageitaucher und Eiderenten. In Måstad auf der Insel Væroy ist eine eigene Hunderasse gezüchtet worden. Die Lundehunde können in die engen Bauten der Papageitaucher hineinkriechen und die Jungvögel herausholen. Diese gelten auf den Lofoten als Delikatesse. Wo keine Hunde zur Verfügung standen, fing man die Papageitaucher beim Aus- oder Einfliegen in ihre Bauten mit Netzen.

Auch Schwertwale folgen den Fischschwärmen und dringen tief in die Fjorde ein. Nicht wegen der Fische, sondern wegen der Riesentintenfische, die in großer Tiefe um die Lofoten leben, kommen Pottwale hierher. Diese größten Vertreter der Zahnwale können bis zu 3000 Meter tief tauchen und dabei zwei Stunden unter Wasser bleiben. Auf den einzelnen Inseln werden Walsafaris organisiert, bei denen sogar eine Garantie gegeben wird: Wer bei einer Ausfahrt keinen Wal gesehen hat, darf kostenlos an der nächsten Walsafari noch einmal teilnehmen.

Allgemeiner Artenreichtum

Fanden die ersten Siedler auf den Lofoten noch dichte Wälder vor, so änderte sich das mit der Zeit. Holz wurde als Brennmaterial, zum Haus-

und Bootsbau und natürlich auch für die Stockfisch-Trockengestelle und zum Auskochen von Tran benutzt. Bald war von den ursprünglich ausgedehnten Wäldern nicht mehr viel übrig geblieben. Heute erholen sich die Wälder langsam wieder und die typische Flora kehrt nach und nach zurück. Die Vegetation der Lofoten ist eigenartig, kann man hier doch direkt nebeneinander Gebirgspflanzen, Waldbewohner oder Küstengewächse finden. Am Strand wächst beispielsweise die in Norwegen *østersurt* genannte Mertensie. Die Pflanze mit den kleinen blauen Blüten verdankt ihren Namen ihrem Geschmack, der an Austern erinnert. Dicht neben den Mertensien findet man häufig Löffelkraut, das als Mittel gegen Skorbut gegessen wurde. Weiter im Inselinnern gibt es noch Moore, in denen Torfmoose und Moltebeeren wachsen.

Mit Hurtigruten zu den Lofoten

Auf der Reise mit den Hurtigruten werden sowohl Richtung Norden als auch Richtung Süden die Lofoten passiert. Nordgehend erleben die Gäste an Bord die Lofoten aber leider nur bei Nacht. Stamsund, der erste Lofoten-Hafen, wird erst am Abend um 19 Uhr erreicht, und der Aufenthalt dort dauert nur 30 Minuten. Hier bleibt keine Zeit für einen Landgang. In Svolvær bleibt die Stunde von 21 bis 22 Uhr, um sich ein wenig im Ort umzusehen. Nach dem Auslaufen lohnt es sich auf jeden Fall, bis zum Einbruch der Dunkelheit an Deck zu bleiben, denn die Fahrt durch den engen Raftsund zwischen den Inseln Austvågøy und Hinnøy ist ausgesprochen malerisch. Die nächsten Stationen Stokmarknes, Sortland und Risøyhamn werden in tiefer Nacht angelaufen. Südgehend erlebt man die Lofoten zum Glück dann aber tagsüber und hat Gelegenheit, sie auf Ausflügen intensiver kennenzulernen.

AUTORENTIPP!

WAS SCHON DEN WIKINGERN KRAFT GAB

In den großen Mooren auf den Lofoten wachsen vielerorts die mit Brombeere und Himbeere verwandten Moltebeeren. Sie werden fast in Gold aufgewogen, weil es bis heute noch keinem Gärtner gelungen ist, die Pflanze zu kultivieren. Jeder Norweger, der einen Moltebeerenplatz kennt, hütet dieses Wissen wie einen Schatz. Wenn er sich unbeobachtet glaubt, geht er zur Reifezeit Ende Juli schon im Morgengrauen los, um die Früchte zu sammeln. Man kann Moltebeeren roh essen oder zu Marmelade und Gelee verarbeiten. Sie sind reich an Vitaminen und Spurenelementen und waren schon den Wikingern als Mittel gegen Skorbut bekannt. Heute weiß man, dass die Früchte aufgrund ihres hohen Vitamin-C-Gehalts gegen die Krankheit wirkten. Darüber hinaus enthalten Moltebeeren Benzoesäure und sind deshalb gut lagerfähig. Sie können auch lange Seereisen überdauern, ohne zu verderben. Manchmal werden Moltebeeren auf dem Markt verkauft, ansonsten gibt es in Lebensmittelläden Moltebeerenmarmelade zu kaufen.

Die nordgehende MS Richard With vor der Lofotenwand.

Infos und Adressen

INFORMATION

Destination Lofoten AS. Postboks 210, 8301 Svolvær, Tel. 76 06 98 00, lofoten@lofoten.info, www.lofoten.info
Die offizielle Tourismusorganisation der Lofoten mit Informationsbüros in Svolvær, Leknes, Ramberg, Moskenesvågen, Værøy und Røst ist im Internet mit einer ausführlichen Plattform in deutscher Sprache vertreten. Darauf findet man zahlreiche Links zu Museen, Galerien, Exkursionsangeboten, Übernachtungsmöglichkeiten, Restaurants und Cafés vertreten. Eine 18-seitige Informationsbroschüre steht zum Download bereit und kann ausgedruckt werden.

Lofoten.com. Die Internetseite für die Region der Lofoten bietet Informationen über An- und Abreise, Übernachtungs- und Einkaufsmöglichkeiten, Essen und Trinken sowie kulturelle Veranstaltungen wie Konzerte und Festivals. Postboks 103, 8301 Svolvær, red@lofoten.com, www.lofoten.com

Lofoten online. Die sehr umfangreiche Informationsseite des Deutschen Jürgen Steinbrück umfasst eine Fotogalerie, ein Diskussionsforum und Links zu Webcams. Jürgen Steinbrück, jsteinbrueck@gmx.de, www.lofoten-online.de, www.digermulen.de

AKTIVITÄTEN

Lofoten Opplevelser. Das Unternehmen veranstaltet Wal- und Seeadlersafaris. Angeboten werden außerdem noch Schnorchelexkursionen und Rafting-Touren. Die Preise werden auf Anfrage mitgeteilt. 8312 Henningsvær, Tel. 76 07 50 01. post@lofoten-opplevelser.no, www.lofoten-opplevelser.no

Das Torrfisk Museum ist einen Besuch wert.

Die Kirche von Kabelvag ist für das dünn besiedelte Gebiet ungewöhnlich groß.

SEHENSWÜRDIGKEITEN

Lofotakvariet, Lofot-Aquarium. Das Aquarium präsentiert in 23 geräumigen Becken Tiere und Pflanzen des Meeres, die rund um die Lofoten leben. Seehunde und Fischotter sind in gesonderten Becken untergebracht. Eine mit Musik unterlegte Multivisionsschau wird im angeschlossenen Kino gezeigt. Im Café werden Kuchen sowie warme und kalte Speisen serviert.
Eintritt: Erwachsene 110 NOK, Kinder 55 NOK, Sammelkarte Galleri Espolin, Lofot-Museum und Lofot-Aquarium 180 / 80 NOK, Öffnungszeiten: 01.02.–30.04. Mo-Fr, So 11–15 Uhr, 01.05.–30.05. tägl. 11–15 Uhr, 01.06.–31.08. tägl. 10–18 Uhr, 01.09.-30.11. Mo–Fr, So 11–15 Uhr, 8310 Kabelvåg. Tel. 76 07 86 65, post@lofotakvariet.no, www.lofotakvariet.no

MUSEEN

Museum Nord – Lofotmuseet. Das Lofoten-Museum ist ungefähr einen Kilometer von Kabelvåg entfernt in der 1815 errichteten, ehemaligen Residenz des Fischerdorfbesitzers untergebracht. Sein inhaltlicher Schwerpunkt liegt auf der Geschichte der Lofotenfischerei. Es besitzt eine umfangreiche Sammlung von Nordlandbooten und einige Fischerhütten (Rorbuer) aus dem 19. Jahrhundert. Im Jahresverlauf werden neben der Dauerausstellung wechselnde Themenausstellungen gezeigt. Ein historischer Garten gehört ebenfalls zum Haus. Eintritt: Erwachsene 65 NOK, Kinder 25 NOK. Storvågan, 8310 Kabelvåg, Tel. 76 06 97 90, www.lofotmuseet.no

Galleri Espolin. Die Galerie des 1996 verstorbenen, weltberühmten Malers Kaare Espolin Johnson ist überaus sehenswert. Eintritt: Erwachsene 70 NOK, Kinder 35 NOK. Öffnungszeiten: 01.02.–30.04. und 01.09.–31.01. So–Fr 11.00–15.00, 01.05.–31.05. tägl. 11–15 Uhr, 01.06.–15.08. tägl. 10–18 Uhr, 16.08.–31.08. tägl. 10–15.30 Uhr, Storvåganveien, 8310 Kabelvåg, Tel. 76 07 84 05, www.galleri-espolin.no

Engelskmannsbrygga. Die Glasbläserei mit Keramikwerkstatt und Fotoausstellung lohnt auf jeden Fall einen Besuch. Dreyersgt.1, 8312 Henningsvær, Tel. 76 07 52 85 / 76 07 22 12, www.engelskmannbrygga.no

ESSEN & TRINKEN

Præstenbrygga. Das das ganze Jahr über geöffnete Restaurant mit angeschlossener Bar serviert vorwiegend Fischspezialitäten. An den Wochenengesagt. Das Lokal hat eine Lizenz für den Ausschank von Alkohol. Bei gutem Wetter kann man die Mahlzeiten auch draußen auf der Terrasse einnehmen. Nach Meinung von Insidern handelt es sich bei diesem Lokal um die beste Kneipe, die auf den Lofoten zu finden ist. Torget, 8310 Kabelvåg, Tel. 76 07 80 60, prestengbryg ga@lofotkraft.net, www.bacalaobar.no/

Bacalao. Das Lokal wird von der gleichen Gesellschaft wie das Præstenbrygga betrieben und offeriert ein vergleichbares Angebot. Öffnungszeiten: Mo–Do 10.30–01 Uhr, Fr–Sa 10.30–2.30 Uhr, So 12–1 Uhr, Havnepromenaden 2, 8300 Svolvær, Tel. 76 07 94 00, bacalaobar@lofotkraft.net

Der breite Sandstrand von Flakstad unweit des Dorfes Ramberg.

Mitte: Das Farbspiel auf der Lofoteninsel Vestvagöy unweit der kleinen Stadt Leknes.
Unten: Wikinger-Fans spielen die alten Geschichten im Museum von Borg nach.

21 Das Wikingermuseum Borg

Verbindung zur Vergangenheit

Wenn Frikk Harald Bjerkli, Landwirt auf Vestvagøy, im Herbst 1981 nicht ein wenig tiefer als üblich gepflügt hätte, vielleicht wäre der alte Sitz eines Wikingerhäuptlings weitere tausend Jahre unentdeckt geblieben. Eine ungewöhnlich dunkle Verfärbung des Bodens machte ihn neugierig, und er setzte sich mit dem Amateurarchäologen Kåre Ringstad in Verbindung. Der untersuchte das Phänomen genauer und fand mehr als tausend Jahre alte Glasperlen und Tonscherben. Die Sensation war perfekt.

1983 begannen die systematischen Ausgrabungen durch ein Team von Archäologen aus ganz Skandinavien. Schnell wurde deutlich, dass Frikk Bjerkli durch Zufall auf die Reste der nördlichsten und größten Wikingersiedlung ganz Europas gestoßen war. Bereits im 4. Jahrhundert war hier ein erstes Gebäude errichtet worden. Es war immerhin

MAL EHRLICH

WIKINGERLEBEN

Das Leben der Wikinger mit all seinen Facetten wird in Borg sehr anschaulich dargestellt. Jeder Besucher kann auf verschiedenste Weise in die Vergangenheit eintauchen, beispielsweise beim Weben oder Rudern. Aber der Grat zwischen authentischer Darstellung und Touristenspektakel ist schmal. Einmal im Leben Met zu probieren, möchte man als Erfahrung sicher nicht missen, ein inszeniertes Gelage ist dagegen nicht jedermanns Sache. Was dabei jedoch wirklich zählt, ist der Spaß.

Die Architektur des Museums erinnert an ein umgedrehtes Wikingerboot ...

schon 67 Meter lang. Im Lauf der Zeit wurde es mehrere Male umgebaut und erweitert, bis es zu Beginn der Wikingerära im 9. Jahrhundert die imposanten Maße von 83 Metern Länge, 8,3 Metern Breite und 9 Metern Höhe erreicht hatte.

Symbol für Reichtum und Macht

Das Gebäude stand weithin sichtbar an einem etwas erhöhten Ort in der Ebene. Von dort hatten die Bewohner einen weiten Blick über die Bucht und die Landschaft. Hier muss ein mächtiges Wikingergeschlecht gelebt haben, das seinen Wohlstand und seine Macht mit diesem Gebäude überdeutlich signalisierte. Sein Reichtum beruhte zu großen Teilen auf der Landwirtschaft. Bis zu 50 Kühe fanden im Stallbereich des Hauses Platz, dazu wurden Pferde, Schafe, Schweine und Hühner gehalten. Die bei den Ausgrabungen entdeckten Fundstücke zeigen aber auch, dass die Bewohner nicht nur auf ihrer Scholle saßen, sondern weit herumkamen oder zumindest Handel trieben. Reicher Goldschmuck wurde gefunden, darunter drei Goldamulette, auf denen sich zwei Menschen umarmen. Zudem entdeckte man Glasscherben

AUTORENTIPP!

RUDERN WIE DIE WIKINGER

Wer bei all dem Essen, Trinken, Singen und Tanzen noch etwas Zeit findet, sich in der Umgebung des Langhauses umzusehen, sollte zum nur wenige Hundert Meter entfernten Indrepollen, dem Hafen von Borg, spazieren. Dort kann man den Nachbau des berühmten Gokstadtschiffes aus dem 9. Jahrhundert anschauen. Das Schiff wurde 1880 etwa 120 Kilometer südlich von Oslo bei Gokstad gefunden, ist über 20 Meter lang und wiegt etwa 30 Tonnen. Um es zu rudern, sind 64 Männer notwendig, die sich in zwei Mannschaften zu je 32 Personen ablösen. In der Saison vom 15. Juni bis 15. August startet das Schiff täglich zwischen 13 und 17 Uhr stündlich zu einer Rundfahrt durch die Bucht. Jeder Besucher ist dann eingeladen, auch selbst einmal zu rudern. Das ist gar nicht so einfach, denn 32 Ruderer müssen erst einmal dazu gebracht werden, synchron zu rudern. Da die Kraft der rudernden Gäste in den wenigsten Fällen für eine Fahrt ausreicht, wird mit einem vorgespannten Schlauchboot ein wenig nachgeholfen. Ein toller Spaß ist es trotzdem.

... und so muss man sich ein intaktes Wikingerboot vorstellen.

Oben: Das auf einem Hügel liegende Museum ist von Weitem sichtbar. **Mitte:** Im Inneren zeugen Holzschnitzarbeiten von alten Zeiten. **Unten:** Für die Hurtigrutengäste wird ein deftiges Abendessen serviert während der »Chief« Wikingergeschichten erzählt.

aus Frankreich, mit Goldfäden verziertes Glas aus England und Walrosszähne aus Sibirien. Solche Funde wurden bisher nur in den bedeutenden Wikingerhandelsorten Birka, Haithabu und Kaupang getätigt.

Bauern, Händler und Eroberer

Alle Funde in Borg lassen darauf schließen, dass hier einst politisch und wirtschaftlich einflussreiche, vermutlich auch kriegerische Häuptlinge lebten. Die Umrisse von zwei bis zu 26 Meter langen Bootshäusern werden als Beleg dafür angesehen, dass die Bewohner Borgs auch große Schiffe besaßen. Diese waren hochseetüchtig und schnell, gleichzeitig aber hervorragend für die Navigation auf engem Raum geeignet. Sie begründeten den Ruf der Wikinger als Plünderer und Eroberer. Dass sie in erster Linie auch reisende Händler waren, gerät dabei meist in den Hintergrund.

Der Exodus

Borg wurde um 900 n. Chr. verlassen. Über die Gründe kann nur spekuliert werden. Kriegerische Auseinandersetzungen mit benachbarten Clans, der Versuch, den Einflussbereich noch weiter auszudehnen, oder das Klima können eine Rolle gespielt haben. Denn der Standort hat auch Nachteile. Es weht ein beständiger Wind, der häufig auch Sturmstärke erreicht. Gebäude in dieser Region müssen stabil gebaut sein. Das mussten die Bewohner von Borg 1789 feststellen, als die Kirche umgeblasen wurde. Das Pfarrhaus teilte dieses Schicksal 1920. Es ist möglich, dass ein solches Ereignis auch zum Ende von Borg geführt hat. Vielleicht schloss sich der Herr von Borg aber auch denen an, die ihr Glück in einer neuen Welt suchten. Es gibt Hinweise darauf, dass Olaf Tvennumbruni, der als Siedler im südwestlichen Island Ruhm erlangte, der letzte Häuptling von Borg war.

Eingangsportal des komplett aus Holz gebauten Museums.

Feste feiern mit den Wikingern

Nicht weit vom Originalfundort wurde 1995 das Wikingermuseum Borg eröffnet. Im Mittelpunkt steht ein originalgetreuer Nachbau des Langhauses. Es ist ein dreischiffiges Haus mit Pfostenreihen im Innern, die das Dach tragen. Auch die Inneneinrichtung und Aufteilung der Räume sind nach alten Quellen beziehungsweise dem Grundriss des Originals rekonstruiert worden. Das Museum ist zudem ein lebendiger Ort, in dem eine Gruppe von Mitarbeitern den Alltag der Menschen zur Wikingerzeit nachstellt. Sie kochen, waschen und führen verschiedene handwerkliche Tätigkeiten aus. Führungen, Vorträge und Mitmachaktionen runden das Angebot ab. Für Hurtigruten-Gäste gibt es noch eine Zugabe: Sie können am Lofotr Wikingerfest teilnehmen. Bei reichlich Met und gutem Essen wird zwei Stunden lang gesungen und getanzt. Gegessen wird nach Wikingerart mit den Fingern, worüber niemand die Nase rümpft.

Infos und Adressen

INFORMATION

Touristeninformation Bøstad. Redaktør Odd Nicolaysen, www.bøstad.no
Die sehr ausführliche Internetplattform der Gemeinde Bøstad informiert zum Teil auf Deutsch über das touristische Angebot der Gemeinde – Unterkünfte, Museen und Galerien, kulturelle Veranstaltungen sowie Wander-, Angel- und Jagdmöglichkeiten.

Lofotr – Vikingmuseet på Borg. Eintritt: 15.06.–15.08. Erwachsene 120–160 NOK, Kinder 60–80 NOK (jeweils abhängig von der Saison). Öffnungszeiten: 02.01.–30.04. Mi und Sa 12–15 Uhr, 01.05.–31.05. tägl. 10–17 Uhr, 01.06.–15.08. tägl. 10 –19 Uhr, 16.08.–15.09. tägl. 10–17 Uhr, 16.09.–22.12. Mi und Sa 12–15 Uhr. Prestegardsveien 59, 8360 Bøstad, Tel. 76 08 49 00, vikingmuseet@lofotr.no, www.lofotr.no

Zum Schluss der Theatervorführung wird um das künstliche Lagerfeuer getanzt.

Mitte: Vom Rica Hotel in Svolvær lässt sich das Treiben im Hafen durch die großen Panoramafenster gut beobachten.
Unten: Nicht professionelle Fischer trocknen ihren Dorsch direkt an den Wohnhäusern.

22 Stamsund und Svolvær

Auch heute Sinn für Tradition

Wer in Stamsund oder Svolvær die typische Idylle norwegischer Fischerdörfer erwartet, sieht sich enttäuscht. Hier sucht man vergebens nach bunt bemalten, kleinen Holzhäusern, leise in der Dünung schaukelnden Fischerbooten und endlosen Stockfischgestellen. Viele Häuser sind zwar immer noch aus Holz gebaut, doch es handelt sich zumeist um mehrstöckige Gebäude neueren Datums. Trotzdem sind die beiden Städtchen einen Besuch wert.

Nordgehend ist Stamsund auf der Insel Vestvågøy der erste Hafen auf den Lofoten, der von Hurtigruten angelaufen wird. 1400 Einwohner leben in der jungen, erst zu Beginn des 20. Jahrhunderts gegründeten Stadt. Dass Fischer hier jedoch schon früher tätig waren, belegen Rorbuer. Einige der Hütten boten Fischern bereits in der ersten Hälfte des 19. Jahrhunderts während der Kabeljausaison

MAL EHRLICH

SPEEDBOOT, NEIN DANKE!

Haben Sie schon einmal versucht, aus einem fahrenden Auto heraus Vögel zu beobachten? Es ist aussichtslos. Deshalb kann auch bei einem »geschwindigkeitsreichen« Ausflug mit dem Speedboot sicher kein Seeadler intensiv beobachtet werden, auch wenn es in der Ausflugsbeschreibung von Hurtigruten so versprochen wird. Speedbootfahrten sind etwas für Menschen, die gern schnell unterwegs sind und dabei Spaß haben wollen. Das ist legitim. Für Naturbeobachter ist die Seeadlersafari eine echte Alternative.

Unterkunft. Den Grundstein der Stadt legte aber erst J. M. Johansen. Er begann 1876 mit der Verarbeitung und dem Export von Stockfisch und machte im frühen 20. Jahrhundert aus der Saisonsiedlung eine dauerhaft bewohnte Stadt. Johansen kaufte den Fischern ihren gesamten Fang ab, im Gegenzug versorgte er sie mit allem, was sie zum Leben brauchten. Die Firma entwickelte sich zum größten Hersteller und Exporteur von Stockfisch in Norwegen. Davon profitierte auch Stamsund, das sich heute als moderne Kommune mit einer sehr guten Infrastruktur präsentiert. J. M. Johansens Firma wurde in den 1980er-Jahren von der weltweit operierenden Aker Seafoods ASA übernommen, die Familie Johansen ist jedoch immer noch in der Stadt präsent. Und auch Fischfang und Fischverarbeitung sind nach wie vor die Haupteinnahmequellen der Stadt.

Wohlstand und reiche Kultur

Die Fischerei und Fischverarbeitung sind nach wie vor ein anstrengendes Geschäft, und ein weit verbreitetes Vorurteil unterstellt den Fischern, sie seien an Kultur wenig interessiert. Dies ist offensichtlich falsch, denn in Stamsund blüht ein reiches Kulturleben. Zahlreiche der alten Rorbuer sind heute in Ateliers und Galerien von norwegischen Malern, Bildhauern und Glaskünstlern umgebaut worden. Die Künstler haben sich hier niedergelassen, um sich von der großartigen Natur der Lofoten inspirieren zu lassen.

Theater und Musik werden ebenso gepflegt. Seit 2001 findet in jedem Jahr im Mai und Juni in der Kunstgalerie Galleri 2, nur 100 Meter vom Hurtigrutenkai entfernt, das internationale Theaterfestival »Stamsund Internasjonale Teater« statt. Theatergruppen und Besucher aus aller Welt reisen zu diesem Ereignis an. Die Galleri 2 ist aber nicht der

AUTORENTIPP!

MAGIC ICE

Die Ausstellung *Magic Ice* ist ein echtes Highlight, die sich kein Besucher von Svolvær entgehen lassen sollte. Sowohl nord- als auch südgehend bleibt Zeit genug für einen Besuch in Norwegens erster Galerie und Bar, die ganz aus Eis geschaffen wurde. Seit ihrer Eröffnung am 22. März 2004 hat sie Tausende Besucher angezogen. Die Welt der Lofoten wurde direkt im Hafen von Svolvær in einer 500 Quadratmeter großen Halle in Eis modelliert. Menschen in Fischerdörfern, die Vogelfelsen von Røst, die Arbeit der Fischer auf See und vieles mehr wird hier mit viel Liebe zum Detail gezeigt. Mit einem warmen »Pinguinmantel«, Handschuhen und Mütze ausgestattet, kann man die Ausstellung ohne zu frieren betrachten. Kerzenlicht, das durch das Eis tausendfach gebrochen wird, verleiht *Magic Ice* tatsächlich eine magische Atmosphäre.

Magic Ice AS. Postboks 95, Öffnungszeiten: 15.06–25.08. tägl. 12–23 Uhr, 26.08–14.06. tägl. 18–22 Uhr N – 8301 Svolvær, Tel. 76 07 40 11, www.magic-ice.no, Eintritt: Erwachsene 95 NOK, Kinder 65 NOK.

AUTORENTIPP!

KUNST IM FISCHERHAUS

Die über 150 Jahre alten Rorbuer dienen schon lange nicht mehr als Unterkünfte für Fischer in der Kabeljausaison. Die meisten sind zu gemütlichen Ferienwohnungen für Touristen umgebaut worden, in andere sind Künstler eingezogen, die hier leben und arbeiten. Tatsächlich sind es keine Unbekannten, die es auf die Lofoten gezogen hat, oder die von dort stammen. Ein besonders bekannter Einheimischer ist Gunnar Berg, dessen Galerie mit Ausstellungs- und Vortragsräumen in einem Rorbu untergebracht ist. Der Maler wurde 1863 in Svolvær geboren und richtete dort nach dem Studium der Malerei sein Atelier ein, das bis heute erhalten ist. Berg gehört zu den bekanntesten Vertretern norwegischer Landschaftsmalerei. Er starb bereits mit 30 Jahren an Krebs, hat jedoch eine Vielzahl von Bildern hinterlassen. Neben vielen anderen ist auch sein berühmtes Bild *Schlacht um den Trollfjord* in der Galerie ausgestellt.

Svinøya Rorbuer AS. Gunnar Bergs Vei 2, N – 8300 Svolvær, Tel. 76 06 99 30, www.svinoya.no

Der enge Trollfjord gehört zu den Highlights auf dem Weg der Hurtigruten.

Mehrmals täglich fahren Speedboote durch den Raftsund zum Trollfjord.

einzige Spielort. Eine Kühlhalle, ein Warenlager und das alte Kino wurden umfunktioniert, eine Freilichtbühne wird zusätzlich jedes Jahr vor dem Festivalbüro errichtet. Direkt an der Pier wird im Stockfischlager eine Ausstellung zum Festival aufgebaut.

Natur erleben

Stamsund ist in eine wunderschöne Landschaft eingebettet, die geradezu dazu auffordert, erlebt zu werden. Das Angebot örtlicher Agenturen reicht vom Kajakfahren über Angeln, Wandern, Bergsteigen, Wal- und Vogelsafaris bis zu Nordlichtexkursionen. Der Sportverein Idrettslag in Stamsund hat nicht weit von der Stadt das Lofoten Snowboard & Alpincenter eingerichtet, das auch für Besucher geöffnet ist. Für eine Tageskarte zahlen Erwachsene 250 NOK, Kinder und Jugendliche 200 NOK. Eine Saisonkarte ist für 2500 beziehungsweise 2000 NOK erhältlich.

Hauptstadt der Lofoten

Nur anderthalb Stunden benötigen die Hurtigruten-Schiffe für den Weg von Stamsund nach

Svolvær. Die Stadt liegt im Südosten der Insel Austvågøy und ist das Verwaltungszentrum der Kommune Vågan. In dem typischen Fischerstädtchen sind die meisten Gebäude reine Zweckbauten. Die Schiffe der Hurtigruten kommen täglich in den Hafen, und gelegentlich legen auch Kreuzfahrtschiffe an. Svolvær ist wahrhaftig kein Highlight, wenn man allein den Ort betrachtet. Gemessen an anderen Siedlungen in Norwegen ist es auch noch jung. Die erste urkundliche Erwähnung von Svolvær, das damals Souluer, »Kaltes Fischerdorf«, hieß, stammt aus dem Jahr 1567. Vermutlich ist die Siedlung aber doch ein wenig älter. Die Stadtrechte erhielt Svolvær 1918 und ein zweites Mal 1996 weil bis dahin einige kleinere Nachbarkommunen eingemeindet worden waren.

Die wirtschaftliche Grundlage der Stadt ist immer noch die Fischerei, dem Tourismus kommt aber ein wachsender Stellenwert zu. Svolvær ist inzwischen ein wichtiger Verkehrsknotenpunkt auf den Lofoten. Die Stadt ist mehrmals täglich über Fähren mit den beiden Städten Bodø und Skutvik verbunden. Ein kleiner Flughafen für Inlandsflüge liegt außerhalb der Stadt, eine fährfreie Straßenverbindung zum Festland besteht mit der Fertigstellung der Raftsundbrücke seit 2007. Und nicht zuletzt legen hier täglich die Hurtigruten-Schiffe an. Über 200 000 Touristen kommen jedes Jahr hierher und finden eine gut ausgebaute touristische Infrastruktur vor. Die letzte Errungenschaft ist das 2009 eingeweihte zehngeschossige Thon-Hotel mit 160 Betten und einem Veranstaltungszentrum.

Museum zum Zweiten Weltkrieg

Aber Svolvær hat noch einiges mehr zu bieten. Interessant ist vor allem das norwegische Kriegsmuseum, das über die Zeit des Zweiten Weltkrieges

Oben: Die alten Rorbuer werden immer noch als Lagerhäuser für die Ausrüstungen der Fischer genutzt.
Mitte: Klein wirkt sie, die MS Nordnorge vor der gewaltigen Lofotenwand.
Unten: Lofotenidylle in Svolvær.

Oben: Nicht weit vom Hurtigrutenanleger gibt es ein privates Museum über die nationalsozialistische Besetzung der Deutschen in Norwegen.
Mitte: Stolz und Freude über den selbstgeangeltem Kohlfisch.
Unten: Das kleine Museum im Restaurant von Svinøya.

und die Besetzung durch Nazideutschland informiert. Die deutsche Wehrmacht baute Svolvær zu einer waffenstarrenden Festung mit Bollwerken, Bunkern und Geschützen aus, die auch bei dem ersten Angriff der Engländer 1941 nicht eingenommen werden konnte. Viele der Befestigungen sind immer noch vorhanden. Das Museum wurde im Juni 1996 eröffnet und hat seither immer im Sommer geöffnet. Es kann ständig wachsende Besucherzahlen verzeichnen. Sein Träger ist eine unabhängige Stiftung. In verschiedenen Ausstellungen wird ausdrucksstark dargestellt, was in den Kriegsjahren auf den Lofoten und in Nordnorwegen geschah. Hier befindet sich auch die umfassendste Sammlung von Uniformen, Orden und Ehrenzeichen aus dem Zweiten Weltkrieg. Das Museum besitzt neben den Exponaten eine umfangreiche Bibliothek mit Originaldokumenten und bisher nicht veröffentlichten Fotos.

Angeln als Wettstreit

Angelwettbewerbe sind bei Anglern in aller Welt beliebt, die Weltmeisterschaft im Kabeljau-Angeln aber kann natürlich nirgendwo sonst als in Svolvær, der Stadt des Dorsches, stattfinden. Seit 1991 treffen sich jedes Jahr während der Hauptsaison für den Kabeljau im März bis zu 600 Angler, um den Besten zu ermitteln. Aus neun verschiedenen Ländern sind bisher die passionierten Wettkämpfer angereist, um bei diesem einmaligen Erlebnis dabei zu sein. An zwei Tagen versuchen den größten Fisch zu fangen. Um den Siegerpreis zu erringen, muss dieser mindestens 19 Kilogramm auf die Waage bringen. Insgesamt werden bei einer Weltmeisterschaft durchschnittlich 9000 Kilogramm Kabeljau geangelt. Wer mitmachen will, muss als Erwachsener ein Startgeld von 1200 NOK für die zweitägige Veranstaltung zahlen, Jugendliche sind schon mit 800 NOK dabei.

Infos und Adressen

INFORMATION

Touristeninformation Stamsund. J.M. Johansens Vei 11, Tel. 76 05 69 96, www.lofoten.info. Nur während der Sommersaison geöffnet, Zeiten jährlich wechselnd.

Touristeninformation Svolvær. Destination Lofoten, Postboks 210, 8300 Svolvær, Tel. 76 06 98 00, lofoten@lofoten.info, www.lofoten.info

AKTIVITÄTEN

Lofoten. Der Veranstalter organisiert geführte Wanderungen, Angeltouren und Vogel- und Walsafaris. J.E. Paulsensgate 12, Tel. 91 65 55 00, post@xxlofoten.no, www.xxlofoten.no

VM i Skreifiske (Weltmeisterschaft im Kabeljau-Angeln). 8300 Svolvær, Tel. 41 56 82 34 (Gunnar Mellem), nmkv@c2i, www.vmiskreifiske.info

MUSEEN & KULTUR

Stamsund Internasjonale Teater. J.M. Johansens vei 32, 8340 Stamsund, Tel. 76 08 75 30, info@stamfest.no, www.stamsund-internasjonale.no

Lofoten-Kriegsmuseum. Svolvær Kreuzfahrtterminal. Tel. 91 73 03 28, williah@online.no, www.lofotenkrigmus.no, Öffnungszeiten: Im Sommer: Mo–Sa 10–22 Uhr, So 12–15 Uhr und 18–22 Uhr, Im Winter: nach telefonischer Voranmeldung.

Eine kuriose Variante von Edvard Munchs Schrei. Second Hand Geschäft in Stamsund.

Das bekannte Restaurant Børsen Spiseri auf Svinøya ist eines der besten in der Umgebung.

ESSEN & TRINKEN

Skjærbrygga Rorbuer. Das sehr gute Skjærbrygga Restaurant hat sich einen Namen mit Fischgerichten gemacht. Es liegt nur fünf Minuten vom Hurtigrutenkai entfernt. 8340 Stamsund, Tel. 76 05 46 00, firmapost@skjaerbrygga.no, www.skjaerbrygga.no

ÜBERNACHTEN

Skjærbrygga Rorbuer. Unter gleichem Namen werden Übernachtungen in Fischerhütten angeboten, die 1845 errichtet, aber in der Zwischenzeit mehrfach umgebaut wurden. Sie sind gemütlich eingerichtet, teilweise mit offenem Kamin.

Vestfjord Hotell Svolvær. Das 4-Sterne-Hotel ist 200 Meter vom Hurtigrutenkai entfernt gelegen. Fishergata 46, Tel. 76 07 08 70, verstfjord@visitlofoten.as, www.visitlofoten.as

Thon Hotel Lofoten. Das Hotel der Thon-Kette steht in nächster Nähe zum Hurtigrutenkai. 1 Torget O J Kaarboes Gate 5, 8300 Svolvaer, Tel. 47 76 04 90 00, www.thonhotels.com

23 Trollfjord

Eine nautische Herausforderung

Auf der südgehenden Route fahren die Hurtigruten-Schiffe in den Trollfjord hinein, auf der nordgehenden Route passieren sie ihn lediglich bei der Nachtfahrt durch den Raftsund von Svolvær nach Stokmarknes. In den hellen Sommernächten lohnt es aber dennoch, wach zu bleiben – auch wenn die Insel Ulvøya den Blick auf die schmale Einfahrt in den Trollfjord versperrt.

Mitte: Die MS Vesterålen läuft in den Trollfjord ein.
Unten: Norwegisches Original an der Reling der MS Lofoten im Trollfjord.

Obwohl er nur zwei Kilometer misst, ist der Trollfjord landschaftlich genauso schön wie seine »großen Brüder« Geiranger- und Lysefjord. Er ist ein kleiner Nebenfjord des schmalen Raftsundes, der die Lofoten und Vesterålen voneinander trennt. Der Eingang des versteckt gelegenen Fjords ist nicht mehr als 100 Meter breit, und selbst an seiner breitesten Stelle sind die beidseits bis über 1000 Meter steil aufragenden Felswände des Fjordes höchstens 800 Meter voneinander entfernt. Wasserfälle stürzen in Kaskaden von den Felsen, man scheint sie vom Schiff aus fast berühren zu können. Die höchsten Berge am Fjord sind der 1084 Meter hohe Trolltinden sowie der Blåfjell, der auch immerhin 998 Meter erreicht. Landgänge sind im Trollfjord nicht möglich, Teilnehmer der Seeadlersafari steigen dort jedoch in die kleineren einheimischen Boote um. In Svolvær werden sie zwei Stunden später wieder von »ihrem« Hurtigruten-Schiff aufgenommen.

Seinen Namen hat der Fjord von den Trollen, bösen Dämonen, die hier der Überlieferung zufolge in Höhlen hausen und nach Einbruch der Dunkelheit ihr Unwesen treiben.

Die Schlacht um den Trollfjord

Der Trollfjord war 1890 Schauplatz eines erbitterten Kampfes zwischen den Lofotenfischern in ihren kleinen Nordlandbooten und den Dampfschiffen, die von den großen Fischfanggesellschaften betrieben wurden. Die Besatzungen der Dampfschiffe hatten den Fjord mit Netzen abgesperrt, um dort mit ihren viel effektiveren Senknetzen die Langleinen und Stellnetze der Lofotenfischer auszustechen. Die Lofotenfischer sollten die Sperre nur passieren dürfen, wenn sie sich verpflichteten, die Hälfte ihres Fanges an die Dampfschiffer abzugeben. Dazu waren sie nicht bereit, weshalb sie mit 600 Booten in den Fjord stürmten. Mit Bootshaken und Rudern attackierten sie die Besatzungen der Dampfschiffe, bis diese den Weg frei machten. In der Folge konnten die Fischer vom 6. März bis Anfang April eine Million Kabeljau im Wert von 240 000 NOK fangen.

Daraufhin beschloss das norwegische Parlament nach dreimonatiger Beratung 1893, dass die Nutzung von Senknetzen nicht mehr zulässig sei. So blieb die Existenzgrundlage der Lofotenfischer, die sich die teuren Senknetze nicht leisten konnten, erhalten.

Der Streit geht weiter

Auseinandersetzungen um den Trollfjord gibt es auch heute noch, Lofoten und Vesterålen streiten um die Besitz- und Vermarktungsrechte am Fjord. Der Trollfjord ist geografisch ein Fjord der Insel Austvågøy und damit Bestandteil der Lofoten. Verwaltungsmäßig gehört er zur Kommune Hadsel auf der Vesteråleninsel Hadseløya. Da mit dem Trollfjord als touristischer Attraktion eine Menge Geld zu verdienen ist, wird die Auseinandersetzung wohl noch eine Weile weitergehen.

Infos und Adressen

INFORMATION

www.lofoten-online.de/raftsund/index-trollfjord.php
Die umfangreiche Online-Information über den Trollfjord bietet auch eine sehr detaillierte Schilderung der Schlacht um den Trollfjord von Johannes Steinbrück.
Kontakt: jsteinbrueck@gmx.de

Lofotferga
Das Unternehmen organisiert vier- bis sechsstündige Exkursionen in den Trollfjord mit dem historischen Schiff »MF Lofotferga«. Ein maritimes Essen ist inbegriffen. Zeiten: März bis Oktober, Preise: auf Anfrage.
Kaiveien 11, 8310 Kabelvåg,
Tel. 91 59 72 11, post@lofotferga.no,
www.lofotferga.no

Oben: Die Heckansicht der MS Lofoten zur blauen Stunde.
Unten: Lichtspiel am Ende des Raftsunds auf dem Weg nach Svolvær.

Mitte: Die Speicherhäuser im wieder besiedelten Dorf Nyksund werden liebevoll restauriert.
Unten: Die betagte MS Nordstjernen läuft Risøyhamn an.

24 Vesterålen

Unbekannt und trotzdem eine Reise wert

»Lofoten und Vesterålen« heißt es, wenn von den Inseln im Westen Norwegens gesprochen wird. Die Vesterålen stehen immer ein wenig im Schatten der südlich gelegenen Lofoten, und auch in den Reiseführern werden sie kaum erwähnt. Dabei haben sie vieles zu bieten. Die ersten Jäger und Fischer ließen sich hier bereits vor 6000 Jahren nieder, weil sie auf den Inseln alles fanden, was sie zum Leben brauchten.

Die Vesterålen liegen nordöstlich der Lofoten und sind von diesen nur durch den schmalen Raftsund getrennt. Neben den fünf großen Inseln Austvågsøya, Andøya, Langøya, Hadseløya und Hinnøya zählt eine Vielzahl kleinerer Inseln und Inselchen zu dem Archipel. In einem 3100 Quadratkilometer

MAL EHRLICH

FOTOASKESE

Nicht jedes Haus, das bunt bemalt ist und auf Stelzen im Wasser steht, ist ein historisches Rorbu. Einige der alten Fischerunterkünfte sind jedoch noch erhalten, aber man muss sie suchen. Und wenn man sie gefunden hat, darf man sie auch gebührend bewundern und natürlich ausgiebig fotografieren. Viele andere Gebäude sind historischen Häusern allenfalls nachempfunden und stellen weder handwerkliche noch architektonische Perlen dar. Gehen Sie mit offenen Augen durch die Orte, und fotografieren Sie nur wirklich authentische Objekte. Sie ersparen sich viel Arbeit bei der Durchsicht Ihrer Fotos!

Kartenstudium im kleinen Hafen von Risöyhamn.

großen Gebiet zeigen die Inseln ein breites Spektrum von Landschaftstypen. Vorwiegend im Westen erheben sich schroffe Berge, zwischen ihnen liegen eingezwängt Fjorde, die tief in die Inseln einschneiden. Wo an anderen Stellen kilometerlange weiße Sandstrände zum Baden einladen, fühlt man sich fast an die Südsee erinnert. Der längste Sandstrand Norwegens, der Bleikestranda, erstreckt sich an der Nordwestspitze der Insel Andøya. Im Binnenland wartet eine liebliche Landschaft mit Seen, Mooren, Wäldern, Wiesen und Weiden auf den Besucher.

Der Golfstrom macht's möglich

Obwohl die Inseln zwischen dem 68. und 69. Breitengrad und damit weit nördlich des Polarkreises liegen, herrscht hier wegen des Golfstroms ein sehr mildes Klima. Mitteltemperaturen im Februar von –2 °C und Durchschnittstemperaturen von 12 bis 14 °C im Juli lassen vergessen, dass in diesen Breiten eigentlich arktische Verhältnisse herrschen sollten. Birken, Traubenkirschen, Ebereschen, Erlen und verschiedene Weidenarten gedeihen in den Wäldern, die auf den windabgewandten Seiten

AUTORENTIPP!

WIEDERBELEBUNG EINER GEISTERSTADT

Nyksund war bis 1972 eins von vielen kleinen Fischerdörfern an der Küste der Insel Langøy. Der Unterhalt dieser Siedlungen wurde dem norwegischen Staat jedoch zu teuer. Deshalb fasste man mehrere kleine Fischerdörfer zu einer Stadt zusammen. 1972 wurden alle Einwohner und Betriebe aus Nyksund in den nahe gelegenen Ort Myre umgesiedelt. Der Staat trug dabei sämtliche Kosten unter der Bedingung, dass keiner der Bewohner vor Ablauf von 30 Jahren nach Nyksund zurückkehren dürfe. Das Dorf verfiel mit der Zeit und geriet in Vergessenheit. Erst ein Besucher aus Deutschland kam auf die Idee, Nyksund zu erhalten und wieder aufzubauen. Inzwischen leben dort wieder acht Personen dauerhaft. Strom, Telefon und fließend warmes Wasser gibt es auch wieder. Neben mehreren Herbergen haben im Sommer auch ein Café, ein Laden, eine Galerie und ein Museum geöffnet.

Nyksund Expedisjonen. Postboks 502, 8439 Myre, Tel. 76 13 27 00, Info@Nyksund.biz

Ein kleines Segelboot dümpelt vor dem Hurtigrutenkai in Sortland.

AUTORENTIPP!

ZU DEN ROBBEN, VÖGELN UND WALEN DER VESTERÅLEN

Die Vesterålen sind für ihre überaus reiche Fauna bekannt. Jedes Jahr kommen zahlreiche Touristen in erster Linie auf die Insel, um die vielfältige Tierwelt zu beobachten. Besonders beliebte »Beobachtungsobjekte« sind Wale und Robben sowie nicht zuletzt Vögel. Zu empfehlen ist daher eine Bootstour zu den Kegelrobben- und Seevogelkolonien auf Bleiksøya. Die Fahrt führt aber nicht einfach nur zu den Kolonien. Sachkundige Experten an Bord erklären beispielsweise den Aufbau und die Verteilung der Vogelarten auf einem Vogelfelsen und das Fortpflanzungsverhalten der Robben. Während der Saison vom 1. Mai bis 15. September starten die Boote täglich um 9, 12, 15 und 18 Uhr von Stave zu ihrer zwei- bis dreistündigen Exkursion. Der kleine Ort liegt 18 Kilometer von Andenes auf Andøya entfernt. Auf dem Weg lassen sich häufig auch Pottwale beobachten. Sie tauchen bis zu 3000 Meter tief nach Riesentintenfischen, ihrer bevorzugte Beute.

Sea Safari Andenes. Hamnegata 9, 8480 Andenes, Tel. 91 67 49 60, post@seasafariandenes.no, www.seasafariandenes.no

der Inseln bis zu 400 Meter hoch an den Berghängen emporklettern. Auf den windigen Westseiten gedeihen sie nur bis auf 200 Meter. In abflusslosen Senken haben sich großflächige Hochmoore gebildet, die im Lauf der Jahrtausende über das umgebende Gelände hinauswuchsen und nun eine Hügellandschaft bilden. Die Moore sind Lebensraum für eine Vielzahl von Pflanzen und Tieren. Hier hat die Uferschnepfe ihr einziges Brutgebiet in ganz Norwegen. Auch heute noch wird in einigen dieser Moore Torf gestochen, allerdings stehen weite Bereiche inzwischen unter Naturschutz.

Ein Mix aus Alt und Jung

Auch geologisch weisen die Vesterålen einige Besonderheiten auf. Das Spektrum reicht von 2,7 Milliarden Jahre alten Tiefengesteinen vulkanischen Ursprungs, die im Laufe der Zeit an die Erdoberfläche gekommen sind, bis zu Sedimentgesteinen, die »nur« etwa 100 Millionen Jahre alt sind. Zwischen Ramså und Haugsnes auf Andøya kommen diese jüngeren Sedimentgesteine zutage. Darin befinden sich viele Fossilien, unter anderem Muscheln, Schnecken und Tintenfische. Ebenfalls auf Andøya wurden die bisher einzigen Kohlevorkommen auf dem norwegischen Festland gefunden. Sie sind Relikte aus der Kreidezeit, als in Skandinavien ein subtropisches Klima mit ausgedehnten Wäldern aus Baumfarnen, Ginkgo- und Nadelbäumen herrschte. Aus den Resten dieser Pflanzen entstand im Laufe der Jahrmillionen die Kohle. Ein mit Informationstafeln versehener Lehrpfad führt durch das Gebiet.

Erfolgreiche Fischwirtschaft

Die Besiedlungsgeschichte der Vesterålen ist untrennbar mit der Fischerei verknüpft. Bereits die ersten Siedler, die sich hier vor rund 6000 Jahren niederließen, lebten vom Fischfang in den reichen

Facettenreiches Vesterålen

A Trollfjord – Nach wie vor ist der Fjord Streitpunkt zwischen Lofoten und Vesterålen.

B Stokmarknes – Verwaltungssitz der Gemeinde Hadsel, Sitz der Hurtigruten AS und des Hurtigrutenmuseums.

C Sortland – Standort der Nordabteilung der Norwegischen Küstenwache.

D Risøyhamn – Die so genannte Risøyrenna wurde 1922 in den Fels gesprengt, um den Hafen von Risøyhamn besser zugänglich zu machen.

E Harstadt – Hier befindet sich das Zentrum der Erdgas- und Erdölförderung in Nordnorwegen.

F Bleikestranda – Der längste Sandstrand Norwegens sieht verführerisch aus, lädt aber nicht wirklich zum Baden ein.

G Nykvåg – Ausgangspunkt für Vogelsafaris.

H Nyksund – wiederbelebte Geisterstadt.

I Ståve – beliebter Ausgangspunkt für Robben-, Vogel- und Walsafaris.

J Bleiksøya – geschützter Fortpflanzungsstrand für Kegelrobben und Vogelfelsen.

K Andenes – Ausgangspunkt für Pottwalsafaris.

L Pottwalgebiet – Hier tauchen Pottwale nach Riesentintenfischen.

In der Risøyrinne vor den Vesterålen verlangsamen die Schiffe ihre Fahrt und man kann solche Panoramen länger genießen.

Oben: Leuchtendes Farbenspiel im Sonnenschein.
Mitte: Lichtstimmungen faszinieren immer wieder auf dem Weg zu den Lofoten.
Unten: Behälter für Zuchtlachs.

Fischgründen um die Inseln. Kabeljau, Lachs, Butt, Schellfisch, Rotbarsch und viele weitere Fischarten waren fast im Überfluss vorhanden. Vom Beginn der Wikingerzeit an gewann der Stockfisch, der nicht mehr nur für den Eigenbedarf gefangen, sondern auch gehandelt wurde, an Bedeutung. Die Vesterålen erlebten einen ersten Aufschwung. Der wurde noch dadurch verstärkt, dass die in den übrigen »Nordlanden« gültigen restriktiven Bestimmungen, die nur den großen Handelshäusern in Bergen und Trondheim den Handel gestatteten, für die Vesterålen Schritt für Schritt abgebaut wurden. Als seit den 1860er-Jahren zusätzlich zum Kabeljau auch Heringe in außergewöhnlichen Mengen gefangen werden konnten, kam es zu einer weiteren wirtschaftlichen Blüte in der Region. Bis heute ist die Fischerei neben dem Tourismus die Haupteinnahmequelle für die Bevölkerung. Aber nicht nur die Menschen leben von den Fischen.

Jagdreviere der Vögel

Wo viele Seefische vorkommen, leben natürlich auch viele Seevögel. Aus der großen Gruppe der Alkenvögel sind Papageitaucher, Tordalken und Lummen gemeinsam mit den Kormoranen unter Wasser auf der Jagd. Basstölpel stürzen sich aus großer Höhe ins Wasser und wissen schon vorher ganz genau, welchen Fisch sie fangen wollen. Auch Seeadler peilen ihre Beute vorher an, bevor sie sie mit gezieltem Griff ihrer Fänge aus dem Wasser ziehen. Die Möwen nehmen ihre Nahrung direkt von der Wasseroberfläche oder kurz darunter auf, denn sie können nicht tauchen. Um solche und andere Beobachtungen machen zu können, kommen Hobby-Ornithologen aus ganz Europa vor allem nach Nykvåg auf der Insel Langøya. Aber nicht nur für diese sind Vogelsafaris ein aufregendes Erlebnis.

Infos und Adressen

INFORMATION

Vesterålen reiseliv. Das Büro und die Internetplattform der Vesterålen-Gemeinden bieten ausführliche Darstellungen der Sehenswürdigkeiten, Verkehrsverbindungen und Unterkunftsmöglichkeiten. Eine Besonderheit ist der Fahrradguide mit Vorschlägen für Radtouren auf den Vesterålen. Eine 44-seitige Informationsbroschüre in deutscher Sprache kann online gelesen oder als PDF heruntergeladen werden. Postboks 243, Kjøpmannsgt. 2, 8401 Sortland, Tel. 76 11 14 80, Fax: 76 11 14 81, turistinfo@vestreg.no, www.visitvesteralen.com

ESSEN & TRINKEN

Isqueen. Das gehobene Restaurant residiert in einem alten, auf Land aufgebockten Walfangschiff. Es bietet eine reichhaltige Küche mit Gerichten sowohl aus dem Meer als auch vom Land. Die typische Einrichtung mit viel Holz ist erhalten. Das Isqueen gehört zum Vesterålen Hotel & Congress Centre. Markedsgata 1, 8450 Stokmarknes, Tel. 76 16 10 27, post@hurtigrutenshus.com, www.hurtigrutenhus.com

Restaurant Turistsenteret Stokmarknes. Ebenfalls im Vesterålen Hotel & Congress Centre untergebracht ist dieses einfachere Restaurant mit wechselnden Tagesgerichten und Buffets. Gleich nebenan kann man in der Pianobar nach dem Essen einen Kaffee trinken.

ÜBERNACHTEN

Fargeklatten Veita. Zu einem ehemaligen landwirtschaftlichen Betrieb gehört dieses Gästehaus mit Gaststube, Atelier und Garten. Das Fargeklatten Veita ist der einzige erhaltene Gebäudekomplex aus dem 18. Jahrhundert in Andenes. Saisonal gestaffelte Preise auf Anfrage. Sjøgt.36–38A, 8480 Andenes, Tel. 97 76 00 20, www.fargeklatten.no

Von Sortland nach Stokmarknes benötigen die Schiffe nur etwas mehr als eine Stunde.

Mitte: Die Gaststätte Rødbrybba vor dem Museumsschiff Finnmarken in Stokmarknes.
Unten: Fast schon Pflicht für jeden Gast: ein Besuch im Hurtigruten-museum in Stokmarknes.

25 Stokmarknes

Heimat der Hurtigruten

Stokmarknes ist nicht irgendeiner der 35 Häfen, die von Hurtigruten-Schiffen angelaufen werden – es ist die »Geburtsstadt« der Hurtigruten. 1881 gründete der Kapitän und Reeder Richard With hier die Vesteraalens Dampskibsselskab, aus der die heutige Hurtigruten AS hervorging. Aus der Schifffahrtslinie ist inzwischen eine nationale Institution geworden. Deshalb steht die Stadt ganz im Zeichen des Firmengründers und seiner Reederei.

In Stokmarknes gibt es einen Richard-With-Platz, eine Richard-With-Gasse und natürlich ein Richard-With-Denkmal. Das Hurtigrutenmuseum beherrscht den Hafen, nicht zuletzt wegen des an Land aufgedockten Museumsschiffes »MS Finnmarken«. Abgesehen von der Hurtigruten scheint das Wesentliche über Stokmarknes schnell gesagt zu sein. Die Stadt ist das Verwaltungszentrum der Gemeinde Hadsel, die sich über die vier Vesterålеninseln Hadseløya, Hinnøya, Langøya und Austvågøy erstreckt. In Stokmarknes leben etwa 3200 Einwohner, in der gesamten Gemeinde sind es 7900. Seit dem Jahr 2000 darf sich Stokmarknes

Die kleine Gemeinde Sandnes gegenüber des Sortlandsundet.

»Stadt« nennen. Der Ort wird im Wesentlichen von modernen Zweckbauten geprägt, einen historischen Stadtkern gibt es nicht. Seit 1978 besteht eine fährfreie Verbindung zum Festland. Sie führt von Stokmarknes zunächst über die Søndregate, die Brücke über den Børøysund, auf die kleine, der Stadt vorgelagerte Insel Børøya und von dort über die 1011 Meter lange Hadselbrua auf die Insel Langøya. Langøya ist wiederum bei Sortland über eine Brücke mit der Insel Hinnøya verbunden und diese über die Tjeldsundbrücke mit dem Festland. Auch aus der Luft ist Stokmarknes inzwischen zu erreichen. Vom Flughafen Skagen bestehen regelmäßige Verbindungen nach Bodø. Auf die Schiffsverbindungen hat dies jedoch keinen Einfluss. Nach wie vor legen die Hurtigruten-Schiffe täglich in Stokmarknes an. Das nordgehende Schiff erreicht die Stadt in tiefer Nacht um 0.45 Uhr und legt nach 15 Minuten bereits wieder ab. Südgehend dauert der Aufenthalt von 14.15 bis 16.15 Uhr. Die Liegezeit reicht aus, um das Hurtigrutenmuseum unmittelbar an der Pier zu besuchen.

Huldigung an den Golfstrom

Wie nahezu alle Orte in der Provinz Nordland lebte und lebt auch Stokmarknes von der Fischerei, der Fischverarbeitung und dem Fischexport. Dessen ist man sich hier bewusst. Die Einwohner wissen auch sehr gut, dass dieser Fischreichtum auf den besonderen klimatischen und hydrologischen Bedingungen beruht, die durch den Golfstrom hervorgerufen werden. Deshalb sollte der Golfstrom in angemessener Weise gewürdigt werden. Da die Norweger insgesamt – und die Bewohner der Vesterålen ganz besonders – Genussmenschen sind, beschloss man, dem Golfstrom in Form eines Kochfestivals zu huldigen. Seit 2010 wird jedes Jahr im August neun Tage lang das Vesterålen

AUTORENTIPP!

WARUM NICHT EINMAL SELBST FISCHE FANGEN?

Ob als Stockfisch für den Export oder in tausend verschiedenen Zubereitungen in Restaurants, ob gezüchtet oder als Wildfänge – auf Schritt und Tritt begegnen dem Norwegen-Touristen Fische. Lachse, Heringe, Köhler und Dorsche sind aus dem Alltag nicht wegzudenken. Warum nicht also auch einmal sein Glück versuchen und eine Angel in die Hand nehmen, um einen kapitalen Fisch aus dem Wasser zu ziehen? In Stokmarknes ist das möglich. Mit dem Katamaran »Maximus« geht es auf eine dreistündige Angeltour in die Gewässer um Hadseløya. Mit der sogenannten Fischlupe, einem Echolot, werden die Fische ausfindig gemacht. Das Angelgeschirr wird zur Verfügung gestellt. Das Besondere an dieser Tour ist, dass die Fische an Bord ausgenommen und unmittelbar gegrillt werden können. Wer kein Glück hat, kann auch Fisch essen, den er nicht gefangen hat. Darüber hinaus gibt es eine vorab zubereitete Fischsuppe.

Subsea Nor AS. Preise auf Anfrage, Roald Alværsgate 2B, 8450 Stokmarknes, Tel. 91 53 40 91, www.subsea-nor.no

Oben: Die alte MS Finnmarken liegt direkt vor dem Museum.
Mitte: Zum Trocknen ausgebreitete Fischernetze in Stokmarknes.
Unten: Mit Richard With, dem Gründer der Hurtigruten, fing 1893 alles an.

Matfestival gefeiert. Dieses Festival ist aus dem Lam og Laksfestival hervorgegangen, das sich jedoch auf die Gemeinde Hadsel beschränkte. Das neue Festival sollte die gesamten Vesterålen einschließen. Das Programm umfasst kulinarische Reisen über die Vesterålen, bei denen Kochwettbewerbe und Weinproben ausgelobt werden. Breiten Raum nehmen auch lokale Spezialitäten und Themengerichte wie zum Beispiel »Sushi meets Laks« ein. Das Highlight ist der Festivalmarkt in Stokmarknes. Dort gibt es neben kulinarischen Spezialitäten ein vielfältiges Erlebnis- und Spielangebot für Erwachsene und Kinder.

Eine Insel für den Marathonlauf

Die exakt 42 Kilometer lange Ringstraße um die ganze Insel Hadseløya ist natürlich ideal für einen Marathonwettbewerb. Seit dem Jahr 1990 schon wird der Wettbewerb ausgetragen und ist seitdem ständig erweitert worden. Schon lange wird nicht mehr nur die klassische 42,195 Kilometer lange Strecke gelaufen, sondern auch ein Halbmarathon sowie ein Minimarathon über 2,1 Kilometer. Die Trollfjordmeile ist ein 2,1 Kilometer langer Rundweg durch Stokmarknes, der zweimal durchlaufen werden muss. Jogger können es gemütlich angehen lassen, müssen aber auch 4,2 Kilometer bewältigen. »Lab og line« heißt ein Rennen, bei dem es gerade einmal um einen Häuserblock geht, trotzdem oder vielleicht gerade deshalb ist es sehr beliebt. Beim Wettbewerb für Inlineskater über die gesamte Distanz ist ein Mindestalter von 16 Jahren vorgeschrieben, den Halbmarathon kann jeder laufen, den Minimarathon natürlich erst recht. Läufer aus ganz Norwegen und dem benachbarten Ausland starten in Stokmarknes. Sie sind beileibe keine Anfänger, wie die Zeiten eindrucksvoll beweisen: Der Rekord liegt bei 2 Stunden 35 Minuten.

Infos und Adressen

INFORMATION

Touristeninformation Hadsel. Markedsbrygga, 8450 Stokmarknes, Tel. 76 16 40 00, www.hadsel.kommune.no, Öffnungszeiten: 15.06.–15.08. Mo–Fr 10–17 Uhr, Sa und So 10–15 Uhr.

Gemeindeverwaltung Hadsel. Hier erhält man Informationen über kulturelle Angebote in der Gemeinde, die Lokalpolitik und die Verwaltung. Hadsel kommune, Rådhusgata 5, 8450 Stokmarknes, Tel. 76 16 40 00, Mail und Homepage wie Touristeninformation.

Vesterålen Matfestival (Vesterålen Kochfestival). Internetplattform mit Zielsetzung, Programmen und Angaben zu Sponsoren unter www.vesteralenmatfestival.no

Hadsel Maraton. Startgelder: Marathon, klassisch 350 NOK, Halbmarathon 300 NOK, Minimarathon 50 NOK, Trollfjordmila Erwachsene 250 NOK, Itetmila (Kinder 12–15 Jahre) 150 NOK, Inlineskater 150 NOK, Stamina-Joggen 50 NOK, Labb og Line 50 NOK, Postboks 148, 8455 Stokmarknes, www.hadselmaraton.no

ESSEN & TRINKEN

Nye Røykeriet. Das einfache Restaurant mit täglich wechselnden Spezialitäten ist in Melbu auf Hadseløya, ca. 14 Kilometer von Stokmarknes entfernt, gelegen. Das Lokal ist bekannt für seinen Räucherfisch, aber auch Pizza wird angeboten. Freitags gibt es von 23 bis 2.30 Uhr Livemusik. Kvaal gata 1, 8445 Melbu, Tel. 76 15 82 40, www.123hjemmeside.no/Nyeroykeriet

Mehr Restaurantadressen finden Sie in Highlight 24, »Vesterålen«.

Zumindest einmal sollte jeder selbst einen Fisch aus dem Wasser gezogen haben.

26 Stokmarknes

Das Hurtigrutenmuseum

1893 hat die Hurtigruten mit dem Dampfschiff »DS Vesteraalen« ihren Linienendienst zwischen Trondheim und Hammerfest aufgenommen. Sitz der von Richard With gegründeten Vesteraalens Dampskibsselskab, die von der norwegischen Regierung den Zuschlag für das Projekt erhalten hatte, war von Beginn an Stokmarknes. Was liegt daher näher, als hier ein Museum einzurichten, das die mehr als 100-jährige Erfolgsgeschichte der »Schnellen Linie« dokumentiert.

Mitte: Im Hurtigrutenmuseum gibt es eine Menge zu entdecken.
Unten: Eine große Anzahl detailgetreuer Modellschiffe gehört zur Sammlung.

In Stokmarknes wurde auch der erste Verwaltungsbau der Gesellschaft errichtet. Dort befindet sich seit dem 100-jährigen Bestehen der Hurtigruten im Jahr 1993 das Museum der Schiffslinie. Die 1956 in Dienst gestellte »MS Finnmarken«, ein Postschiff der Mellomgenerasjon, wurde zum gleichen Zeitpunkt durch ein neues Schiff ersetzt, nach Stokmarknes gebracht und der Museumsstiftung übergeben. Zunächst blieb es noch im Hafen liegen und wurde einmal sogar noch zur Maschinenreparatur in eine Werft gebracht. 1999 wurde es jedoch endgültig ausgemustert.

Bereits wenige Jahre nach der Eröffnung des Museums war der Bau für die vielen Exponate zu klein geworden. Ein neues, einem Schiff nachempfundenes Gebäude wurde unmittelbar neben dem alten errichtet und 1999 eröffnet. Bei dieser Gelegenheit wurde die »MS Finnmarken« aus dem Wasser gehoben, an Land aufgedockt und über eine Brücke mit dem Museum verbunden. Auf diese Weise ist sie in die Dauerausstellung integriert. Aber der Zahn der Zeit nagt an dem Schiff.

Wegen schwerer Korrosionsschäden wurde ein provisorisches Dach aus Blechen über das Schiff gebaut, um es vor den Witterungseinflüssen zu schützen.

Seefahrtsgeschichte

Das Museum bietet eine umfassende Übersicht zur Geschichte der Hurtigruten. Es ermöglicht zudem einen Blick hinter die Kulissen der Schiffe, die dem normalen Passagier sonst verborgen bleiben. Wie funktioniert die Maschine? Wie ist die Ladung zu stauen? Wie wird navigiert? ...

Das Schicksal aller jemals auf der Hurtigruten eingesetzten Schiffe ist im Detail dargestellt. Dazu zählen auch Havarien, von denen auch die Hurtigruten in ihrer langen Geschichte nicht verschont geblieben ist. Zu beklagen waren auch kriegsbedingte Verluste. So sank zum Beispiel am 23. Oktober 1940 die »DS Prinsesse Ragnhild« innerhalb von zehn Minuten, nachdem sie vermutlich auf eine britische Seemine gelaufen war. Von den 455 Menschen an Bord konnten nur 156 gerettet werden. Der schwerste Unfall in Friedenszeiten war die Havarie der »MS Sanct Svithun« am 21. Oktober 1962. Das Schiff lief aufgrund von Navigationsfehlern vor Rørvik auf einen Felsen und sank innerhalb von 75 Minuten. 41 Menschen starben bei dem Unfall, 48 konnten gerettet werden.

Hurtigruten heute

Auch der Darstellung der Gegenwart wird im Museum Raum gegeben. Die Schiffe von Hurtigruten AS verkehren schon seit Langem nicht mehr nur auf der klassischen Postschiffroute, sondern veranstalten auch Themenreisen entlang der norwegischen Küste sowie Expeditionsreisen nach Spitzbergen, Grönland und in die Antarktis.

Infos und Adressen

INFORMATION

Hurtigrutemuseet. Eintrittspreise: Erwachsene 90 NOK; Kinder unter 15 Jahren 35 NOK, Gruppen ab elf Personen, Studenten und Rentner 75 NOK, Für Hurtigruten-Passagiere ist der Eintritt frei. Öffnungszeiten:
15.09.–14.05.: tägl. 14–16 Uhr
15.05.–14.06.: tägl. 12–16 Uhr,
15.06.–14.08.: tägl. 10–18 Uhr,
15.08.–14.09.: tägl. 12–16 Uhr.
Richard Withs plass, 8450 Stokmarknes, Tel. 76 11 81 90, www.hurtigrutemuseet.no/de

Hurtigruten GmbH. Bei der Niederlassung der Hurtigruten in Deutschland erhalten Sie den jeweils aktuellen Gesamtkatalog der Hurtigruten-Schiffe. Informationen zu den aktuellen Positionen der Schiffe, Reisevideos und TV-Tipps. Onlinebuchungen sind möglich. Burchardstraße 14, 20095 Hamburg, Tel. 040 37 69 30, ce.info@hurtigruten.com, www.hurtigruten.de

Im modernen Hurtigrutenmuseum gibt es auch Vortragssäle und ein Kino.

27 Ausflug Vesterålen

Über Land von Harstad nach Sortland

In Harstad bietet sich die Gelegenheit, die Vesterålen einmal aus einer anderen Perspektive zu erleben. »Inselwelt der Vesterålen« nennt sich der Ausflug über Land von Harstad nach Sortland. Der Name ist ein wenig irreführend, weil der Ausflug nur über die Insel Hinnøya führt. Der Qualität der Exkursion tut dies aber keinen Abbruch, denn Hinnøya ist durchaus repräsentativ für die vielfältige Kultur und Natur der Vesterålen. Insofern stimmt der Titel schon fast wieder.

Hinnøya umfasst 2204 Quadratkilometer und ist somit die größte Insel der Vesterålen sowie ganz Norwegens – wenn man von Spitzbergen absieht, das jedoch weit entfernt im Norden des Eismeeres liegt. 32 000 Einwohner leben hier, zwei Drittel davon im größten Ort Harstad im Nordosten der Insel. Ansonsten gibt es noch einige kleinere Dörfer, die meistens an der Küste liegen. Verwal-

MAL EHRLICH

ES GEHT AUCH OHNE KANONE!

Die Trondenes-Kirche und das Trondenes Historiske Senter sind wirklich sehenswert. Dahingegen kann man getrost auf die Besichtigung der »Adolfkanon«, wie die Norweger das Geschütz selber nennen, verzichten. Das Attribut, die größte Kanone ihrer Art zu sein, trägt wenig zur Information über die dunkelste Epoche des 20. Jahrhunderts bei. Mehr dazu sagt das Denkmal für die 800 russischen Kriegsgefangenen aus, die beim Bau der Geschützstellung ums Leben gekommen sind.

Mitte: Die MS Polarlys im Hafen des verschneiten Harstad.
Unten: Harstad ist für die dünn besiedelten Gegenden im Norden schon eine größere Stadt.

tungsmäßig zählt nur der Westen von Hinnøya zu den Vesterålen, die südwestliche Spitze dagegen zu den Lofoten.

Historische Wurzeln

Harstad ist eine moderne Stadt, die meisten Gebäude sind neueren Datums. Die Stadtrechte besitzt es seit 1904, besiedelt war die Region jedoch schon in der Steinzeit. Wie es sich für eine so große Stadt gehört, bietet sie neben den üblichen öffentlichen Einrichtungen ein reiches kulturelles Angebot. Seit 1965 reisen jedes Jahr im Juni Künstler aus aller Welt zum Festspillene i Nord-Norge an.

Der moderne Teil der Stadt ist aber nur Ausgangspunkt für den Ausflug. Heute zieht sich Harstad in einem weiten Bogen um eine Bucht im Vågsfjord. Der historische Kern des Ortes liegt jedoch etwa drei Kilometer vom Hurtigrutenkai entfernt auf der Halbinsel Trondenes. Hier wird als Erstes die alte Kirche besucht. Bereits im 11. Jahrhundert stand an dieser Stelle eine Stabkirche, die ein Jahrhundert später durch eine neue, von Schutzmauern umgebene Stabkirche ersetzt wurde. Reste der Befestigungen sind heute noch zu sehen. Die dritte, aus Steinen erbaute Kirche wurde im Jahr 1434 fertiggestellt und ist weitgehend im damaligen Zustand erhalten. Zu ihrer reichen Ausstattung gehören unter anderem drei gotische Triptychen. Einer der Flügelaltäre stammt aus der Werkstatt des berühmten Lübecker Künstlers Bernt Notke.

Im Trondenes Historiske Senter werden die letzten 2000 Jahre lebendig. Breiten Raum nehmen die Ausstellungen über die Wikinger und das Mittelalter ein. In jedem Jahr findet hier das Barnas Vikingfestival statt, bei dem das Leben und Wirken

AUTORENTIPP!

FESTSPIELE DES ARKTISCHEN NORWEGENS

Seit 1965 steht Harstad alljährlich im Juni eine Woche lang im Zeichen der Festspillene i Nord-Norge. An jedem Tag dieser »Nordnorwegen Festspiele« finden Konzerte, Ausstellungen, Theater- und Filmaufführungen, Tanzveranstaltungen und Seminare statt. Etliche davon sind sogar kostenlos. Die Festspiele sollen einen Querschnitt über traditionelle und moderne Kunst des arktischen Norwegens bieten und darüber hinaus Verbindungen zu Künstlern in aller Welt aufbauen. Viele Angebote richten sich ganz bewusst an Kinder. Im Rahmen der Festspiele wird auch ein eigenes Kinderfestival veranstaltet. Außerdem werden zur großen Freude aller »Hau-drauf-Spektakel« veranstaltet, und es wird eine Wikingerschlacht nachgestellt. Die Spielorte sind über die ganze Stadt verteilt. In der Kirche von Trondenes werden Konzerte veranstaltet, und gelegentlich wird ein Zirkuszelt aufgebaut.

Festspillene i Nord-Norge. Postboks 294, 9483 Harstad, Tel. 77 04 12 30, www.festspilln.no

Das beeindruckende Panorama der verschneiten Insel Senja.

der Wikinger nachgestellt wird. Aber auch die Zeit danach bis heute wird angemessen gewürdigt. Eine der Hauptausstellungen reicht von der Gegenwart zurück in die Zeit Hans Egedes. Der Nationalheilige der Grönländer wurde in Harstad geboren und ging als Missionar nach Grönland. Nicht weit vom Museum entfernt ist eine Geschützstellung der deutschen Wehrmacht erhalten. Die sogenannte »Adolfkanone« mit dem Kaliber 40,6 Zentimeter ist weltweit die größte ihrer Art, kam jedoch nie zum Einsatz.

Panoramafahrt über Hinnøya

Nach dem Besuch des Museums führt die Fahrt in südwestlicher Richtung aus der Stadt heraus bis Gåra. Über Vik und Hemmestad führt die Route nun am Ufer des Kvæfjords und später am Gullesfjord nach Flesnes. Die Strecke zwischen dem Fjord auf der einen und den schroff aufragenden Bergen auf der anderen Seite ist ein Erlebnis. Auf der Fähre über den Gullesfjord nach Refnes stärkt man sich mit Kaffee und Kuchen, danach wird die Fahrt am Westufer des Fjordes nach Südwesten bis zum Dorf Langvassbukta fortgesetzt. Hier mündet der Abfluss des Sees Langvatnet in den Fjord, die Szenerie ist immer wieder ein beliebtes Fotomotiv. Bei der Weiterfahrt jetzt auf der Rv 83, die dem Ufer des Langvatnet folgt, erklärt sich der Name des Sees: Er ist zwar drei Kilometer lang, jedoch nur höchstens 500 Meter breit. Rechts von der Straße liegt malerisch in die Berglandschaft eingebettet der Litjevatnet. Auch er macht seinem Namen »Kleiner See« alle Ehre. Durch den Sigfjordtunnel geht es dann in nordwestlicher Richtung durch die wunderschöne Berglandschaft Hinnøyas bis zum Sortlandsund. Am Sortlandfjord entlang und über die Sortlandbrua kommt man zum Hafen von Sortland zurück, wo das Hurtigruten-Schiff schon an der Pier wartet.

Oben: Großformatiges Gemälde im Hurtigrutenmuseum
Mitte: Liebevoll hergestellte Schiffmodelle im Museum.
Unten: Heckansicht der MS Lofoten entlang der Inselwelt der Vesterålen.

Infos und Adressen

INFORMATION

Harstad Turistkontor. Offizielle Anlaufstelle für Touristen sowohl in den Geschäftsräumen vor Ort als auch im Internet. Postboks 654, Rikard Kaarbøsgt. 11, 9436 Harstad, Tel. 77 01 89 89, post@destinationharstad, www.destinationharstad.no

Visit Harstad. Gemeinde- und Internetportal von Harstad. Parkhusgate 9, 9405 Harstad, post@visitharstad.com, www.visitharstad.com

Museen. Trondenes Historiske Senter, Trondesveien 122, Tel. 77 01 83 80, booking@stmus.no, www.stmu.no, Eintritt: Erwachsene 85 NOK; Kinder 40 NOK, Öffnungszeiten: Mo–Fr 10–14, So 11–16 Uhr.

ESSEN & TRINKEN

Kaffistova. Dieses älteste Café in Harstad wurde 1911 gegründet. Hier werden auch Fleisch- und Fischgerichte serviert. Das Café ist jeden Tag geöffnet.Rikard Kaarbøs gate 6, 9484 Harstad, Tel. 77 06 12 57, post@kaffistovaharstad.no

ÜBERNACHTEN

Clarion Hotel Arcticus. Das gehobene Hotel steht direkt am Hafen neben dem Kulturhaus, in die Innenstadt ist es nur ein Katzensprung. Havnegata 3, 9480 Harstad, Tel. 77 04 08 00, cc.arcticus@choice.no, www.choice.no

Gullhaugen Kiosk og Pensjonat AS. Das einfache und preiswerte Hotel ist einen Kilometer südlich des Stadtzentrums gelegen. St Olavs gate 83 9406 Harstad, Tel. 77 06 64 66, post@gullhaugenkp.no, www.gullhaugenkp.no

Mittagspause im Zentrum von Harstad.

Die kleine Gemeinde Vik am Kvæfjord wird während des Landausflugs Harstad-Sortland passiert.

Mitte: Die MS Trollfjord ist das zweitjüngste Schiff der Flotte. **Unten:** Mit warmer Kleidung macht es Spaß, die klare Winterluft an Deck zu genießen.

28 Finnsnes und Senja

Berge, Wälder, Fjorde und Seen

Obwohl sie mit 1570 Quadratkilometern Fläche nach Hinnøya die größte Insel Norwegens ist, ist Senja kaum bekannt. Selbst in Reiseführern wird sie kaum erwähnt. Besucher finden hier »Norwegen im Westentaschenformat«. Der Osten erinnert mit seinen dichten Wäldern an Südnorwegen, der Westen an die Lofoten und die zerklüfteten Fjorde des Fjordlandes. Der Ånderdalen-Nationalpark im Südteil der Insel begeistert mit Seen, Flüssen, Wäldern und Hochebenen.

Nordgehend führt der Kurs von Harstad zunächst durch den breiten Vågsfjord, der wenig für das Auge bietet. Aber schon nach kurzer Zeit ist der Tranøyfjord erreicht, und an Backbord wird jetzt die Insel Senja sichtbar. Von nun an lohnt es sich, an Deck zu bleiben und die Landschaft zu genießen. Entlang der Südostküste der Insel führt der Kurs weiter in den Solbergfjord und von dort in den Gisund. An dessen Eingang liegt Finnsnes, das um 11.15 Uhr erreicht wird. Südgehend ist die Route nicht minder schön. Sie führt von Tromsø

MAL EHRLICH

FINNSNES? OHNE MICH!

Mal ehrlich, eine Stadt, deren größte Attraktion ein neues Einkaufszentrum ist, muss man schon lange suchen. Finnsnes ist so eine Stadt. Wenn Sie also nur während der Liegezeit des Hurtigruten-Schiffes in Finnsnes verweilen und die wunderschöne Landschaft genießen möchten, können Sie getrost auch an Bord bleiben. Der Kaffee ist dort allemal besser als im Einkaufszentrum.

durch den Straumfjord in den Gisund. Allerdings verlässt das Schiff den Hafen von Tromsø erst um 23.45 Uhr, um viereinhalb Stunden später in Finnsnes anzulegen. Im Schein der Mitternachtssonne die Fahrt zu genießen ist empfehlenswert, auch wenn dabei der Schlaf zu kurz kommt.

Ein aufstrebender Ort

Die 4200 Einwohner von Finnsnes sind vorwiegend in der Verwaltung tätig. Die Stadt ist das Verwaltungszentrum der Kommune Lenvik, die auch den mittleren und nordöstlichen Teil von Senja umfasst. Seit dem Jahr 2000 hat Finnsnes die Stadtrechte und ist damit auch zum wirtschaftlichen Zentrum der Region avanciert. Das Bild der Stadt wird von modernen Zweckbauten geprägt. 2005 wurde das Amfi Finnsnes Kjøpesenter eröffnet, ein modernes Einkaufszentrum mit 43 Geschäften und drei Gaststätten. 1,5 Millionen Kunden kommen seither jedes Jahr zum Einkaufen hierher.

Senjas Vielfalt

Finnsnes ist durch den Gisund, der an dieser Stelle einen Kilometer breit ist, von der Insel Senja getrennt. Die Hurtigruten-Schiffe haben hier nur 30 Minuten Aufenthalt. Das ist gerade Zeit genug, um sich an Land die Füße zu vertreten oder eine Kleinigkeit im Einkaufszentrum zu erstehen. Für die Erkundung von Senja reicht der Aufenthalt jedoch nicht.

Wer länger bleibt, nimmt den Weg über die 1147 Meter lange Gisund-Brücke. Sie ist eine der längsten Pfeilerbrücken in Europa. Hat man einmal die Ortschaft Silsand hinter sich gelassen, stößt man auf einen bis zu zehn Kilometer breiten Waldgürtel aus Birken und Kiefern, der sich am Gisund entlang nach Norden zieht. An manchen

AUTORENTIPP!

ÜBERNACHTEN IM MUSEUM

15 Kilometer nördlich von Finnsnes liegt Bjorelvnes, das interessante Lenvik Bygdemuseum. Es umfasst mehrere historische Gebäude, die restauriert und für Besucher geöffnet wurden. Das Lenvik Bygdemuseum hat sich als Heimatmuseum zur Aufgabe gemacht, über das Leben und die Kultur der Küstenbewohner zu informieren. Auch die samische Vergangenheit der Insel Senja wird dargestellt. Im Hafen ist eine alte Kaianlage mit Fischerhütten, Bootsschuppen und traditionellen Booten restauriert worden. Von anderen Museen dieser Art unterscheidet sich das Bygdemuseum, weil man hier in den alten Fischerhütten übernachten kann. Diese sind heute mit einer Miniküche, Dusche und Toilette komfortabel ausgestattet. Früher mussten sich 16 Fischer eine solche Hütte teilen, heute finden bis zu sechs Personen darin bequem Platz. Die etwas andere Art, ein Museum zu besuchen, macht auf jeden Fall Spaß.

Lenvik Bygdemuseum. Bjorelvnes, 9305 Finnsnes, Tel. 77 87 19 65, lenmus@c2i.net, www.lenvik-museum.no

Auf dem Weg von Finnsnes nach Tromsø.

AUTORENTIPP!

WANDERN IN DAS HERZ DES ÅNDERDALEN-NATIONALPARK

Eine der schönsten Wanderungen auf Senja führt von Tranøybotn zum Åndervatnet. Von Finnsnes geht es zunächst mit dem Auto über die Gisundbrücke. Danach biegt man links ab und wählt entweder den längeren Weg an der Küste entlang über Rubbestad und Vangsvik bis nach Tranøybotn oder die kürzere Strecke durch das Inselinnere über Solli und Vesterfjell. Nach rund 30 Minuten Fahrtzeit ist der Hyttekroa Caravan und Campingpark in Tranøybotn erreicht. Dort beginnt ein Wanderweg in den Nationalpark und zum See Åndervatnet. Der leichte Weg führt am Fluss Ånderelva entlang mit Stromschnellen und kleinen Wasserfällen. Nach acht Kilometern ist der See erreicht. Maximal drei Stunden sind für die Strecke zu veranschlagen. Wer von schlechtem Wetter überrascht wird und den Weg nicht sofort zurückgehen will, kann in einer kleinen reetgedeckten Hütte am Südufer des Sees übernachten.

Tranøybotn Camping Hyttekroa. 9304 Vangsvik, Tel 77 85 32 22.

Die Gisundbrücke in Finnsnes ist die einzige feste Verbindung zur Insel Senja.

Stellen unterbrechen Wiesen und Weiden den Wald und lockern das Bild auf. Die liebliche Landschaft mit den nur 300 bis 400 Meter hohen Bergen erinnert an den Süden Norwegens. Der Eindruck ändert sich aber schnell, sobald man sich der Westküste nähert. Dort ragen schroffe Berge beidseits tiefer Fjorde bis fast 1000 Meter in die Höhe.

Die Menschen auf der Insel leben auch heute noch vorwiegend vom Fischfang, berühmt ist unter anderem der hiesige Heilbutt. Auf dem schmalen Küstenstreifen drängen sich in den kleinen Fischerdörfern die Häuser dicht an dicht. Die 250 Bewohner von Husøy sind noch enger zusammengezogen und haben ihr Dorf auf einem winzigen Inselchen im Fjord gebaut. Höchstens fünf Minuten benötigen sie, um von einem zum anderen Ende der Insel zu gelangen. Zum Schutz gegen die Stürme haben viele Bewohner ihre Häuser zusätzlich mit dicken, im Felsen verankerten Tauen gesichert.

Der Ånderdalen-Nationalpark

Weiter nach Südosten werden die Berge wieder niedriger. Gut 450 Meter ragen sie hier nur noch in die Höhe, zudem sind sie bewaldet. Kiefern und Birken bestimmen zunächst das Landschaftsbild, bald jedoch unterbrechen die Seen, Moore und Sümpfe des Ånderdalen-Nationalparks den Wald. Der Nationalpark wurde 1970 zum Schutz dieser typischen Wälder mit den eingestreuten Feuchtgebieten eingerichtet. Zunächst nur 69 Quadratkilometer groß, wurde er 2004 auf 125 Quadratkilometer erweitert. Etwa ein Viertel der Fläche des Nationalparks nehmen Berge und Hochflächen ein. Große, abgerundete Granitblöcke sind in den verschiedenen Eiszeiten glatt geschliffen worden. Im Zentrum des Parks liegt der fischreiche See

Insel Senja

A Finnsnes ist Verwaltungszentrum der Kommune Lenvik und Ausgangspunkt für Exkursionen auf die Insel Senja.

B Lenvik Byggdemuseum Borelvnes – Ein Freilichtmuseum, in dem Übernachtungen in den historischen, inzwischen mit Küche und Bad ausgestatteten Fischerhütten, den Rorbue, möglich sind.

C Husøy – Das Dorf ist auf einem nur 250 Meter langen Inselchen errichtet worden. Zum Schutz gegen den fortwährend wehenden Wind sind die Häuser mit starken Tauen an den Felsen befestigt.

D Heilbutt-Museum – Das in Skrolsvik ansässige Museum informiert mit Dokumentation über den Heilbuttfang und seine Verarbeitung in Norwegen.

E Ånderdalen-Nationalpark – 1970 eingerichteter, 125 Hektar großer Nationalpark mit ausgedehnten Wäldern, Mooren, Sümpfen und Seen. Der Park bietet ausgezeichnete Wandermöglichkeiten und eine reiche Tier- und Pflanzenwelt.

F Trollschlucht – Malerische, vom Ånderelva durchflossene und von steilen Hängen eingefasste Schlucht im Nationalpark Ånderdalen.

Das alte Blechschild am Pier von Finnsnes ist ein beliebtes Fotomotiv.

Åndervatn, ein Revier für Forellen und Saiblinge. Den Abfluss des Sees bildet der Ånderelva. Auf seinem Weg durch den Nationalpark nach Süden in den Tranøybotn wechseln sich Stromschnellen und Wasserfälle mit langsameren Abschnitten ab, bei denen der Fluss durch kleine Seen fließt. Wo der Ånderelva langsamer wird und sich das Wasser staut, haben sich ausgedehnte Sümpfe und Moore mit ihrer typischen Vegetation gebildet. Zwei seltene Orchideenarten finden hier ein Refugium. Der Weg des Flusses führt auch durch die Trollschlucht. An den steilen Hängen wachsen Birkenwälder, während im Tal selbst knorrige, bis zu 500 Jahre alte Kiefern vorherrschen. In früheren Zeiten gab es auf der Insel auch Bären und Wölfe. Sie sind schon lange hier ausgerottet, wogegen Fischotter, Wiesel und Füchse nach wie vor häufig vorkommen. Auch Elche kann man gelegentlich erspähen.

Oben: Grandiose Kulisse der Inselwelt im hohen Norden.
Mitte: Altes Bootshaus auf der vor Tromsø vorgelagerten Insel Kvaløy
Unten: Denkmal des Wikingerhäuptlings Ottar im Hafen von Finnsnes.

Die MS Trollfjord hat im kleinen Hafen von Finnsnes angelegt.

Infos und Adressen

TOURISTENINFORMATION

Kommune Lenvik. Rådhusveien 8, Tel. 77 87 10 00, postmottak@lenvik.kommune.no, www.lenvik.kommune.no

Tranøy kommune. Kommunehuset, 9304 Vangsvik, Tel. 77 87 40 00, postmottak@tranoy.kommune.no, www.tranoy.kommune.no

Senja Reiseliv AS. Informationen zu Süd-Senja, das zur Kommune Tranøy gehört. Hamn i Senja, 9385 Skaland, Tel. 77 85 88 50, www.finnalle.no/senja_reiseliv

MUSEUM

Sør-Senja Museum, Abt. Kveitmuseet. Das Heilbuttmuseum präsentiert in einem alten Hafenspeicher eine Ausstellung über den Fang von Heilbutt und anderen Fischarten. Zu finden ist hier außerdem das Literaturmuseum mit regionalen Werken. Der »Alte Laden« neben dem Museum gehörte wie der Hafenspeicher im vorigen Jahrhundert dem damaligen Handelshaus. Eintritt: Erwachsene 20 NOK, Kinder frei. Öffnungszeiten: Im Sommer täglich 12–18 Uhr. Postboks 70, 9392 Stonglandseidet, Tel. 77 85 46 77, senjamus@online.no, www.kulturnett.no

ESSEN & TRINKEN

Café Cande. Das Café im ersten Stock des Einkaufszentrums serviert neben Kaffee, Tee und Kuchen auch Snacks. Tel. 77 84 00 80, oj@Finnsneservering.no, www.amfi.no

ÜBERNACHTEN

Finnsnes Hotell. Das beste Hotel am Platz bietet 56 Zimmer und ist mit Restaurant und Bar ausgestattet. Postboks 38, Strandveien 2, 9305 Finnsnes, Tel. 77 87 07 77, Fax 77 87 07 78, firmapost@finnsnes-hotell.no, www.finnsnes-hotell.no

EINKAUFEN

AMFI Finnsnes Einkaufszentrum. In diesem Einkaufszentrum ist nahezu alles erhältlich. Storgata 7, 9300 Finnsnes, Tel. 77 84 17 60, finnsnes@amfi.no, www.amfi.no

Das kleine Shoppingcenter in Finnsnes ist auch Kommunikationscenter.

TROMSØ – DIE STADT

Vorangehende Doppelseite: Tromsø in der blauen Stunde vom Fjellheisen aus.
Mitte: Speicherhäuser in Tromsø
Unten: Die Storgata, eine geschäftige Einkaufstraße

29 Tromsø

Das »Paris des Nordens«

Tromsø hat nur 64 700 Einwohner, wartet aber dennoch mit einigen Superlativen auf. Seine Fläche ist mit 2558 Quadratkilometern so groß wie das Saarland. In der somit zweitgrößten Stadt Europas stehen zudem die nördlichste Universität, die nördlichste Brauerei und die nördlichste Kathedrale der Welt. Dank seines reichen Kulturangebots wurde Tromsø schon vor hundert Jahren zum »Paris des Nordens« ernannt.

Das zu Tromsø gehörige Gebiet erstreckt sich auf dem Festland und über mehrere Inseln im Grotsundet, einem Nebenarm des Ullfjords. In der knapp unterhalb des 70. Breitengrads Nord gelegenen Stadt geht im Sommer die Sonne zwischen dem 19. Mai und dem 26. Juli nicht unter. Umgekehrt herrscht vom 28. November bis zum 14. Januar Polarnacht, deren Dunkelheit jedoch häufig spektakuläre Nordlichter erhellen. Auf der glei-

MAL EHRLICH

HUNDE SIND KEINE BESONDERHEIT

Manche Besucher reisen mehrere Male nach Tromsø und lernen im Laufe der Zeit die Stadt und ihre Sehenswürdigkeiten gut kennen. Wenn diese »Wiederholungstäter« Neues in der Stadt und ihrer Umgebung entdecken möchten, bietet sich ein Ausflug zu den Huskys auf Kvaløya an. Die meisten Reisenden kommen jedoch nur ein oder sehr wenige Male nach Tromsø und wollen während ihres vierstündigen Aufenthalts so viel wie möglich erkunden und erleben. Ein Sommerausflug zu den Huskys gehört sicher nicht dazu. Hunde kann man auch zu Hause streicheln, meist sogar die eigenen.

chen Breite liegen hocharktische, wesentlich kältere Gebiete wie die Disko-Insel an der Westküste Grönlands oder die Nordküsten Alaskas und Sibiriens. In Tromsø macht sich aber der Golfstrom noch bemerkbar und sorgt für eine milde Jahresdurchschnittstemperatur von 2,5 °C. Im Juli, dem wärmsten Monat, steigt die Durchschnittstemperatur auf 11,8 °C, und im Winter wurden bisher als Tiefsttemperatur –18,4 °C gemessen. »Verantwortlich« dafür ist die der Stadt westlich vorgelagerte Insel Kvaløya. Sie ragt bis zu 1000 Meter auf und schirmt die Stadt zum Meer so ab, dass kontinentale Einflüsse wirksam werden können. Bis in den April hinein liegt in der Regel noch Schnee. Die Wintersportbedingungen sind daher sehr gut.

Siedlungsgeschichte

Tromsø erhielt 1794 die Stadtrechte, gesiedelt haben hier Menschen aber schon lange vorher. Bereits vor rund 10 000 Jahren kamen mit dem Ende der letzten Eiszeit die ersten steinzeitlichen Jäger in das Gebiet und weiter im Osten in die bis zu 1800 Meter hohen Lyngsalpen. Erste Spuren samischer Kultur lassen sich etwa 2000 Jahre zurückverfolgen. Ab dem 4. und 5. Jahrhundert findet man auch skandinavische Kultur und Sprachen. Die Initiative für die eigentliche Gründung der Stadt ging von König Håkon Håkonsson aus, der 1252 im heutigen Stadtteil Skansen eine kleine Hafensiedlung und auf der Insel Tromsøya die erste christliche Kirche erbauen ließ. Bis zur Erteilung der Stadtrechte dauerte es aber noch 542 Jahre. Ganze 80 Einwohner durften sich fortan Stadtbürger nennen. Mit dem Wegfall des Handelsmonopols für Bergen und Trondheim im Jahr 1789 konnte der Handel auch in Tromsø aufblühen. Seitdem wuchs Tromsø zu einem wichtigen Handelsplatz heran und wurde zudem Ausgangspunkt für den Wal- und Robbenfang im

AUTORENTIPP!

AURORA BOREALIS IN TROMSØ

Wer in der dunklen Jahreszeit in den Norden Norwegens fährt, hat bei klarem Himmel gute Chancen, Polarlichter zu sehen. Im Schein der Mitternachtssonne kann man die berühmte Aurora borealis jedoch nicht beobachten – zumindest nicht in der freien Natur. Zu jeder Jahreszeit lassen sich die spektakulären Leuchtererscheinungen in Tromsø zwar nicht in natura, sondern im Planetarium des Vitencenter auf dem Gelände der Universität bestaunen. Jeden Tag um 15.15 Uhr flackern die bunten Fahnen, Vorhänge und Schleifen des Polarlichts durch die Kuppel des Planetariums. Nicht nur die naturwissenschaftliche Erklärung wird bei der Schau vermittelt, sondern, wie sollte es in Norwegen anders sein, auch ein Einblick in eine Welt voller Legenden, Mythen und Geheimnisse. Darin tanzen Trolle und Elfen im Schein der Mitternachtssonne und erhellen Walküren auf dem Weg zu Odins Festtafel die Polarnacht.

Planetarium Tromsø. Hansine Hansens veg 17, 9019 Tromsø, Tel. 77 62 09 45, www.vitensenter.no, Eintritt: Erwachsene 100 NOK, Kinder (4 –16 Jahre) 50 NOK, Öffnungszeiten: jährlich wechselnd.

AUTORENTIPP!

DER BOTANISCHE GARTEN

Die Polarforschung blickt in Norwegen auf eine lange Tradition zurück und beschäftigt sich mit zahlreichen Aspekten. So haben Wissenschaftler auf 70 Grad nördlicher Breite in Tromsø auch einen Botanischen Garten angelegt, der sich speziell den Pflanzen aus den alpinen und polaren Regionen der Erde widmet. Die sehenswerte Anlage wurde im Juli 1944 eröffnet. In der Anfangszeit trugen die Experten Pflanzen aus den arktischen Regionen Norwegens einschließlich Spitzbergen zusammen, inzwischen wachsen hier auch Pflanzen aus Alaska, Südamerika, dem Himalaya und der Antarktis. Besonders stolz sind die Botaniker auf ihre Sammlung von Steinbrecharten und Primelgewächsen. Eine eigene Abteilung ist jeweils den Rhododendren, Nadelbäumen und Enziangewächsen gewidmet. Ein Besuch im Botanischen Garten lässt sich gut mit dem Besuch des Planetariums verbinden.

Tromsø Museum, Botanischer Garten. 9037 Tromsø, Tel. 77 62 07 82, www.uit.no/botanisk, Eintritt frei, Öffnungszeiten: ganzjährig geöffnet.

Das Denkmal der Walfänger am Großen Platz.

Eismeer. Um diese Zeit erlebte Lyngen, und damit auch Tromsø, eine Einwanderungswelle der sogenannten Kvener aus Finnland, die aufgrund von Hungersnöten und politischer Unruhen ihre Heimat verlassen hatten. Nur wenig später stieg Tromsø im Jahr 1803 zum Bischofssitz für Nordnorwegen auf. Die zugehörige Domkirche mit 700 Sitzplätzen wurde aber erst 1861 in der damals üblichen Weise aus Holz gebaut. Sie ist landesweit die größte neugotische Kirche.

Tromsø – Pforte zum Eismeer

Anfang des 20. Jahrhunderts startete in Tromsø eine Reihe von Expeditionen in arktische und antarktische Gebiete. Als »Pforte zum Eismeer« ist Tromsø untrennbar mit den Namen Fridtjof Nansen und Roald Amundsen verbunden. Beide Forscher planten und begannen hier ihre Polarexpeditionen. Auch heute wird der Polarforschung breiter Raum gewidmet. Seit 1993 hat das Norsk Polarinstitutt unter dem Dach des Polaren Umweltforschungszentrums seinen Sitz in Tromsø, gemeinsam mit den Instituten für Natur-, Kultur- und Luftforschung, dem Institut für Geologie, dem Amt für Kartografie und der norwegischen Strahlenschutzagentur.

Tromsø ist eine Reise wert

Reisende mit der Hurtigruten benötigen vier Tage, um per Schiff von Bergen aus die Stadt zu erreichen. Schneller geht es mit dem Flugzeug von Oslo in knapp zwei Stunden. Aber auch mit dem Auto ist die Stadt über die E6 von Norwegens Hauptstadt aus gut zu erreichen. Für die weit über 1600 Kilometer lange Strecke sind zwei Tage anzusetzen. Aber der Weg auf zum Teil gebührenpflichtigen Straßen lohnt sich, denn Tromsø hat eine Menge zu bieten – zum Beispiel eine junge Bevölkerung. Seit der Gründung der Universität im Jahr 1972 haben sich die Studentenzahlen rasant entwickelt, heute können 10 000 Studierende in sechs Fakultäten und vier Wissenschaftszentren rund 150 Studiengänge absolvieren. Da das Studentenleben nicht nur aus Lernen, sondern auch aus Leben besteht, gibt es eine Fülle von kulturellen und sportlichen Angeboten. Diese zielen aber nicht nur auf junge Leute ab. Jedes Jahr wird im Juni der Mitternachtssonnen-Marathon und im Januar der Polarnacht-Halbmarathon ausgerichtet, beides mit internationaler Beteiligung. Ebenfalls im Januar kommen die Filmfreunde beim Internationalen Filmfestival auf ihre Kosten. Konzerte von Klassik bis Rock und Theateraufführungen finden über das ganze Jahr verteilt statt. Daneben laden mehrere Museen zum Besuch ein. Das Polarmuseum berichtet über die Erforschung der Arktis, während das Tromsø-Museum Ausstellungen über die Geschichte und Kultur der Samen präsentiert sowie über die Tiere, Pflanzen und Landschaften des Nordens. Wem der Weg in die Arktis zu weit oder zu beschwerlich ist, informiert

Im Rorbua Pub gegenüber dem Hurtigrutenanleger steht der Eisbär aufrecht.

Oben: Die beeindruckende Architektur der Eismeerkathedrale bei Nacht.
Mitte: Die Tromsø-Bibliothek an der Grønnegata.
Unten: Die Domkirche an der Storgata wird bei Nacht malerisch beleuchtet.

Oben: Die MS Kong Harald am Hurtigrutenanleger in Tromsø.
Unten: Speicherhäuser im Binnenhafen.

sich im Polaria-Museum mithilfe von Multimedia-Präsentationen, Dioramen, Aquarien und lebenden Bartrobben über die Arktis. Unverzichtbar ist bei einem Besuch der Stadt darüber hinaus ein Ausflug in die bis zu 1800 Meter hohen Lyngenalpen östlich von Tromsø.

Ausgangspunkt für Exkursionen

Nordgehend bleiben die Hurtigruten-Schiffe vier Stunden an der Pier. Damit bietet sich die Gelegenheit, je nach Jahreszeit an einem der vier buchbaren Ausflüge teilzunehmen. Im Sommer kann man sich zwischen der Stadtrundfahrt »Tromsø – Pforte zum Eismeer« und dem Besuch des Villmarkssenter auf Kvaløya entscheiden. Auf der Insel warten 250 Huskys mit ihren Welpen auf ihre Streicheleinheiten. Bei der Stadtrundfahrt werden die wichtigsten Sehenswürdigkeiten der Stadt angesteuert, darunter die Eismeerkathedrale und das Polaria-Museum.

In den Wintermonaten stehen dazu noch der Ausflug »Polarhistorischer Stadtrundgang« sowie eine aufregende Hundeschlittenfahrt über die verschneite Kvaløya zur Auswahl. Unterwegs im Hundeschlitten kann man sich selbst einmal wie ein echter Musher fühlen. Beim Stadtrundgang steht als erste Station der Besuch des Polarmuseums auf dem Programm. Nach dem Museum, das knapp einen Kilometer vom Hurtigrutenkai entfernt gelegen ist, kehrt man in die Ølhallen ein. Diese berühmteste Kneipe Norwegens war einst ein beliebter Treffpunkt für Trapper, Walfänger und Polarforscher.

Südgehend wird Tromsø nachts um 23.45 Uhr erreicht. Die kurze Liegezeit reicht dann gerade für den empfehlenswerten Ausflug zum Mitternachtskonzert in der Eismeerkathedrale.

Infos und Adressen

INFORMATION

Tromsø Turistkontor. Touristeninformation der Stadt. Storgata 61, 9001 Tromsø, Tel. 77 61 00 00, info@destinasjontromso.no, www.destinasjontromso.no

Visit Tromsø. Postboks 311, Tel. 77 61 00 00, info@visittromso.no, www.visittromso.no

ÜBERNACHTEN

Rica Ishavshotel. Das futuristisch anmutende Hotel besticht durch seine einzigartige Lage direkt am Hafen. Die Panoramafenster bieten fantastische Ausblicke auf das Treiben am Kai und die Meerenge von Tromsø. Fr. Langesgate 2, 9008 Tromsø, Tel. 77 66 64 00, www.rica-hotels.com/hotels/rica-ishavshotel

Thon Hotel Polar
Das moderne, relativ preisgünstige Hotel steht im Zentrum der Stadt. Die Bushaltestelle des Airport Express liegt in unmittelbarer Nähe. Grønnegata 45, 9008 Tromsø, Tel. 77 75 17 00, polar@thonhotels.no, www.thonhotels.no/polar

Amalie Hotell. Das preiswerte Hotel liegt im Zentrum, direkt neben dem Kunstmuseum. Es bietet Platz für maximal 24 Gäste. Sjøgata 5 b, 9008 Tromsø, Tel. 77 66 48 00, www.amalie-hotell.no

Scandic Hotel Tromsø. Das Hotel befindet sich außerhalb des Zentrums am Flughafen. Sehr groß, gehobenes Preisniveau. Heilovegen 23, 9015 Tromsø, Tel. 77 75 50 00, www.scandic-hotels.com

ESSEN & TRINKEN

Astro. Das direkt am Kai gelegene Restaurant im Clarion Hotel serviert internationale Küche à la carte. Ein preiswerter Mittagstisch wird angeboten. Sjøgata 19/21, 9008 Tromsø, Tel. 77 78 11 00, bryggen@clarion-choicehotels.no, www.choicehotels.no

Aunegården AS. Das preiswerte Selbstbedienungsrestaurant ist in einem ehemaligen Metzgerladen aus dem Jahr 1830 untergebracht. Sjøgata 29, 9258 Tromsø, Tel. 77 65 12 34, knut@aunegarden.no, www.aunegarden.no

Arcantaria Restaurant. Das gepflegte Restaurant ist für seine traditionellen Fischgerichte bekannt. Strandtorget 1, 9008 Tromsø, Tel. 77 60 07 20, skarven@skarven.no, www.skarven.no

Das Rica Ishavshotel am Hurtigrutenanleger.

30 Tromsø
Stadterkundung

Um Tromsø wirklich kennenzulernen, benötigt man mehr als vier Stunden. Einige Sehenswürdigkeiten wie das Polaria-Museum, der Dom oder das Polarmuseum liegen innerhalb eines Radius von einem Kilometer vom Hurtigrutenkai. Sie sind gut zu Fuß erreichbar. Die Eismeerkathedrale ist jedoch 2,5 Kilometer entfernt, und der Botanische Garten liegt gar drei Kilometer weiter in entgegengesetzter Richtung.

Die Lösung kann nur heißen: Prioritäten setzen! Für Erkundungen auf eigene Faust bieten sich drei Varianten an: der kleine Rundgang im unmittelbaren Innenstadtbereich, der wissenschaftlich ausgerichtete Besuch des Vitensenter mit dem Planetarium und dem Botanischen Garten oder der Besuch der Eismeerkathedrale mit einer Stippvisite im Polarmuseum. Alternativ kann auch einer der an Bord buchbaren Ausflüge gewählt werden.

Mitte: Seitliche Detailansicht der Eismeerkathedrale.
Unten: Das Polarmuseum in Tromsø.

MAL EHRLICH

SPRACHSCHWIERIGKEITEN

Kunst braucht keine Sprache, sie spricht für sich! Diese sicher richtige Aussage relativiert sich schnell, wenn man ein Kunstmuseum in einem Land besucht, dessen Sprache man nicht mächtig ist. Hand aufs Herz: Wer spricht schon Norwegisch? Allenfalls eine Minderheit. Die Biografien der Künstler und die Gründe, die dazu geführt haben, dass ihre Werke gerade in diesem Museum und zu dieser Zeit ausgestellt werden, bleiben uns daher meist verborgen. Wer allerdings genau weiß, was und wen er im Kunstmuseum sehen will, der sollte sich dies nicht entgehen lassen.

Das Robbenfangschiff Polstjerna liegt in einer Glashalle neben dem Polaria Museum.

Kleiner Rundgang

Das erste Ziel ist das Polaria-Museum. Vom Hurtigrutenkai Ⓐ wendet man sich zunächst nach links auf die Samuel Arnesen gate. Nach wenigen Metern ist das Kunstmuseum Ⓑ erreicht. Sein Schwerpunkt liegt auf der norwegischen Kunst seit dem frühen 19. Jahrhundert bis heute. Wer nicht sofort das Museum besuchen möchte, biegt hier nach rechts in die Kirkegata ab und folgt dieser bis zur Strandgata. Dort wendet man sich nach links, biegt dann rechts in die Peder Hansens gate und bereits an der nächsten Ecke wieder nach links in die Storgata ein. Von jetzt an geht es immer geradeaus, an Macks Ølhallen und dem Tromsø Kunstforening vorbei bis zur Hjalmar Johansen gate. Dort steht das Polaria Ⓓ, dessen Gebäude das in seiner Formgebung an übereinandergeschobene Eisschollen erinnern soll. Für die Besichtigung ist eine Stunde einzuplanen.

Danach führt der Weg über die Storgata zurück in Richtung auf das Zentrum. Auf der linken Seite steht inmitten einer Grünanlage das Tromsø Kunstforening Ⓖ. Das Museum für zeitgenössische Kunst von 1924 ist Tromsøs älteste Kultureinrichtung und für Kunstfreunde sicher interessant. Nur wenig weiter wird Macks Ølhallen Ⓕ erreicht. Man

AUTORENTIPP!

MIT DER SEILBAHN AUF DEN STORSTEINEN

Nicht weit von der Eismeerkathedrale entfernt liegt die Talstation der Seilbahn auf Tromsøs Hausberg Storsteinen. Den 420 Meter hohen Berg kann man auch zu Fuß über einen Wanderweg ersteigen.
Interessanter ist natürlich die Fahrt mit der Fjellheisen-Seilbahn, die seit 1961 ihre Dienste tut. Vier Minuten benötigt sie für die 752 Meter lange Strecke, bei der 370 Höhenmeter zu überwinden sind. Gutes Wetter vorausgesetzt, bietet sich von oben ein wunderbarer Blick auf die Stadt und die Lyngenalpen im Osten. Hungrige und Durstige werden im Café und Selbstbedienungsrestaurant Fjellstua versorgt. Für Wagemutige wird ein Tandemrückflug mit einem Gleitschirm für 1500 NOK angeboten. Für 8000 NOK kann man sich auch selbst zum Gleischirmflieger ausbilden lassen. Alle anderen verlassen den Berg per Seilbahn oder zu Fuß.

Fjellheisen-Seilbahn. Solliveien 12, 9020 Tromsdalen, Tel. 77 63 87 37, www.fjellheisen.no

AUTORENTIPP!

KULTUR UND NATUR MIT DEM FAHRRAD

Mit dem Fahrrad ist man deutlich schneller unterwegs als zu Fuß, warum also die Stadt und Umgebung nicht auf zwei Rädern erkunden? Eine geführte Radwanderung durch die Stadt und in das Tromsdalen startet in der Sjøgata 14, in der Nähe des Radisson Hotels, und endet drei Stunden später am Hurtigrutenkai. Die Strecke führt durch die Innenstadt und die Brücke über den Tromsøysund zunächst zur Eismeerkathedrale, wo der erste Stopp eingelegt wird. Anschließend fährt man auf asphaltierten Straßen, später auf Schotterwegen parallel zum Fluss bis zum Gutta på skauen. An diesem Rastplatz werden heiße Getränke und Lefse, norwegisches Fladenbrot, serviert. Die Fahrt dorthin führt durch eine wunderschöne Flusstallandschaft mit Stromschnellen und kleinen Wasserfällen. Die Rückfahrt erfolgt auf dem gleichen Weg. Regenfeste Kleidung wird empfohlen, Helme und Fahrräder werden gestellt.

Tromsø – Natur & Fritid. Kosten: 995 NOK pro Person. 9100 Kvaløysletta, Tel. 97 57 58 75, www.tromsonaturogfritid.no

Aus dem Unterwassertunnel im Polaria Museum lassen sich Meeressäuger gut beobachten.

muss einmal dort ein Bier getrunken haben, um die Atmosphäre aufzunehmen, die immer noch den Geist der alten Polarforscher und Trapper atmet. Das nächste Ziel ist das Polarmuseum H. Immer noch auf der Storgata geht es in Richtung auf die Brücke über den Tromsøysund bis zur Søndre Tollbot gate. Dort ist in einem der alten Zollgebäude das Polarmuseum untergebracht. Hier muss mindestens eine halbe Stunde Aufenthalt eingerechnet werden.

Über die Skippergate, Havnegate und Sjøgate gelangt man zurück in Richtung Hurtigrutenkai, nicht ohne noch einen Abstecher in die Bankgate zum Dom einzuschieben, der nördlichsten protestantischen und einzigen aus Holz gebauten Kathedrale Norwegens. Dafür sollte man sich mindestens 20 Minuten Zeit nehmen. Die Bankgate führt anschließend zurück zum Hurtigrutenkai. Einschließlich aller Fußwege dauert der Stadtrundgang etwa 3,5 Stunden.

Vitensenter und Co.

Wer gut zu Fuß ist, kann die drei Kilometer lange Strecke zum Vitensenter, Planetarium und Botanischen Garten E auch erwandern. Vom Hurtigrutenkai geht es wie beim Stadtrundgang zunächst auf die Storgata, der man nach Süden folgt. Sie geht in den Strandwegen über. Nach 400 Metern wendet man sich nach rechts in die Bjørnøygate und folgt der Straße durch locker bebaute Ein- und Zweifamiliensiedlungen mit Grünanlagen und einigen Gewerbebetrieben. Die Bjørnøygate geht über in den Mellomvegen. Am Lars Thørlingsweg biegt man nach rechts ab. Auf der linken Seite steht das Vitensenter mit dem Planetarium und erstreckt sich der Botanische Garten. Alternativ zu dem etwa 45-minütigen Spaziergang bietet sich die Buslinie 21 an. Sie fährt vom Stadtzentrum

Stadtrundgang

A Hurtigrutenkai

B Nordnorske Kunstmuseum – zeitgenössische Kunst.

C Tromsø-Domkirche – einzige hölzerne Kathedrale Norwegens.

D Polaria-Museum – mit Aquarien, Bartrobben und Kino. Das Norsk Polarinstitutt ist unmittelbar benachbart.

E Tromsø-Universitätsmuseum – Das Museum umfasst ein Nordlichtplanetarium, das Nordnorske Vitensenter und einen eindrucksvollen Botanischen Garten.

F Macks Ølhallen – Norwegens berühmteste Kneipe sollte man auf keinen Fall verpassen, um die einzigartige Atmosphäre zu erleben.

G Tromsø-Kunstmuseum – Hier werden Ausstellungen norwegischer Kunst von 1830 bis in die Gegenwart gezeigt.

H Polarmuseum – Das Museum zeigt eine äußerst interessante Ausstellung zur Polarforschung.

I Eismeerkathedrale – Auf der südgehenden Route reicht die Zeit, die das Hurtigruten-Schiff in Tromsø liegt, um ein Mitternachtskonzert in der Eismeerkathedrale zu besuchen.

J Fjellheisen-Seilbahn Talstation – Von hier geht es hinauf auf den Hausberg.

K Storstingipfel – Im Nu bringt einen die Fjellheisen-Seilbahn hinrauf zur Bergstation und nach einem kurzen Aufenthalt auf dem Storsteinen auch wieder hinunter.

Oben: Eine nachgestellte Szene über das Leben am Pol.
Mitte: Die Polstjerna im Glashaus.
Unten: Seehundfütterung im Polaria Museum an der Hjalmar Johansens Gate.

aus zum Universitätsgelände, auf dem sich das Vitensenter befindet.

Im Vitensenter wird die wissenschaftliche Forschung der Universität in verständliche Information übersetzt. Es wurde 2002 eingerichtet und erfreut sich seitdem wachsender Besucherzahlen. Die Ausstellungen präsentieren Forschungsergebnisse aus den Bereichen Umwelt und Energie, Klima und Wetter, Astronomie und weitere Themen aus Mathematik und Technik. Dem Vitensenter ist das empfehlenswerte Planetarium angeschlossen.

Wenn der Rückweg ebenfalls zu Fuß zurückgelegt wird, sind etwa drei Stunden vergangen und man hat sich eine Erfrischung an Bord verdient. Wird der Bus gewählt, bleibt noch etwas Zeit für den Besuch des Polaria Museums. Die Bushaltestelle liegt vor der Tür.

Zur Eismeerkathedrale

Auch die Eimeerkathedrale ❶ ist zu Fuß zu erreichen. Vom Hurtigrutenkai geht man zunächst nach rechts über die Samuel Arnesen gate und Fredrik Langes gate bis zur Sjøgata. Hier biegt man nach rechts ab und folgt der Straße bis zur Havnegate. Diese geht über in die Skippergate. Nach einer kurzen Strecke ist die Søndre Tollbot gate mit dem Polarmuseum erreicht. Nach dem Besuch des Museums kommt man über die Skippergate zur Brücke über den Tromsøysund. Sie kann auch von Fußgängern genutzt werden. Von der Brücke bietet sich ein fantastischer Blick über den Sund und die Stadt. Schon von Weitem ist die Eismeerkathedrale, auf Norwegisch Ishavskatedralen, sichtbar, auf die man dem Bruvegen folgend direkt zuläuft. Auf dem gleichen Weg gelangt man zurück an die Pier. Wer nicht laufen mag, benutzt eine der Buslinien 20, 24, 26 oder 28.

Infos und Adressen

MUSEEN

Nordnorsk Kunstmuseum. Schwerpunkte sind nordnorwegische Kunst und Kunstgeschichte seit 1838. Eintritt frei. Sjøgata 1, 9008 Tromsø, Tel. 77 64 70 20, nordnorskkunstmuseum@nnkm.no, www.nnkm.no

Tromsø Kunstforening. Die älteste Kultureinrichtung der Stadt wurde 1924 eröffnet. Zu sehen sind zeitgenössische Werke aus Malerei, Bildhauerei und Kunsthandwerk. Eintritt frei. Öffnungszeiten: Mi–So 12–17 Uhr. Musegata 2, 9254 Tromsø, Tel. 77 65 58 27, post@tromsokunstforening.no, www.tromsokunstforening.no

Polaria Museum. Das Polaria ist dem Norskpolar Institutt angeschlossen, das sich der Erforschung der Arktis widmet. In mehreren Aquarien werden Tiere und Pflanzen arktischer Gewässer gezeigt. In einem großen Becken leben Bartrobben, Charaktertiere des Nordpolarmeeres. Robbenfütterung tägl. 12.30 und 15.30 Uhr. Hjalmar Johansens gate 12, 9007 Tromsø, Tel. 77 75 01 00, info@polaria.no, www.polaria.no,

Das Nerstranda Shoppingcenter an der Strandgata.

Öffnungszeiten: 18.05.–31.08. tägl. 10–19 Uhr, 01.09.–17.05. tägl. 12–17 Uhr.

Polar Museum. Eintritt: Erwachsene 50 NOK, Kinder ab 7 bis 14 Jahre 25 NOK, unter 7 Jahren frei. Öffnungszeiten jährlich wechselnd. Søndre Tollbtgata 11, 9008 Tromsø, Tel. 77 62 33 60, postmaster@polarmuseum.no, www.polarmuseum.no

KIRCHE

Tromsø kirkelige fellesråd (Domkirche Tromsø). Sjøgata 2, 9260 Tromsø, Tel. 77 60 50 90, post@kirken.tromso.no, www.kirken.tromso.no

Das Art Museum of Northern Norway an der Kirkegata

Mitte: Die Eismeerkathedrale passt sich ihrer winterlichen Umgebung an.
Unten: Glasfenster im Giebel der Eismeerkathedrale.

31 Musik zur Nacht

Ein ganz besonderes Erlebnis

Wenn man auf der südgehenden Route Tromsø um 23.45 Uhr erreicht, werden bereits 105 Minuten später die Leinen wieder gelöst. Viele Gelegenheiten für Unternehmungen, zumal mitten in der Nacht, bleiben nicht. Die Zeit reicht jedoch für eines der schönen Mitternachtskonzerte in der Eismeerkathedrale. Die Kirche öffnete ihre Pforten auch für weltliche Musik und ist bereits seit vielen Jahren eine immer beliebtere Konzertstätte.

Tromsøs Wahrzeichen ist nicht der Dom, sondern die Eismeerkathedrale. Sie heißt eigentlich Tromsdalen-Kirche und dient als Pfarr- und Seemannskirche. 1965 wurde sie auf der Festlandseite der Stadt gebaut und ist über den Bruvegen, die Brücke über den Tromsøysund, zu erreichen. Die gängigste Theorie besagt, ihre äußere Form soll an übereinandergeschobene Packeisplatten erinnern. Dieses Motiv findet sich auch im Gebäude des Polaria-Museums wieder, das jedoch später errichtet wurde. Nach einer anderen Meinung nimmt die Kirche die Formen der Holzgestelle auf, an denen der Stockfisch getrocknet wird. Welche Deutung auch die richtige sein mag, beeindruckend ist die Architektur auf jeden Fall. Die Rückwand auf der Ostseite nimmt ein 140 Quadratmeter großes buntes Glasfenster ein. Ursprünglich hatte der Architekt farblose Glasfenster vorgesehen, die jedoch bei der Kirchengemeinde keinen Anklang fanden. 1972 wurde deshalb das farbige Fenster von dem Glaskünstler Viktor Sparre in Dallglas-Technik, einer besonderen Gussglas-Fertigung, gestaltet. Das Bild mit dem Namen *Die Wiederkunft Christi* ist eines der größten Glasgemälde Europas.

Musik zur Nacht

Vierzig Jahre nach der Einweihung bekam die Kirche auch eine Orgel. Deren Form ist der Gestalt der Eismeerkathedrale nachempfunden und soll an Eisschollen und Segel erinnern. 2940 Orgelpfeifen mit einer Länge von fünf Millimetern bis 9,6 Metern geben ihr den richtigen Klang und das volle Volumen. Für die Orgel wurden soweit wie möglich heimische Materialien verwendet: Die Holzkonstruktion ist aus norwegischer Kiefer, und der Blasebalg, der das Instrument mit Luft versorgt, wurde aus Rentierhaut gefertigt.

Im Kirchenraum finden 415 Menschen Platz, auf der Empore weitere 240. Die Innengestaltung steht im bewussten Gegensatz zur monumentalen Außenstruktur und vermittelt eine fast private Atmosphäre. Das Licht, das durch die großen Fenster in die Kirche fällt, ist ein wesentliches Gestaltungselement.

Von der Idee zur Institution

Die Mitternachtskonzerte in der Eismeerkathedrale sind aus einer einfachen Idee entstanden. Mehrere Musiker, Organisten und Kantoren trafen sich in ihrer Freizeit zum Musizieren, nachdem die alltäglichen Pflichten erledigt waren. Was als Freizeitbeschäftigung begann, ist seit Jahren eine feste Institution im Kulturleben von Tromsø. Von norwegischer Volksmusik mit der Hardangerfiedel und anderen alten Instrumenten über Klavier- und Orgelkonzerte, Jazz, Chor- und Sologesang bis hin zur Klassik kommen fast alle Musikrichtungen zur Aufführung. Doch welche Musik auch erklingt, sie wird von hervorragenden Künstlern dargeboten. Dies und die ausgezeichnete Akustik sind Garanten für ungetrübten Genuss. Jeder Zuhörer bedauert, dass das Konzert nach 30 Minuten beendet ist und es – vielleicht sogar bei Mitternachtssonne – zurück zum Schiff geht.

Infos und Adressen

INFORMATION

Ishavskatedralen (Eismeerkathedrale). Tromsdalen, 9008 Tromsø, Tel. 47 68 06 68, www.ishavskatedralen.no
Eintritt: Erwachsene 40 NOK, Kinder frei. Öffnungszeiten:
16.09.–14.05. tägl. 16–18 Uhr,
15.05.–31.05. tägl. 15–18 Uhr,
01.06.–15.08. tägl. 9 –19 Uhr,
16.08.–15.09. tägl. 15–18 Uhr.

Orgel der Eismeerkathedrale auf der Westseite.

Mitte: Das Tromsø Museum.
Unten: Bruvegen, die Brücke von Tromsø wird bei Nacht beleuchtet.

32 Das Tromsø-Museum

Natur- und Kulturwissenschaft

Bereits 1872 wurde das Tromsø-Museum, gegründet. Es ist die älteste und größte wissenschaftliche Institution in Nordnorwegen. 1976 wurde das Haus an die Universität angeschlossen. Damit soll gewährleistet werden, dass an der Hochschule gewonnene wissenschaftliche Ergebnisse unmittelbar in die Ausstellungen des Museums einfließen können.

Während seines mehr als 130-jährigen Bestehens haben die Mitarbeiter des Museums eine Fülle von Gegenständen, Dokumenten und Büchern aus der gesamten Region zusammengetragen. Die Dauerausstellungen behandeln verschiedenste Themenbereiche: Mensch und Umwelt, Geologie, Aurora borealis, Entwicklung der nordnorwegischen Landschaft während der letzten 10 000 Jahre, Geschichte der Sami, Kirchenkunst und Einbindung der Sami in den Staat Norwegen.

Mensch und Umwelt

In der Ausstellung »Mensch und Umwelt« werden am Beispiel aktueller Entwicklungen in der Region grundlegende Probleme der Wirkungen menschlichen Handelns dargestellt. Beispiele sind die Überweidung der Tundra oder die explosionsartige Vermehrung von Möwen in den Städten. Welche Auswirkungen es auf die tierischen und pflanzlichen Lebensgemeinschaften haben kann, wenn gebietsfremde Tiere in einem Lebensraum ausgesetzt werden, wird an Nerzen und Königskrabben erklärt.

Vor dem Hintergrund des Klimawandels wird die zukünftige Entwicklung der Flora und Fauna

Nordnorwegens prognostiziert. Eventuell wird diese dazu führen, dass an den norwegischen Fjorden Rosaflamingos brüten. Aber auch positive Entwicklungen sind dokumentiert. So bewirkten zum Beispiel die Maßnahmen zum Schutz der Seeadler, deren Zahl durch Bejagung und Umweltverschmutzung stark zurückgegangen war, dass der Bestand der Vögel heute nicht mehr gefährdet, sondern wieder stabil ist.

Eine Hauptattraktion ist das vollständige Skelett eines neun Meter langen Schnabelwals, das seit 2011 frei in der Mitte der Halle aufgestellt ist. Zuvor hatte es 100 Jahre im Magazin des Museums gelegen.

Kirchenkunst

Es würde zu weit führen, alle Ausstellungen im Detail vorzustellen. Hervorzuheben ist jedoch die Sammlung kirchlicher Kunstgegenstände, die hier zusammengetragen wurde. Tatsächlich wurde sie aus der Not heraus geboren. Viele der zumeist aus Holz gebauten alten Kirchen sind im Lauf der Zeit verfallen oder sie werden nicht mehr genutzt. Kunstgegenstände aus solchen alten Kirchen sind heute in der Abteilung Kirchenkunst ausgestellt.

Die Sammlung umfasst auch einige Kuriositäten, so zum Beispiel eine Sanduhr, die den Pfarrer daran erinnern sollte, seine Predigt nicht zu überziehen oder ein Hammer, der im Dorf Lyngen benutzt wurde, um Kirchenbesucher, die während der Predigt einschliefen, zu wecken.

Eines der jüngeren Stücke ist eine Orgel aus der Mitte des 19. Jahrhunderts. Ihre Pfeifen sind zum größten Teil aus Holz gefertigt und verleihen dem Instrument einen besonders warmen Klang. Durch Druck auf einen Knopf spielt sie Kirchenlieder.

Infos und Adressen

INFORMATION

Tromsø Museum. Lars Thørings veg 10, 9037 Tromsø, Tel. 77 64 50 00, www.tmu.uit.no, Eintritt: Erwachsene: 50 NOK, Kinder ab 7 Jahre, Studenten und Rentner 25 NOK, Kinder unter 7 Jahren frei. Öffnungszeiten: 01.09.–31.05. Mo–Fr 10–16.30 Uhr, Sa 12–15 Uhr, So 11 –16 Uhr, 01.06.–31.08. tägl. 9 –18 Uhr.
Café Rotunden. Im Museum. Mo–Fr 10–16.30 Uhr, Sa u. So 12–16.30 Uhr

Oben: Rathaus mit altem Pavillon an der Radhusgata.
Unten: Polaria Museum bei Nacht.

Mitte: Die Bronzeskulptur von Roald Amundsen steht vor dem Polar Museum.
Unten: Das Leben im kalten Norden wird realistisch dargestellt.

33 Tromsø
Zentrum der Polarforschung

Polarforschung hat in Norwegen eine lange Tradition. Bereits 1194 wurde die »Kalte Küste« Svalbardi in Berichten von Seeleuten erwähnt, die sich in polare Regionen wagten. Die wissenschaftliche Polarforschung ist untrennbar mit Norwegern wie Otto Sverdrup, Fridtjof Nansen, Frederik Hjalmar Johansen und Roald Amundsen verknüpft. Diese Tradition wird in mehreren wissenschaftlichen Einrichtungen in Tromsø bis heute fortgesetzt.

Die bekannteste Forschungseinrichtung ist das Norskpolar Institutt, das bezeichnenderweise in der Hjalmar Johansens gate residiert. Damit soll dem jahrzehntelang zu Unrecht vergessenen Polarforscher Hjalmar Johansen gedacht werden.

Polarforschung weltweit

163 Mitarbeiter, Wissenschaftler, Kartografen, Techniker, Grafik-Designer, Übersetzer, Archivare und Doktoranden sind im Framsenteret, wie das Gebäude des Norskpolar Institutt genannt wird, tätig. Hier in Tromsø befindet sich der Hauptsitz des Instituts. In Longyearbyen und Ny-Ålesund auf Spitzbergen sind zwei Außenstationen eingerichtet worden. Das Arbeitsgebiet beschränkt sich aber schon lange nicht mehr nur auf die Arktis. Forschungsprogramme werden auch in der Antarktis durchgeführt. Das Themenspektrum ist weit gefasst. Biologische, geologische und ozeanografische Projekte werden insbesondere vor dem Hintergrund des Klimawandels durchgeführt. Das Abschmelzen der Gletscher und der Rückgang des Meereises werden gemessen und die Auswirkungen auf das jeweilige Ökosystem analysiert. Nicht

zuletzt liegt ein Schwerpunkt auf der Bekämpfung der Umweltverschmutzung, insbesondere der Meere. Unmittelbar neben dem Norskpolar Institutt steht das Polaria-Museum, das von den Mitarbeitern des Framsenteret wissenschaftlich betreut wird.

Historische Polarforschung

Ab dem späten 18. Jahrhundert war Tromsø Ausgangspunkt für die Robbenjagd und Handelszentrum. Als »Tor zur Arktis« diente die Stadt auch als Startpunkt für mehrere bedeutende Arktisexpeditionen. Die Geschichte dieser Unternehmungen wird im Polarmuseum gezeigt. Es wurde am 18. Juni 1978 eröffnet – genau 50 Jahre, nachdem Roald Amundsen von Tromsø zu seiner Rettungsexpedition für Umberto Nobile aufgebrochen war. Der italienische General war mit seinem Luftschiff Italia in der Nähe von Spitzbergen abgestürzt. Amundsen ist auf dieser Rettungsaktion verschollen, vermutlich stürzte er mit seinem Flugboot in der Nähe der Bäreninsel ab.

Das Polarmuseum ist standesgerecht in einem alten Lagerhaus der Zollverwaltung im historischen Stadtviertel Skansen in der Nähe der Brücke über den Tromsøysund untergebracht. Die Entdeckung Spitzbergens durch Willem Barents um das Jahr 1500 und die anschließende Walfangära des 16. und 17. Jahrhunderts sind Thema einer Ausstellung. Andere widmen sich der Robbenjagd oder den Expeditionen von Nansen und Amundsen. Auch die Geschichte des Trappers und Isbjørnkongen – »Eisbärkönig« – Henry Rudi wird behandelt. Zum Museum gehört zudem das Robbenfangschiff »Polstjerna«, das 33 Jahre lang aus den Gewässern um Grönland und dem Weißen Meer fast 100 000 Robbenfelle nach Tromsø brachte. Die »Polstjerna« liegt jedoch beim Polaria-Museum.

Infos und Adressen

INFORMATION

Norsk Polarinstitutt Tromsø. Framsenteret, Hjalmar Johansens gate 14, 9296 Tromsø, Tel. 77 75 05 00, Fax 77 75 05 01, www.npolar.no

Norsk Polarinstitutt Longyearbyen. Forskningsparken (Svalbard Science Centre), Postboks 505, 9171 Longyearbyen, Tel. 79 02 26 00, Fax 79 02 26 04, Mail und Homepage wie Framsenteret.

Norsk Polarinstitutt Ny-Ålesund. Sverdrupstasjonen, 9173 Ny-Ålesund, Tel. 79 02 74 00, Mail und Homepage wie Framsenteret.

Oben: Auch wie Wild erlegt wurde, ist anschaulich zu sehen.
Unten: Ausstellungsvitrinen im Polar Museum.

Mitte: Die Ølhallen von außen.
Unten: Lustige Gesellschaft findet man in den Ølhallen.

34 Die Ølhallen
Die nördlichste Brauerei der Welt

Handfesten irdischen (Bier-)Genüssen ist die im ganzen Land legendäre Ølhallen der Mack-Brauerei in Tromsøs Storgata gewidmet. Entgegen allen norwegischen Regeln öffnet sie bereits morgens um 10 Uhr ihre Türen und schließt sie erst um 18 Uhr wieder. Am Samstag sind hier Gäste sogar bereits ab 9 Uhr willkommen. Manche müssen später dann eindringlich zum Gehen überredet werden. Nur am Sonntag kommen die Zapfhähne zur Ruhe.

Die Ølhallen sind Treffpunkt der Walfänger und Polarforscher. *Du har ikke vært i Tromsø; dersom du ikke har besøkt Ølhallen* – »Du warst nicht in Tromsø, wenn du die Ølhallen nicht besucht hast.« Das heute noch geflügelte Wort gilt in der Stadt seit dem 29. Februar 1928. An diesem Tag wurde die Ølhallen als erster eigener Ausschank der Mack-Brauerei eröffnet, die das Bier ansonsten mit Pferdewagen von der Brauerei direkt an Restaurants und Privatkunden lieferte. Kurze Zeit später schon zog die Ølhallen in die Storgata um. In den verlassenen Räumen hat heute ausgerechnet die Heilsarmee ihren Sitz.

Die Halle, wie sie kurz genannt wird, war zunächst eine reine Männerdomäne für Fischer, Walfänger und Bauern. Zu ihren berühmtesten Gästen gehörte Henry Rudi, der immer an demselben Tisch links vom Eingang saß. Seinen Spitznamen Isbjørnkongen – »Eisbärkönig« – verdankte er seinem legendären Ruf als Eisbärenjäger. Im Laufe seines Lebens überwinterte Henry Rudi 28 Mal auf Spitzbergen und Grönland und erlegte dort insge-

Die Ølhallen

Auch ein Eisbär ist zu Gast in den Ølhallen.

samt 713 Eisbären, davon allein 150 in einem einzigen Winter. Die Eisbärenjagd endete für ihn erst, als er ein junges Eisbärenweibchen fand und aufzog. Maja, wie er die Eisbärin nannte, bekam jeden Tag einen halben Liter Bier, den sie genossen haben soll. Da er mit dem Tier durch Tromsøs Straßen spazierte, sorgte er für große Unruhe. Schließlich musste er Maja an einen belgischen Baron verkaufen. Diese und ähnliche Geschichten werden immer noch erzählt. Direkt gegenüber von »Henry Rudi's plas« erinnert ein präparierter Eisbär an den Jäger und dessen Geschichten.

Frauen hatten übrigens ursprünglich keinen Zutritt zur Ølhallen. Das änderte sich erst Ende der 1960er-Jahre. Seitdem sind auch Frauen gerne willkommen, ihren Durst mit einer der acht Biersorten zu löschen, die in der Halle frisch vom Fass gezapft werden.

AUTORENTIPP!

BRAUEREIBESICHTIGUNG

Brauereibesichtigungen sind allseits beliebt und ganz besonders gilt dies für spezielle Betriebe wie Macks Brauerei in Tromsø. Als nördlichste Brauerei der Welt hat sie eine beispiellose Erfolgsgeschichte durchlaufen, deren Ende zum Glück noch lange nicht absehbar zu sein scheint. Mindestens drei Gleichgesinnte müssen sich zu der Besichtigungstour einfinden, die von Montag bis Donnerstag täglich um 13 Uhr startet. Der Rundgang beginnt in der im Jahr 2000 eingerichteten Mikrobrauerei und führt durch den ganzen Betrieb. Nachdem man die Sudkessel, Abfüllanlagen und Lager gesehen hat, steigt man zum Schluss noch in den historischen Ølkjelleren hinab. Der Bierkeller wurde ab 1877 genutzt. 40 Minuten dauert die interessante Führung, die in der Ølhallen beginnt und, wie sollte es anders sein, dort auch endet. Selbstverständlich wird dabei auch die eine oder andere Bierspezialität verkostet.

ØLHALLEN AS. Öffnungszeiten: Mo–Sa 10–18 Uhr, So geschlossen. Postboks 6142, Storgata 4, 9291 Tromsø, Tel. 77 62 45 80, www.olhallen.no

Oben und Mitte: Die Ølhallen gehören zur Mack Brauerei.
Unten: In diesen Kupferkesseln in der Mack Brauerei wird das nördlichste Bier der Welt gebraut.

Macks Ølbryggeri

Um die Mack-Brauerei und ihren Gründer Ludwig Markus Mack ranken sich viele Legenden. In den meisten Berichten über sein Leben wird geschrieben, dass er ein Bäcker war, aus Braunschweig nach Tromsø übersiedelte, eine Bäckerei eröffnete und später die Brauerei gründete. Gelegentlich heißt es auch, dass es ihn während seiner Gesellenwanderschaft nach Tromsø verschlagen hätte und er dort geblieben sei. Tatsachlich zog jedoch bereits Macks Vater 1834 aus unbekannten Gründen von Braunschweig nach Tromsø und eröffnete die besagte Bäckerei. Der Sohn, Ludwig Markus, wurde erst 1842 in der Stadt geboren. Mit 14 Jahren begann er dort seine Bäckerlehre und arbeitete auch in seinem erlernten Beruf. Die Brauerei gründete er im Herbst 1877.

Auch rund um die Gründe, die zur Eröffnung der Brauerei führten, werden viele Geschichten erzählt. Philanthropische Motive werden dabei ebenso ins Feld geführt wie nüchterne kaufmännische Erwägungen. Einer Erklärung zufolge wollte Ludwig Markus Mack in die Fußstapfen seines Großvaters treten, der in Braunschweig eine Essig- und Bierbrauerei betrieb. Das ist möglich, jedoch

Die gemütliche Gaststube lädt zum Verweilen ein.

Die Speicherhäuser Tromsøs leuchten regelrecht bei Nacht.

nicht nachprüfbar. Andere wiederum wollen wissen, dass Mack aus Sorge um den übermäßigen Alkoholkonsum der Norweger ein Getränk anbieten wollte, das weniger Alkohol enthält als Schnaps. Das klingt gut, ist aber absurd, denn dem Alkohol Verfallene heilt man nicht mit Alkohol. Wahrscheinlich war Mack einfach nur ein guter Geschäftsmann, der eine Marktlücke entdeckte und sie mit guten Produkten für sich belegte.

Als sein erstes Bier brachte Mack 1877 das Potøl auf den Markt. Ein Jahr später begann ausgerechnet zum norwegischen Nationalfeiertag am 17. Mai der Verkauf des neu entwickelten Bayerøl. 1891 umfasste das Sortiment bereits fünf Biersorten. Zu diesen gehörte auch das Pilsnerøl, bis heute die meistverkaufte Biersorte der Brauerei. Immer wieder wurde der Betrieb erweitert und nahm auch alkoholfreie Getränke in das Sortiment auf. Das berühmte Malzbier Vørterøl kam 1910 auf den Markt und wird auch heute noch verkauft. Macks Bryggeri stieg im Lauf der Jahre zu einem der bedeutendsten Industriebetriebe in Tromsø auf. Die neueste Errungenschaft ist die Mikrobrauerei. In der Brauanlage können kleine Mengen Bier mit besonderen Geschmacksrichtungen oder zu speziellen Anlässen gebraut werden.

Infos und Adressen

INFORMATION

Mack Verdens nordlikste Bryggeri.
Storgata 5-13, 9008 Tromsø,
Tel. 77 62 45 00, mack@mack.no,
www.mack.no

Mitte: Auch romantisch kann es in einer Brauerei werden …
Unten: Speicherhaus Bangsund am Hafen.

Mitte: Die kleinen Welpen sind immer ein Magnet für die Gäste der Hundeschlittentour, …
Unten: … während die übrigen Hunde schon auf ihren nächsten Einsatz warten.

35 Ein Hauch von Abenteuer

Mit Schlittenhunden unterwegs

Auf der nordgehenden Route hat man zwischen Januar und April zweimal die Gelegenheit, sich auf buchbaren Ausflügen wie ein Polarforscher oder Trapper in der Arktis zu fühlen. In Tromsø und in Kirkenes geht es warm eingepackt auf eine Tour mit Hundeschlitten in die verschneite Landschaft im hohen Norden Norwegens. Mit Glück erscheinen auch Polarlichter. Dieses Erlebnis sollte sich niemand entgehen lassen.

Schlittenhunde werden heute in Norwegen fast ausschließlich für touristische und sportliche Zwecke genutzt. Sie waren weder bei den Sami der Finnmark noch bei den östlich anschließenden Ethnien Nordsibiriens bekannt. Die Lebensgrundlage dieser nomadischen Völker waren zunächst die wilden Rentiere, deren Wanderungen sie folgten. Später domestizierten sie die Tiere, spannten sie als Zugtiere vor ihre Schlitten oder ritten sogar darauf. In Nordsibirien, Grönland, Kanada, Alaska und auf der Tschuktschen-Halbinsel waren Hunde dagegen seit mindestens 3000 Jahren für die Inuit als Schlittenhunde für die Jagd unentbehrlich und auch heute noch werden sie dafür eingesetzt. Bei den langen Jagdzügen über das Eis fiel in ausreichender Menge Robbenfleisch an, mit dem die Hunde gefüttert werden konnten. Für Rentiere als Pflanzenfresser hätten dagegen große Mengen Futter mitgeführt werden müssen. Aus diesem Grund nahm auch Roald Amundsen bei seiner Expedition zum Südpol Hunde mit, tötete einen Hund nach dem anderen, die dann den übrig gebliebenen zum Fraß vorgeworfen wurden.

Winterabenteuer Husky

Der Ausflug startet zunächst mit einem Bus in Tromsø. Quer über die Insel führt die Route zur Walinsel Kvaløya. Am Fjord entlang geht es bis zu dem kleinen Ort Eidkjosen und von dort bis zur Hundeschlittenstation am Straumsvegen. Bevor die Hundeschlittentour startet, wird jeder Teilnehmer an der Station mit warmer Kleidung ausgestattet. Acht bis zwölf Hunde ziehen ein Gespann und können erstaunliche Geschwindigkeiten erreichen. Die Schlittenfahrt führt querfeldein durch die verschneite Winterlandschaft auf Kvaløya. Mit Glück leuchtet das Polarlicht dazu, aber auch bei bedecktem Himmel ist die Fahrt ein fantastisches Erlebnis.

Nach etwa einer Stunde wird der Ausgangspunkt wieder erreicht. Trotz der warmen Kleidung ist jeder für den heißen Kaffee dankbar, der in der Station ausgeschenkt wird. Nach dreieinhalb Stunden sind alle wieder am Schiff.

Winterzauber mit dem Schlitten

In Kirkenes fahren die Busse vom Hurtigrutenkai südwärts aus der Stadt heraus. Nach drei Kilometern endet die Fahrt beim Schneehotel in unmittelbarer Nachbarschaft zum Gabba Rentierpark. Als Erstes wird warme Kleidung ausgegeben, denn bei Temperaturen weit unter dem Gefrierpunkt ist die Unterkühlungsgefahr sehr groß. Die einstündige Schlittenfahrt führt in eine leicht hügelige Landschaft mit offener Tundra und lichten Birkenwäldern. Mit etwas Glück können unterwegs Rentiere beobachtet werden. Unter der Anleitung erfahrener Musher kann auch jeder selbst einmal versuchen, sein Hundegespann zu lenken. Nach der Rückkehr zum Schneehotel wird zum Aufwärmen heißer Kaffee gereicht.

Infos und Adressen

INFORMATION

Arctic Adventure Tours AS. Hundeschlittenfahrt im Schein des Polarlichtes (das nicht garantiert wird). Warme Kleidung wird gestellt. Jeder Teilnehmer kann unter Anleitung versuchen, den Schlitten selbst zu lenken. Kosten: Erwachsene 1285 NOK, Kinder unter 16 Jahren 643 NOK. Termine: 01.11.–31.01. tägl. 18 Uhr, Treffpunkt Rica-Hotel Tromsø, Straumsvegen 993, 9100 Kvaløysletta, Tel. 45 63 52 88 und 90 60 96 06, Fax 77 66 66 75, www.arcticadventuretours.no

Tromsø Adventure AS. Die Fahrt führt in das Tamoktal, in dem kein Nebenlicht das Polarlicht überstrahlt. Warme Kleidung wird gestellt. Zu der Hundeschlittentour zu einer Sami-Siedlung gehören Abendessen und Übernachtung in einem Lavvu, einem Samizelt. Am nächsten Tag geht es nach der morgendlichen Rentierschlittenfahrt im Tal wieder zurück nach Tromsø. Kosten: Erwachsene ab 4665 NOK, Kinder auf Anfrage. 01.11.–31.03. tägl. 16.45 Uhr, Treffpunkt Rica-Hotel. Kirkegata 2, 9008 Tromsø, Tel. 40 07 13 70 und 40 07 13 70, www.tromsoadventure.no

Auf der Insel Kvaløya liegt die Station für den Ausflug zur Schlittentour.

DER HOHE NORDEN

Vorangehende Doppelseite: Die MS Kong Harald verlässt am Morgen den Hafen von Honningsvag.
Mitte: Im Hafen von Skjervøy angekommen.
Unten: Bei schönstem Wetter lässt sich die Passage von Hammerfest nach Øksfjord an Deck genießen.

36 Auf dem Weg nach Hammerfest

Wo man hinsieht, Faszination!

Nordgehend liegt wieder eine lange Nacht vor den Gästen auf der Hurtigruten, denn auf der Etappe von Tromsø nach Øksfjord gibt es alles zu sehen, was Norwegen zu bieten hat: das Meer, die Berge und kleine Fischerdörfer, die wie Perlen aufgereiht an den Küsten des Festlandes und der Inseln liegen. Hinzu kommen die Mitternachtssonne im Sommer und Polarlichter im Winter. Jede Jahreszeit hat ihren besonderen Reiz.

Nach dem Ablegen in Tromsø Ⓐ wird ein nördlicher Kurs eingeschlagen. Es geht unter der beeindruckenden 38 Meter hohen Brücke Tromsøbrua hindurch. Wer sich hier noch einmal einen Blick zurück auf die Stadt gönnt, kann das wunderbare Panorama mit der Eismeerkathedrale vor der Kulisse des 1238 Meter hohen Tromsdalstind genießen. Aus dieser Perspektive wirkt die einzigartige Architektur besonders imposant.

MAL EHRLICH

ZEIT ZUM AUSRUHEN

Irgendwann ist der Punkt erreicht, an dem man nicht nur von der Müdigkeit übermannt wird, sondern auch einfach keine neuen Eindrücke mehr aufnehmen kann. Dann wird es Zeit abzuschalten und im Zweifel Landschaft Landschaft sein zu lassen. Gelegenheit dazu gibt es auf der Hurtigruten zum Beispiel auf der Strecke zwischen Øksfjord und Hammerfest. Nordgehend wird es während dieser Etappe Zeit für den Nachtschlaf, südgehend für den Mittagsschlaf.

Beeindruckende Fjorde prägen die Landschaft im hohen Norden.

Inseln, Berge, Meer und Vögel

An Backbord ist zunächst noch die Küste der Kvaløya sichtbar, dann folgen die Inseln Ringvassøy, Reinsøy und Vannøy. An Steuerbord bietet sich währenddessen ein fantastischer Blick auf die Lyngen-Halbinsel und die 100 Kilometer lange Gebirgskette der Lyngenalpen B. Sie gelten als schönstes Gebirge Skandinaviens. Auch wenn man mit solchen Superlativen vorsichtig sein muss: Wunderschön sind diese Berge auf jeden Fall. Ihre höchste Erhebung ist der Jiekkevárri mit 1833 Metern. Weil sein Gipfel vergletschert ist, nennt man ihn auch den »Montblanc des Nordens«.

Kurz darauf muss man die Seite wechseln, um an Backbord zwischen Vannøy und Arnøy die kleine Insel Fugløy C zu erspähen. Auf den Vogelfelsen der rund 20 Kilometer entfernten Insel leben im Sommer Hunderttausende Seevogelbrutpaare. Die Felsen selbst sind zwar nicht zu erkennen, doch sieht man in der Luft zahllose Möwen, Papageitaucher, Kormorane und Lummen, die von Fugløy zu ihren Nahrungsgründen und wieder zurück

AUTORENTIPP!

LOPPA ØY – GRÜNE INSEL MIT KORALLENRIFF

Ob Sie Naturfreund, Wanderer, Angler oder Taucher sind oder einfach nur an einem weißen Traumstrand Urlaub machen möchten: Loppa bietet alles, was dazu gehört. Die Insel ist noch ein echter Geheimtipp und allenfalls unter Ornithologen bekannt. Der Vogelfelsen von Loppa steht unter Naturschutz und ist ein Brutplatz für Papageitaucher, Dreizehenmöwen und Kormorane. Im Inneren der Insel leben Schneehühner, Eulen und Seeadler, und auf den Küstenwiesen brüten Eiderenten. Über 100 Vogelarten sind hier schon beobachtet worden. Taucher können Kaltwasserkorallen bestaunen, die hier vor der norwegischen Küste in Tiefen ab 50 Meter in großen Mengen zu finden sind. Erst vor wenigen Jahrzehnten entdeckt, stellen sie eine echte Sensation dar. Loppa ist auf jeden Fall eine Reise wert. Unterkunft wird im Lopphavet Gjestehus geboten.

Lopphavet Gjestehus. Die einfachen Ferienwohnungen sind mit Küche, Bad, Wohn- und Schlafraum sowie Gemeinschaftsräumen ausgestattet. Pro Tag kosten die Wohnungen 750 NOK. Hjorteveien 10, 0852 Oslo (Postadresse), Tel. 92 88 32 88, www.lopphavet-gjestehus.no

AUTORENTIPP!

SEILAND-NATIONALPARK

Der 316 Quadratkilometer große Seiland-Nationalpark auf der Insel Seiland ist noch ein echter Geheimtipp. Er wurde erst 2006 eingerichtet, um die noch weitgehend unbeeinflusste alpine Küstenlandschaft auf der Insel zu schützen. Die dortigen Gletscher Seilandsjøkelen und Nordmannsjøkelen sind die nördlichsten und die am niedrigsten gelegenen Gletscher ganz Skandinaviens. 940 beziehungsweise 1040 Meter hoch liegen die Gletscherplateaus. Nur wenig werden sie von dem höchsten Berg der Insel überragt. Der Seilandstuva misst zwar nur 1079 Meter, doch hat man von seinem Gipfel einen wunderbaren Blick über die Berglandschaft. Der Aufstieg ist besonders im ersten Teil steil, aber für geübte Wanderer unproblematisch. Die Insel ist zudem für ihre vielfältige Greifvogelpopulation bekannt. Neben Seeadlern und Turmfalken brüten hier auch die seltenen Raufußbussarde und Gerfalken.

Seiland Explor. Tel. 78 41 96 40, an-lars@online.no, www.seiland-explore.com

Ein Fischerboot passiert die offene Seestrecke des Lopphavet.

Der kleine, farbenfrohe Ort Øksfjord.

fliegen. Wohl dem, der jetzt ein Fernglas parat hat. Auch die Fahrt durch den Kågsundet D sollte niemand verpassen. Er ist an der schmalsten Stelle zwischen den Inseln Arnøy E und Kågen gerade einmal 1200 Meter breit und wird zu beiden Seiten von ebenso hohen Bergen flankiert. Nach der Passage erscheint an Steuerbord die kleine Insel Skjervøy. Deren Nordspitze muss umfahren werden, um auf die Ostseite in den geschützten Hafen des gleichnamigen Ortes zu gelangen.

Skjervøy

Nordgehend wird Skjervøy F um 22.30 Uhr erreicht, südgehend um 19 Uhr. Der Aufenthalt dauert nur jeweils 15 Minuten – zu kurz, um den kleinen Ort mit seinen 2400 Einwohnern kennenzulernen. Dabei bietet Skjervøy einige Sehenswürdigkeiten und blickt auf eine lange Vergangenheit zurück. In der vor den Westwinden geschützten Bucht an der Ostseite der Insel haben steinzeitliche Jäger und Fischer bereits kurz nach dem Abschmelzen der eiszeitlichen Gletscher vor etwa 10 000 Jahren ihre Spuren hinterlassen. Bis heute spielt der Fischfang für die Stadt eine bedeutende wirtschaftliche Rolle. Indirekt deutet darauf auch das Stadtwappen hin, das einen Kor-

Entlang der Küste bis Hammerfest

A Tromsø ist das »Tor zur Arktis« – Zentrum der norwegischen Polarforschung und zusätzlich Standort der nördlichsten Brauerei der Welt.

B Lyngen-alpen – Der Berg Jiekkevárri ist mit einer Höhe von 1833 Metern der »Montblanc des Nordens«.

C Fugløy mit Seevogelbrutfelsen – auf dem tausende Möwen, Papageitaucher, Kormorane und Lummen brüten.

D Kågsundet – Wasserstraße zwischen den Inseln Arnøy und Kågen

E Die **Insel Arnøy** bietet bedeutende archäologische Fundstätten aus der Stein- und Eisenzeit.

F Skervøy – Hier steht die älteste erhaltene Holzkirche der Provinzen Troms und Finnmark. Die Stadt war der Endpunkt von Fridtjof Nansens Fram-Expedition von 1893–1896.

G Insel Loppa mit vorgelagertem Riff aus Kaltwasserkorallen ist Brutgebiet für mehr als hundert Vogelarten.

H Øksfjord

I Øksfjordjøkulen – 43 Quadratkilometer großer Gletscher am gleichnamigen Fjord

J Jøkelfjord

K Insel Seiland mit dem Seiland-Nationalpark, in dem sich die beiden nördlichsten Gletscher Skandinaviens, der Seilandsjøkelen und der Nordmannsjøkelen, befinden.

L Hammerfest – die nördlichste Stadt Europas

Oben: Die MS Kong Harald läuft Skjervøy an.
Mitte: Ende August kündigt sich im hohen Norden der Herbst mit seiner Farbenvielfalt an.
Unten: Windstille Tage auf dem Weg nach Tromsø sind selten.

moran zeigt. Kormorane leben in großer Zahl in der Region, ein Zeichen für reiche Fischgründe.

Sehenswert ist im Ort vor allem die aus Holz erbaute Kirche aus dem Jahr 1721. Sie ist die älteste erhaltene Holzkirche der Provinzen Troms und Finnmark. Historische Bedeutung erlangte Skjervøy durch Fridtjof Nansens Fram-Expedition von 1893 bis 1896. Hier legte das Expeditionsschiff »Fram« unter Kapitän Otto Sverdrup nach der Rückkehr aus dem Eis im August 1896 erstmals an. Nansen selbst hatte das Schiff im März 1895 verlassen, um zu Fuß den Nordpol zu erreichen, und war zu diesem Zeitpunkt schon in Tromsø eingetroffen. Der norwegische Forscher war jedoch nicht zum Nordpol, sondern nach Franz-Josef-Land gelangt. Von dort brachte ihn das Versorgungsschiff »Windward« der amerikanischen Jackson-Expedition nach Norwegen zurück. In den Hafen Skjervøy wurden auch die sterblichen Überreste von Salomon August Andrée und seinen beiden Begleitern gebracht. Andrée war 1897 mit einem Ballon von Spitzbergen zu einer Nordpol-Expedition aufgebrochen und gestrandet. Zu Fuß liefen die drei Abenteurer über das Eis zu der zu Spitzbergen gehörenden Insel Kvitøya, wo sie aus bis heute nicht vollständig geklärten Ursachen starben. Erst 33 Jahre später wurden die Leichen

Solche Sonnenuntergänge bleiben einfach unvergesslich.

gefunden, nach Skjervøy gebracht und von dort nach Schweden weitergeschickt.

Übers offene Meer

Zumindest für kurze Zeit sind die Schiffe und damit die Passagiere den von Westen anrollenden Wellen der norwegischen See ausgesetzt. Es ist Zeit für eine kleine Pause, während das Schiff den Kvænangen quert und nach dem Fjord, der weit in das Land schneidet, mit der Festlandsküste an Steuerbord nach Nordosten fährt. Bei der Passage des Loppasundes gelangt es für kurze Zeit in den Landschutz der Insel Loppa G. Seine Funktion als Verwaltungszentrum der Kommune Loppa hat der kleine Ort auf der Insel schon lange an Øksfjord abgeben müssen, die Insel ist aber immer noch einen Besuch wert. Hurtigrutenhafen ist sie allerdings nicht, obwohl sie früher ein wichtiger Handelsplatz war. Nach dem Verlassen des Loppasundes muss das Schiff noch eine kurze Strecke durch offenes, manchmal bewegtes Wasser fahren. Sobald jedoch die Nordspitze der Insel Silda umfahren ist und das Schiff in den Stjernsund einbiegt, werden die Schiffsbewegungen schon wieder geringer. Dem Stjernsund folgt es in südöstlicher Richtung bis zum Øksfjord, der nach Süden abzweigt. Wenig später ist der Ort Øksfjord H erreicht.

Øksfjord

Øksfjord liegt an der Ostseite des Fjordes auf einer kurzen Landzunge. Der Ort selbst bietet keine besonderen Sehenswürdigkeiten, die umgebende Landschaft ist jedoch wunderschön. 500 Einwohner zählt Øksfjord. Die meisten leben vom Fischfang und der Fischverarbeitung, einige arbeiten in der Verwaltung der Kommune und im Tourismus. Besonders Sportfischer zieht es vermehrt nach Øksfjord, denn die umliegenden Gewässer sind

AUTORENTIPP!

ARCHÄOLOGISCHER STREIFZUG AUF ARNØY

Wer sich für die Geschichte der stein- und eisenzeitlichen Bewohner Norwegens interessiert, kommt an Arnøy nicht vorbei. Auf der Insel befinden sich die bei Weitem wichtigsten und ergiebigsten archäologischen Fundplätze der Provinz Troms. Die ersten Fischer und Jäger kamen bereits vor 9000 Jahren während der Sommermonate nach Arnøy, um zu fischen und auf der nahen Insel Fugløy Vögel zu fangen und Eier zu sammeln. Sieben Fundstätten werden auf einer geführten Tour besucht, darunter ein 4000 bis 6000 Jahre altes Dorf, ein 1500 Jahre altes Fischercamp und im Dorf Akkarvik ein Bootshaus aus der Eisenzeit, in dem aus jener Ära erhaltene Boote zu sehen sind. Nur auf Arnøy und weiter nördlich entlang der Küste von Finnmarken fand man bislang sogenannte Hellegrops. Die mit Steinplatten ausgelegten Gruben, in denen Robbenfett ausgekocht wurde, sind einmalige Beispiele eisenzeitlicher Technologie.

Arktisk Geoturisme. Postbox 304, 9189 Skjervøy, Tel. 95 73 31 73. www.arktisk-geoturisme.no

Aber auch das Dämmerlicht fasziniert, wenn es die Fjorde und Inseln mystisch wirken lässt.

Oben: Das Bergmassiv um den Øksfjordjøkelen.
Mitte: Nur 15 Minuten legt die MS Midnatsol in Øksfjord an.
Unten: Langweilig wird es in dieser Landschaft nie.

sehr fischreich – auch die Gemeinde Loppa zeigt den Kormoran in ihrem Wappen. Dorsch und Heilbutt sind ganzjährig vorhanden, Lachse können im Sommer gefangen werden, bevor sie in die Flüsse aufsteigen.

Unmittelbar hinter dem Ort steigen die Berge steil an. Auf der gegenüberliegenden Seite des Fjordes erstreckt sich auf einem Plateau der 43 Quadratkilometer große Gletscher Øksfjordjøkulen ❶. Er ist ein beliebtes Wanderziel und einer der wenigen Gletscher, die noch bis an das Meer heranreichen, und kalbt in den Jøkelfjord ❶. Allerdings hat auch der Øksfjordjøkulen in den letzten Jahren einen dramatischen Rückzug angetreten.

Nordgehend wird Øksfjord erst um 2 Uhr nachts erreicht. Nur bei wirklich gutem Wetter lohnt es sich, wach zu bleiben und den Gletscher im Schein der Mitternachtssonne oder die wabernden Vorhänge des Polarlichts zu bewundern. Südgehend legt das Schiff um 15.30 Uhr an. Dann lohnt es sich, an Deck zu gehen, auch wenn die Liegezeit von 15 Minuten für einen Landgang nicht ausreicht. Es bleibt, die Landschaft zu betrachten.

Die letzte Etappe

Nachdem die Leinen gelöst sind, führt der Kurs mit Ziel Hammerfest auf dem gleichen Weg zurück aus dem Stjernsund in den Sørøysundet zwischen den Inseln Sørøya und Seiland. Auf Seiland liegt der Nationalpark Seiland Ⓚ mit den beiden nördlichsten Gletschern Skandinaviens, dem Seilandsjøkelen und dem Nordmannsjøkelen. Aber nur die südgehende Tour fährt am Tag durch den Sund, nordgehend ist das Schiff in tiefer Nacht unterwegs und die abwechslungsreiche Landschaft des Parks bleibt den Gästen leider vorenthalten.

Infos und Adressen

INFORMATION

Skjervøy Kommune, Touristeninformation. Informationen auf Norwegisch und Englisch über die Gemeinde mit Links zu Sehenswürdigkeiten und Einrichtungen der Gemeinde. Öffnungszeiten: tägl. 10–15 Uhr. Postboks 145, 9189 Skjervøy, Tel. 77 77 55 00, post@skjervoy.kommune.no, www.skjervoy.kommune.no

Turistinformasjon Loppa Kommune / Kaffebar og Gårdsmat. In einem alten Bauernhof ist das Informationszentrum mit Café und Restaurant untergebracht. Die Informationen im Internet sind nur auf Norwegisch. Öffnungszeiten: 01.06.–22.06. und 01.08.–01.09. tägl. 12–18.30 Uhr, 23.06.–31.07. tägl. 11–20 Uhr (Sa 18.30 Uhr). 9545 Langfjordbotn, Tel. 78 43 28 50, randi@nordkapp-landet.com, www.nordkapplandet.com

Gemeinde Loppa. Öffnungszeiten: 01.06.–22.06. und 01.08.–01.09. tägl. 12–18.30 Uhr, 23.06.–31.07. tägl. 11–20 Uhr (Sa 18.30 Uhr), Rådhuset, Parkveien 1/3, 9550 Øksfjord, Tel. 78 45 30 00, Fax 78 45 30 11, postmottak@loppa.kommune.no, www.loppa.kommune.no – Der Internetauftritt der Gemeinde erfolgt ausschließlich in norwegischer Sprache. Touristische Informationen sind über einen Link erhältlich.

ÜBERNACHTEN

Loppa Kroa AS, Loppa Hotel. Das Hotel aus dem Jahr 1970 wurde 1990 von Grund auf renoviert und verfügt über elf Zimmer mit insgesamt 21 Betten. Gegessen werden kann im Restaurant oder im Pub. Das Haus hat eine Lizenz für den Alkoholausschank. Njordveien 19, 9550 Øksfjord Tel. 78 45 97 70, post@loppahotell.no, www.loppahotell.no

Øksfjord Feriehus. Das großzügige Ferienhaus mit Küche, Bad, Wohn- und Schlafräumen steht direkt am Wasser. Motorisierte Angelboote können gemietet werden. Der Schwimmsteg ist etwa 100 Meter vom Haus entfernt. Skogveien 11, 9550 Øksfjord, Tel. 91 12 15 43, randis@trollnet.no, www.tinyurl.com/feriehus

AKTIVITÄTEN

Skjervøy Fiskecamp AS. Dieser Anbieter von Angelferien vermietet auch an Nichtangler Ferienhäuser mit 53 Quadratmetern Wohnfläche, zwei Schlafzimmern, Bad mit Dusche, komplett ausgestatteter Küche. Ferienwohnungen mit zwei Schlafräumen, einer Wohnküche und Bad sind neu dazugekommen. Ein kleiner Campingplatz komplettiert die Anlage. Darüber hinaus gibt es einen Bootsverleih und Chartertouren werden für Angelgruppen angeboten. Der größte Dorsch, der bei solch einer Tour gefangen wurde, brachte 41 Kilogramm auf die Waage. Strandveien 150, 9180 Skjervøy, Tel. 90 72 45 55, post@skjervoy-fiskecamp.com, www.skjervoy-fiskecamp.no, Preise auf Anfrage.

SEHENSWÜRDIGKEITEN

Kirche Skjervøy. Die sehenswerte Holzkirche stammt aus dem Jahr 1721. Postboks 49, Idrettsveien 2, 9180 Skjervøy, Tel. 77 77 75 40, post@skjervoymenighet.no, www.skjervøymenighet.no

Auf dem Weg von Øksfjord nach Skjervøy.

37 Felskunst in Alta
Zeugnis steinzeitlichen Lebens

Nirgendwo sonst in Nordeuropa findet man so viele steinzeitliche Petroglyphen wie in Alta. Über 6000 Figuren meißelten hier Jäger und Sammler im Lauf von knapp 4500 Jahren mit einfachen Werkzeugen in den Fels. Seit 1985 gehören die Ritzzeichnungen zum Weltkulturerbe der UNESCO. An fünf Orten in der Region sind die Felsen übersät mit Bildern von Tieren, Menschen und geometrischen Formen.

Alta ist von Øksfjord 122 Kilometer und von Hammerfest 140 Kilometer entfernt, doch die rund zwei Stunden Fahrzeit für den Abstecher lohnen sich. Alta liegt am Ende des Altafjords an der Mündung des Flusses Altael. Die junge Stadt wurde erst 1704 von finnischen Einwanderern gegründet. Die Gemeinde lebt vom Fischfang, von der fischverarbeitenden Industrie und vom Bergbau. Zudem kommt dem Tourismus eine wachsende Rolle zu. Die Region im klimatisch begünstigten Altafjord war jedoch schon lange vor der

Mitte: Im Hafen von Alta.
Unten: Das Museum Alta mit seinen Felszeichnungen.

MAL EHRLICH

TIRPITZ-MUSEUM, NEIN DANKE!
Das Schicksal des größten Kriegsschiffes, das je in Europa gebaut wurde, ist Gegenstand vieler Bücher, Dokumentationen und Filme. Die »Tirpitz« ist inzwischen zu einem Mythos geworden. Hinter der minutiösen Schilderung der Versenkung des Schiffes verbergen sich jedoch mehr als 1200 tote Soldaten und 800 weitere, die mit Mühe und Not gerettet werden konnten. Da trägt die Ausstellung mit ihren eher wahllos zusammengetragenen Exponaten nicht zum Verständnis der damaligen Situation bei.

Stadtgründung besiedelt. Menschen lebten hier schon vor über 10 000 Jahren – in einer Zeit, in der nach gängiger Lehrmeinung ganz Skandinavien noch unter einem mächtigen Eispanzer lag. Offensichtlich war diese Region jedoch schon früher eisfrei geworden, denn die Funde von Speerspitzen und Siedlungsresten sprechen eine eindeutige Sprache.

Die Angehörigen der sogenannten Komsa-Kultur begannen vor etwa 6500 Jahren, Bilder in die Felsen zu ritzen beziehungsweise mit Hammer und Meißel in den Fels zu schlagen. Die Hämmer stellten sie aus Stein oder Rentiergeweih her, die Meißel waren aus härterem Gestein gefertigt als die Sandsteinfelsen, die mit den Darstellungen verziert wurden. In Transfarelv, Amtsmannsnes, Storsteinen, Kåfjord und Hjemmeluft wurden Bilder gefunden, aber nur das Bilderfeld von Hjemmeluft ist für Besucher hergerichtet und freigegeben worden.

Eine Zufallsentdeckung

Dass die Felszeichnungen heute der Wissenschaft und der Öffentlichkeit zugänglich sind, ist allein dem Zufall zu verdanken. Isak Balandin, ein Einwohner von Alta, war im Sommer des Jahres 1973 mit seinem Sohn zum Angeln gegangen. Als er sich hinterher auf einen der Felsen setzte, um eine Pfeife zu rauchen, erkannte er in den Fels gehauene Rentierfiguren. Kurze Zeit später entdeckten zwei Jungen beim Spielen weitere Zeichnungen. Gezielte Nachsuche durch Archäologen brachten dann die anderen Zeichnungen zum Vorschein. Das war nicht ganz leicht, denn viele der Felsen waren im Laufe der Zeit von Gras überwachsen worden. Deshalb ist nicht auszuschließen, dass auch in Zukunft noch weitere Felsritzungen gefunden werden.

AUTORENTIPP!

PREISGEKRÖNTES ALTA MUSEUM

Nach einer langen Phase der Sichtung und Auswertung wurde im Jahr 1991 ein Teil der Felszeichnungen für die Öffentlichkeit freigegeben. Von dem neu erbauten Alta Museum legte man einen Lehrpfad zu den Petroglyphen an. Im Museum selbst wurde eine umfangreiche Dokumentation zu den Felsbildern und der jüngeren Geschichte von Alta präsentiert. Nur zwei Jahre nach seiner Eröffnung erhielt das Haus den European Museum of the Year Award zugesprochen. In Europa ist dies der höchstdotierte Museumspreis. Anfang des Jahres 2007 zog das Museum in das neu errichtete Gebäude des Weltkulturerbezentrums für Felskunst um. Es wurde erweitert und bietet nun neben dem obligatorischen Museumsshop auch ein Café. Das Museum ist fünf Kilometer vom Stadtzentrum entfernt, unmittelbar an der E6 gelegen, und hat an 354 Tagen im Jahr geöffnet. Der Lehrpfad ist jedoch nur zugänglich, wenn kein Schnee liegt.

Weltkulturerbezentrum für Felskunst – Museum Alta. Altaveien 19, 9518 Alta, Tel. 41 75 63 30, www.alta.museum.no

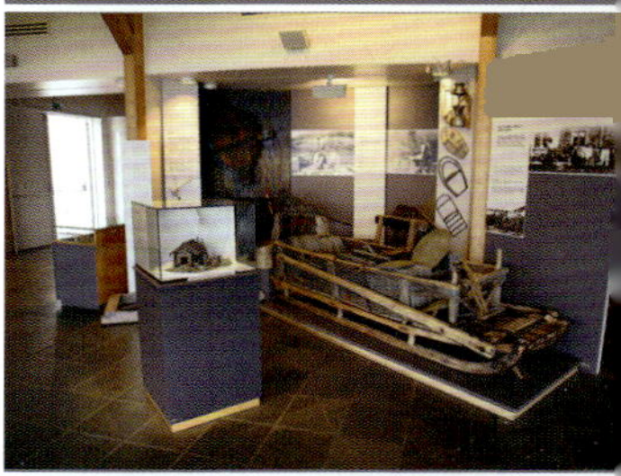

AUTORENTIPP!

GEFÜHRTE BILDERTOUR

Selbstverständlich ist es möglich, die Zeichnungen in Hjemmeluft auf eigene Faust zu erkunden. Es empfiehlt sich aber, sich in jedem Fall einer geführten Tour anzuschließen oder, wenn es ganz individuell sein soll, einen Führer zu engagieren. Während der Sommermonate, wenn die Zeichnungen nicht unter Schnee verborgen sind, finden die Gruppenführungen nach Voranmeldung statt. Wer sich nicht angemeldet hat, jedoch zum richtigen Zeitpunkt dazustößt und seinen Obolus entrichtet, kann sich der Gruppe anschließen. Die Gruppen umfassen mindestens fünf, maximal 35 Personen. Ansonsten startet im Juli jeden Tag um 12 Uhr eine Führung für unangemeldete Besucher. Alle Führungen finden auf dem 1,2 Kilometer langen Rundweg statt und dauern 45 Minuten. Der Guide kostet 600 NOK zusätzlich zum Eintritt für das Museum. Für diesen müssen Erwachsene 95 NOK, Rentner 55 NOK, Studenten 45 NOK, Kinder von sieben bis 16 Jahren 15 NOK bezahlen. In der Zeit von November bis Februar ist der Eintritt ins Museum frei.

Felszeichnung eines Fisches in Alta.

Der Name Hjemmeluft leitete sich von dem samischen Wort *Jiepmaluokta*, »Robbenbucht«, ab. Dies ist ein Indiz dafür, dass die Siedler Jäger und Fischer waren. Auf einer Fläche von 43 Hektar wurden in Hjemmeluft 85 Felder mit über 3000 Zeichnungen gefunden. Die meisten sind nur 20 bis 40 Zentimeter groß. Die Zeichnungen wurden unmittelbar am Ufer des Fjordes in die vom Wasser glatt geschliffenen Felsen geritzt, die bei Flut auch von den Wellen überspült wurden. Es wird vermutet, dass dieser Ort gewählt wurde, weil hier Himmel, Erde und Wasser zusammenkommen. Der Kosmos der steinzeitlichen Jäger unterschied zwischen dem Himmel als der Oberwelt, in der die Götter und Geister wohnten, der Erde als Mittelwelt mit den Menschen und Tieren und der Unterwelt, die durch das Meer repräsentiert wurde.

Heute befinden sich die Zeichnungen nicht mehr auf Meeresniveau, sondern bis zu 32 Meter über dem Meeresspiegel. Der Grund dafür ist die Hebung der skandinavischen Landmasse nach dem Ende der letzten Eiszeit. Mit dem Verschwinden der gewaltigen Last des Inlandeises begann sich Skandinavien aus dem Meer zu erheben; tatsächlich ist dieser Prozess bis heute zu beobachten. Im Lauf der Zeit schob es deshalb auch die ursprünglich am Meeresufer gelegenen Zeichnungen in die Höhe. Andere glatt geschliffene Felsen tauchten aus dem Wasser auf und wurden für neue Zeichnungen so lange genutzt, bis auch sie nicht mehr am Schnittpunkt von Ober-, Mittel- und Unterwelt lagen. Die ältesten Zeichnungen sind daher am höchsten über dem Ufer zu finden. Die Archäologen haben insgesamt fünf Schaffensphasen identifiziert, die in verschiedene Epochen fallen und zudem eindeutige Unterschiede in der Motivwahl und im Stil der Zeichnungen zeigen. Die älteste Phase I wird »Landphase« genannt, da ein Großteil der Figuren Landtiere darstellt. In

Phase II, der »Wasserphase«, wird größeres Gewicht auf die Darstellung von Booten, der Fischerei und der Seevögel gelegt. In Hjemmeluft sind als einzigem Fundort im Altafjord alle fünf Phasen deutlich erkennbar. An allen anderen Fundorten fehlen jeweils einzelne Phasen.

Zeichnungen als Komposition

Die Felszeichnungen weisen einen enormen Motivreichtum auf. Sie zeigen Rentiere, Elche, Bären, Wölfe, Füchse, Hasen, Gänse, Schwäne, Kormorane, Heilbutte, Lachse und sogar Wale. Einige Figuren stellen auch Menschen dar, die mit Speeren oder Pfeil und Bogen auf der Jagd sind, die fischen, an Bord von Booten sitzen oder auf Skiern oder Schneeschuhen laufen. Prozessionen mit rituellen Gegenständen, wie Stangen mit Tierköpfen, sind ebenfalls festgehalten. Einige Motive, vor allem die geometrischen Figuren, konnten bis heute nicht entschlüsselt werden.

Auf den ersten Blick ist auf den Zeichnungsfeldern nur eine Vielzahl von Einzeldarstellungen zu erkennen. Doch tatsächlich scheint ein tieferer Sinn in der Anordnung der Figuren zu liegen. Vermutlich bestehen die Felder nicht nur aus verstreuten, voneinander getrennten Abbildungen, sondern stellen häufig Kompositionen dar, in denen die Figuren, Spalten im Fels, schräge Flächen und Tümpel in der Felsoberfläche eine Gesamtheit bilden. Sie spiegeln die Auffassung der Menschen jener prähistorischen Zeit vom Kosmos, von unserer Erde und der Welt der Geister wider. Da zur Welt der Geister nicht jeder Mensch unmittelbar Zutritt hatte, durften nur bestimmte, mit besonderen Fähigkeiten ausgestattete Menschen den Kontakt suchen und Zeichnungen in den Fels ritzen: Schamanen, die als Priester, Zauberer und Heiler hohes Ansehen genossen.

Oben: Das Museum Alta zeigt auch im Inneren eine interessante Ausstellung.
Mitte: Felszeichnungen von Wikingerschiffen.
Unten: Dramatische Lichtstimmungen im Altafjord

AUTORENTIPP!

KUPFER, NORDLICHT UND EIN KRIEGSSCHIFF

Wer den Abstecher nach Alta unternimmt, sollte sich nicht auf den Besuch der Felszeichnungen beschränken, denn die Region hat noch mehr zu bieten. Etwa 15 Kilometer von Altas Zentrum entfernt liegt in südwestlicher Richtung der Kåfjord. Er ist gleich in mehrerlei Hinsicht von Bedeutung. Von 1826 bis 1909 wurde hier Kupfer abgebaut. Die Einrichtungen sind zwar zum größten Teil verfallen, aber ein Lehrpfad führt an den Ruinen des ersten Industriebetriebes in Nordnorwegen vorbei. Nur neun Kilometer entfernt befindet sich auf dem Berg Haldde das weltweit erste Polarlichtobservatorium. Es wurde nach umfangreichen Restaurierungsarbeiten wieder für Besichtigungen freigegeben und ist über einen Wanderpfad nicht ganz leicht zu erreichen. Man kann dort auch übernachten. Ohne Wanderung gelangt man zum Tirpitz-Museum, in dem Erinnerungsstücke aus der »Tirpitz«, einem Schlachtschiff der Deutschen Wehrmacht, ausgestellt sind. Das Schiff wurde 1944 von britischen Bombenflugzeugen im Kåfjord beschädigt und später vor Tromsø versenkt.

Weitere Informationen erhalten Sie bei der Touristeninformation von Alta.

Felszeichnungen: Gans und Elch.

Beobachtung von oben

Eine Voraussetzung für die Anerkennung als Weltkulturerbe ist die Zugänglichkeit für die Öffentlichkeit. Das ist in Hjemmeluft gelungen. Ein Bohlensteg auf Pfählen führt auf einem 1200 Meter langen Rundweg etwas erhöht an den Zeichnungen vorbei. Die Petroglyphen können so aus der Vogelperspektive betrachtet werden. In dem gesamten Gebiet wurden insgesamt 2,9 Wegekilometer angelegt. Ein Problem bilden immer wieder die Flechten, die sich auf der Oberfläche der Steine ansiedeln und die Ritzungen verdecken. Einige der Zeichnungen sind daher rot eingefärbt, um sie besser kenntlich zu machen. Dieses Vorgehen ist jedoch ein zweischneidiges Schwert, denn es kann den Sandstein verändern und die Zeichnung zerstören. Zurzeit wird mit verschiedenen Mitteln versucht, das Flechtenwachstum auf den Steinen zu verhindern und somit das Einfärben überflüssig zu machen. Man besucht die Stätte am besten, wenn die abendliche Sonne kurz über dem Horizont steht. In ihrem Schein treten auch die nicht gefärbten Zeichnungen plastisch hervor.

Ausstellungsexponate im Museum Alta.

Infos und Adressen

INFORMATION

Finnmark Tourist Information Office. Finnmark Tourist Board AS, Postboks 1114, 9509 Alta, Tel. 78 44 90 60, www.finnmark.com, Öffnungszeiten: Mo–Fr 9–15.30 Uhr, Sa 10–15 Uhr.

Alta Touristeninformation und Alta Tours. Die lokale Reiseagentur in Alta betreibt einen Internetauftritt mit Links zu Hotels, Restaurants, Anbietern von Angel-, Wander-, Kletter- und Hundeschlittentouren. Bjørn Wirkolasvei 11, 9510 Alta, Tel. 78 44 50 50, www.altatours.no

Nordnorwegen Touristeninformation. Northern Norway. Auf der Website gibt es touristische Angebote und Hinweise zu An- und Abreisemöglichkeiten, Hotels, Restaurants und allen erdenklichen Aktivitäten in Nordnorwegen. Alle Angebote können online gebucht werden. www.nordnorge.com

MUSEEN

Weltkulturerbezentrum für Felskunst – Museum Alta. Das Museum ist auch für das Polarlichtobservatorium auf dem Berg Haldde zuständig. Die Eintrittspreise für Tagesgäste betragen 100 NOK, für Übernachtungen 150 NOK. Decke oder Schlafsack sind mitzubringen, ebenso Nahrungsmittel. Die Räume sind komplett mit Küche und Toilette ausgestattet. Wasser kommt aus einem Brunnen außerhalb des Gebäudes. Altaveien 19, 9518 Alta, Tel. 41 75 63 30, www.alta.museum.no / www.verdensarvenialta.no

Tirpitz Museum Alta. Kåfjord, 9518 Alta, Tel. 92 09 23 70, www.tirpitz-museum.no, Eintritt: Erwachsene 60 NOK, Kinder von 7 bis 12 Jahren 30 NOK, Kinder unter 7 Jahre frei. Öffnungszeiten: 01.06.–01.09. tägl. 10–17 Uhr, sonst nach Vereinbarung.

ÜBERNACHTEN

Park Hotell Alta. Das im Zentrum von Alta gelegene Hotel der gehobenen Klasse hat eine sehr gute Ausstattung. Der Übernachtungspreis schließt ein Frühstück und ein Abendbuffet ein (Buffet nicht vom 20.06.–20.08). Kaffee, Tee und frische Waffeln werden ganztägig kostenlos bereitgehalten. Kinderspielecke ist vorhanden, WLAN ist in allen Räumen kostenlos. Als einziges Hotel in Nordnorwegen ist es mit dem Europäischen Ökolabel ausgezeichnet. Markedsgata 6, 9503 Alta, Tel. 78 45 74 00, www.parkhotell.no

Alta Igloo Hotell. Aus Schnee und Eis wird das Hotel 20 Kilometer außerhalb von Alta am Ufer des Altaelv jedes Jahr neu gebaut. Es ist von Ende Januar bis Anfang April geöffnet. Die Temperatur im Innern liegt immer zwischen –4 ° und –7° C. Geschlafen wird auf Rentierfellen in Schlafsäcken, die für Temperaturen bis –30 °C geeignet sind. In einem festen Nebengebäude befinden sich Sauna, Toiletten, Dusch-, Wasch- und Umkleideräume. Besucher, die nicht im Hotel wohnen, können es von 12 bis 14 Uhr und von 18 bis 20 Uhr gegen eine Gebühr von 125 NOK besichtigen. Sorrisniva 20, 9518 Alta, Tel. 78 43 33 78, www.sorrisniva.no

ESSEN & TRINKEN

Restaurant Haldde. Thon Hotel Vica. Das beste und teuerste Restaurant der Stadt serviert vorwiegend nordische Spezialitäten. Gegrillter Stockfisch, Moorhuhn, Elch und Rentier stehen auf der Karte. Der Name des Restaurants bezieht sich auf den Berg Haldde mit dem Polarlichtobservatorium, der vom Restaurant aus sichtbar ist. Fogdebakken 6, 9511 Alta. Tel. 78 48 22 22, täglich geöffnet von 7–23 Uhr.

Restaurant Altafjord Gjestegaard. Das gute Restaurant der mittleren Preisklasse mit maritimer Einrichtung und Blick auf den Altafjord verwendet für seine Küche vorwiegend lokale Produkte. Zum Restaurant gehört auch ein Pub. Bossekoppveien 19, 9511 Alta, Tel. 78 43 19 60, www.altafjordgs.no

BARILA PUB. Wer nur eine Kleinigkeit essen will, geht in den nach eigenen Angaben »Besten Pub der Stadt«. Öffnungszeiten: Mo–Do 11–1 Uhr, Fr und Sa von 11–3 Uhr und So von 14–1 Uhr. Markedsgata 10, 9510 Alta, Tel. 78 43 02 00.

Mitte: Vom Aussichtspunkt Salen hat man den besten Überblick auf Hammerfest.
Unten: Die MS Richard With ist bereit zum Ablegen.

38 Hammerfest
Die nördlichste Stadt Europas?

Hammerfest hätte es verdient, die nördlichste Stadt der Welt zu sein, immerhin ist es auf 70° 39' 48" N gelegen. Tatsächlich aber liegt Barrow in Alaska noch nördlicher auf 71° 18' N. Und seit Honningsvåg 1998 den Stadtstatus erhielt, ist Hammerfest nicht einmal mehr die nördlichste Stadt des Kontinents. Per Gentleman's Agreement ist man aber übereingekommen, dass es sich nach wie vor »Nördlichste Stadt Europas« nennen darf.

Auch wenn Hammerfest nicht die nördlichste Stadt Europas ist, kann es doch mit einigen Besonderheiten aufwarten. Als älteste Stadt Nordnorwegens hat es bereits 1789 das Stadtrecht erhalten. Außerdem wurde es 1891 als erste Stadt in Europa mit elektrischem Licht ausgestattet. Seitdem lässt sich die Polarnacht, die hier vom 22. November bis zum 21. Januar dauert, besser ertragen. Ihren Aufschwung verdankte die Stadt dem geschützten und vor allen Dingen ganzjährig

MAL EHRLICH

NORWEGERPULLOVER

Haben Sie schon einmal einen dieser bunten, dicken Norwegerpullover getragen? Jenseits der Finnmark und anderer arktischer Regionen mit trocken-kaltem Klima werden Sie darin vermutlich furchtbar geschwitzt haben. Denn so gut die Pullover für diese Breiten geeignet sind, so wenig taugen sie für das deutsche nasskalte Schmuddelwetter. Trotzdem kaufen Deutsche jedes Jahr Tausende von Norwegerpullovern, die nach dem ersten Tragen im Schrank verschwinden. Ersparen Sie sich das!

eisfreien Naturhafen auf der Westseite der Insel Kvaløy. Insbesondere Robben- und Walfänger nutzten Hammerfest als Lösch- und Ladehafen. Auch heute noch basiert die Wirtschaft der Stadt hauptsächlich auf dem Fischfang und der Fischverarbeitung, wenngleich der Tourismus ständig wachsende Bedeutung erlangt. Hammerfest ist seit Beginn der Hurtigruten ein Hafen der Schifffahrtslinie, und auch Kreuzfahrtschiffe legen regelmäßig hier an. Architektonisch bietet die Stadt, die Ende des Zweiten Weltkriegs von den deutschen Besatzern fast völlig zerstört wurde, wenig. Bemerkenswert ist lediglich die 1961 geweihte Hammerfest-Kirke mit dem wunderschönen, bunten Glasmosaik.

Stadtrundgang

Um Hammerfest zu Fuß zu erkunden, braucht man mindestens einen halben Tag. Die gesamte Strecke ist etwa acht Kilometer lang. Unmittelbar am Kai **A** sind der Isbjørnklubben, der »Eisbärenclub«, und die Touristeninformation in einem Gebäude untergebracht **B**. Den Besuch des Isbjørnklubben sollte man sich für den Rückweg aufheben, im Touristenbüro stattet man sich bereits zu Beginn des Rundgangs mit kostenlosen Stadtplänen aus. Vom Hurtigrutenkai führt der Weg zunächst über die Hamngata und Sjögata in Richtung Innenstadt bis zum Rådhusplassen. Auf der linken Seite liegt der Markt **C**, auf dem allerdings vom Norwegerpullover über Strickmützen bis zum Troll aus Weichplastik vorwiegend Souvenirs angeboten werden. Deshalb sollte man sich dort nach rechts zum Rathaus wenden. Dort steht das Eismeerportal **D**, das aus zwei zu einem Tor verschränkten Bögen besteht, die von zwei Eisbären flankiert werden. Am Springbrunnen vorbei biegt man rechts in die Kirkegata ein und erreicht nach knapp 200 Metern auf der rechten Seite das

AUTORENTIPP!

SPEISEN IM SCHEIN DER MITTERNACHTSSONNE

Vom Salen hat man nicht nur einen wunderschönen Blick über Hammerfest und die weite Landschaft seiner Umgebung. Man kann dort auch ausgezeichnet speisen. Auf dem Hausberg der Stadt serviert das Panorama-Restaurant und Hotel Turistua Kaffee, Kuchen und Snacks für eilige Besucher sowie für Gäste mit etwas mehr Zeit traditionelle norwegische Gerichte. Die sollte man in aller Ruhe und am besten im Schein der Mitternachtssonne auf der großzügigen Terrasse des Hauses verspeisen. Zum Restaurant kommt man entweder zu Fuß auf dem steilen Sikk-Sakk Veien (Zick-Zack-Weg) oder bequemer auf dem Turistveien. Die Straße führt auf der Rückseite des Salen hinauf. Wer sich von dem großartigen Panorama nicht losreißen mag, kann im angeschlossenen Hotel Turistua ein Zimmer mieten.

Restaurant/Hotel Turistua. Salen, Turistveien, Tel. 78 41 61 11, Öffnungszeiten: tägl. 13–22 Uhr.

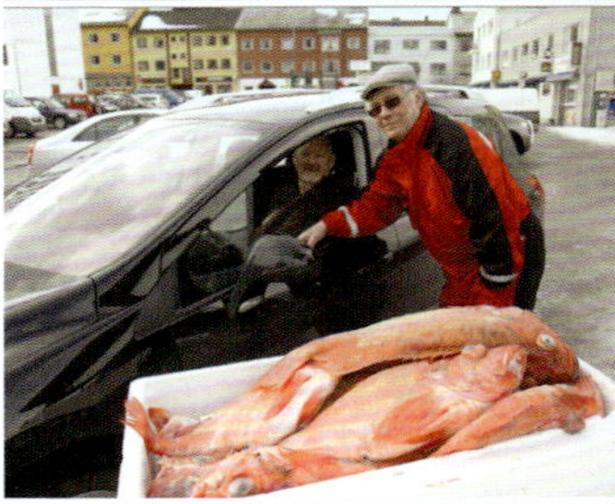

Frischer Rotbarsch auf dem Markt von Hammerfest.

AUTORENTIPP!

WANDERN IN HAMMERFEST

In und um Hammerfest werden geführte Wandertouren angeboten, die durchaus zu empfehlen sind. Wer jedoch spontan einmal aus der Stadt heraus will, kann dies auch auf eigene Faust tun. Die einfachste Lösung bietet sich vom Salen an. Einmal über den Sikk-Sakk Veien oben angekommen, kann man dort eine leicht hügelige Tundralandschaft erkunden, die sich Richtung Süden ausbreitet. Vorbei an kleineren und größeren Seen sowie offenen, von den Gletschern der Eiszeit glatt polierten Felsflächen kann man auf einfachen Trampelpfaden oder auch querfeldein stundenlag wandern. Im Sommer genießt man den Anblick der bunt blühenden Tundra mit weidenden Rentieren und im Winter die verschneite Landschaft im Schein des Polarlichts. Wer sich allgemein Richtung Südwesten hält, trifft auf die Straße Fjordaveien, die zurück nach Hammerfest führt. In südöstlicher Richtung erreicht man nach ungefähr drei Kilometern den See Vestfjelldammen. Von dort wandert man auf einem bequemen Fußweg am Fluss entlang zurück nach Hammerfest.

Blick vom Hausberg Salen aus in westliche Richtung.

Die lutherische Kirche von Hammerfest an der Kirkegata.

Wiederaufbaumuseum G mit den gelungenen Ausstellungen über die Geschichte der Stadt Hammerfest. Der Schwerpunkt liegt auf dem Zweiten Weltkrieg. Thematisiert werden die Besatzung, Zwangsevakuierung und fast völlige Zerstörung der Stadt durch die deutsche Wehrmacht sowie der anschließende Wiederaufbau.

Danach folgt man der Kirkegata. In der gleichen Richtung weiter bist zur Hammerfest-Kirke H mit dem schönen Glasmosaik. Die dreieckige Form der 1961 erbauten Kirche ist an die Gestalt der Holzgestelle angelehnt, die zum Trocknen von Stockfischen dienen, und soll zugleich die Dreieinigkeit symbolisieren. In der Kirche ist eine Informationsbroschüre erhältlich. Die Kapelle auf dem gegenüberliegenden Friedhof ist als einziges Gebäude in Hammerfest von der deutschen Wehrmacht nicht zerstört worden.

Zurück spaziert man über die Kirkegata, biegt rechts ab in die Storgata, an der nächsten Ecke gleich wieder links in die Salsgata und erreicht den Sikk-Sakk Veien (Zick-Zack-Weg) E. Er führt seit 1891 steil hinauf auf den 80 Meter hohen Sa-

Stadtrundgang

Ⓐ **Hurtigrutenkai**

Ⓑ **Isbjørnklubben** (Eisbärenclub) mit Museum und Hammerfest Touristeninformation.

Ⓒ **Markt** – Hier findet man vor allem Souvenirs.

Ⓓ **Eismeerportal am Rathaus**

Ⓔ **Sikk-Sakk Veien (Zick-Zack-Weg)** – Fußweg auf den Hausberg Salen mit einem Aussichtspunkt, von dem aus die gesamte Stadt und die Insel Melkøya mit der größten Erdgasverflüssigungsanlage Europas zu sehen sind.

Ⓕ Der **Hausberg Salen** beherbergt das Restaurant und Hotel Turista und ist Ausgangspunkt für ausgedehnte Wanderungen durch reizvolle Tundralandschaft.

Ⓖ Das **Wiederaufbau-Museum** dokumentiert die Besetzung, Zwangsevakuierung und fast völlige Zerstörung der Stadt durch die deutsche Wehrmacht im Zweiten Weltkrieg und den anschließenden Wiederaufbau.

Ⓗ **Hammerfest-Kirke** – 1961 erbaut. Die Kirche in Dreiecksform besticht besonders mit ihrem sehenswerten Glasmosaik.

Ⓘ **Festung Skansen** aus der Zeit der napoleonischen Kriege.

Ⓙ **Meridian-Säule** – Weltkulturerbe der UNESCO und Endpunkt des sogenannten »Struve-Bogens«, eines Vermessungsprojektes aus den Jahren 1816–1852

Ⓚ **Energiehaus** mit Ausstellungen zu aktuellen Energieprojekten der Region.

Ⓛ **Galerie Syvstjernen/Kulturbanken** der berühmten Künstlerin Eva Arnesen.

Oben: Eine samische Torfhütte auf dem Hausberg Salen.
Mitte: Auch ein Rentier genießt den Ausblick auf den Fjord.
Unten: Fest angekettet: ein Eisbär mit strengem Blick auf die Stadt.

len F. Von Hammerfests Hausberg öffnet sich ein weiter Blick über die Stadt, den Hafen und die umliegende Tundra. Bäume und Sträucher sucht man hier vergebens, aber Moose, Flechten, Krähenbeeren, Steinbrechgewächse und das Stengellose Leimkraut färben die Landschaft in grünen, grauen, roten und rosa Tönen. Häufig sieht man Rentiergrüppchen auf der Hochfläche die Rentierflechten abweiden. Gelegentlich kommen sie sogar mitten in die Stadt, wo sie lächelnd geduldet werden. Kein Autofahrer käme auf die Idee zu hupen. Vom Salen aus sieht man auch die Zeichen der neuen Zeit, die Hammerfest Wohlstand bringen sollen. Auf der nordwestlich vorgelagerten Insel Melkøya wurde im Jahr 2008 die größte Erdgasverflüssigungsanlage Europas in Betrieb genommen. Das Erdgas stammt aus dem Erdgasfeld Snøvit in der Barentssee und wird von dort über eine 143 Kilometer lange Pipeline zu der Anlage transportiert. Nach der Verflüssigung wird das Gas mit Spezialschiffen in alle Welt gefahren. Die erste Lieferung ging in die USA.

Der Weg zurück ist weniger beschwerlich als der Aufstieg. Wieder an der Kirkegata angekommen, wendet man sich nach rechts und folgt der Straße, die mehrfach den Namen wechselt, um die gesamte Bucht herum bis zur Halbinsel Fuglenes. Der Meridiangata nach links folgend, ist schon bald die berühmte Meridiansäule J erreicht. An dieser Stelle befindet sich einer der Endpunkte des Struve-Bogens. Diese fast 3000 Kilometer lange Linie von Vermessungspunkten wurde zwischen 1816 und 1852 festgelegt und gehört heute zum UNESCO-Weltkulturerbe. Nicht weit davon entfernt steht an der Spitze der Fugleneset die Festung Skansen O aus der Zeit der Napoleonischen Kriege. Damit ist auch der Endpunkt des Stadtrundgangs erreicht. Auf dem gleichen Weg geht es wieder zurück ins Zentrum. Unterwegs schaut man beim Energihuset K im Gebäude des ehemaligen Wasserkraftwerks vorbei, das Hammerfest bis 1991 mit Strom versorgt hat. Mit interaktiven Ausstellungen werden aktuelle Energieprojekte der Region präsentiert. Die Gasverflüssigungsstation auf Melkøya nimmt dabei breiten Raum ein, aber auch Windkraftprojekte, Gezeitenkraftwerke und das Modell einer Ölplattform werden vorgestellt.

Zurück in der Stadt lohnt sich zum Abschluss ein Besuch im Isbjørnklubben und des kleinen Museums, das dort eingerichtet wurde.

Ausflüge in und um Hammerfest

An Bord werden südgehend je nach Jahreszeit zwei Busausflüge in die Stadt angeboten. Sie sind an die Liegezeit im Hafen angepasst und haben die interessantesten Sehenswürdigkeiten im Programm, darunter die Meridiansäule und den Hausberg Salen. Auch ein Besuch des Energihuset ist bei einem der Ausflüge vorgesehen. Wer sich unabhängig in der Stadt umsehen will, sollte auf jeden Fall den Eisbärenclub besuchen und auf den Salen marschieren. Das ist in der zur Verfügung stehenden Zeit möglich.

Von Hammerfest aus sind auch viele Exkursionen und Wanderungen in die nähere und weitere Umgebung möglich. Der Besuch des Repparfjords sollte dabei nicht fehlen. Dazu muss man die Insel über die Kvalsund-Brücke verlassen und der Reichsstraße 94 am Ufer des Repparfjords entlang folgen. In Kvalsund selbst ist eine mehrere Tausend Jahre alte Felszeichnung erhalten, die die Jagd auf ein schwimmendes Rentier darstellt. Wo in Oldernes dort der Repparfjordelva in den Fjord mündet, beginnt das Paradies für Lachsangler. Regelmäßig werden hier kapitale, über zehn Kilogramm schwere Lachse aus dem Wasser gezogen.

AUTORENTIPP!

KULTURBANKEN

Nur 200 Meter vom Hurtigrutenkai entfernt befindet sich die Galerie Syvstjerna L von Eva Arnesen. Die Künstlerin gehört zu den bekanntesten Malerinnen Norwegens. Ihre Bilder fangen in faszinierender Weise die Stimmungen der Landschaft, die Mitternachtssonne und die Polarlichter ein. Eva Arnesen malt aber auch die Menschen der Region, porträtiert Bauern, Fischer und immer wieder Sami. Die Wirkung der Bilder wird noch durch die Rahmen unterstrichen, die ihr Mann für jedes Bild individuell anfertigt. Das kreative Schaffen der Künstlerin beschränkt sich jedoch nicht auf Gemälde. Sie gestaltete die Kapelle des Krankenhauses ebenso wie eine Kirchenempore. Vor einigen Jahren bekam Eva Arnesen zudem den Auftrag, die Urkunde für den Friedensnobelpreis zu entwerfen. In der auch »Kulturbanken« genannten Galerie stellt sie ihre eigenen Arbeiten aus und organisiert darüber hinaus Ausstellungen mit Werken anderer Maler, Fotografen und Bildhauer.

Galleri Syvstjerna/Kulturbanken. Sjøgata 15, 9615 Hammerfest, Norway, Tel. 95 19 98 97, www.syvstjerna.no, Eintritt frei.

Ein Eisbär ziert auch den blauen Musikpavillon der Künstler Eva und Knut Arnesen.

Infos und Adressen

INFORMATION

Hammerfest Turist AS. Das Büro der Touristeninformation befindet sich direkt an der Pier im gleichen Gebäude wie der Isbjörnklubben. Broschüren, Stadtpläne und anderes Informationsmaterial sind zum Teil kostenlos erhältlich. Eintrittskarten für das Energihus sind hier erhältlich. Öffnungszeiten: Juni–Juli Mo–Fr 6–18 Uhr, Sa, So 6–16 Uhr, August–Mai Mo–Fr 9–16 Uhr, Sa, So 10–14 Uhr. Postboks 504, 9615 Hammerfest, Norwegen, Tel. 78 41 21 85, Fax 78 41 19 00, post@hammerfest-turist.no, www.hammerfest-turist.no

Bei gutem Wetter kann man sein Bier im Freien genießen.

Das Giebelfenster der lutherischen Kirche.

Hammerfest Kommune. Postboks 1224, 9616 Hammerfest, Tel. 78 40 20 00, www.hammerfest.kommune.no – Der Internetauftritt der Kommune Hammerfest bietet offizielle Informationen und Tipps für Veranstaltungen. Alle Informationen nur auf Norwegisch.

ÜBERNACHTEN

Thon Hotel Hammerfest. »Alles unter einem Dach«, so der Werbeslogan, bietet dieses Mittelklassehotel: Restaurant, Bar, Pub und Nachtclub. Strandgata 2–4, 9600 Hammerfest, Tel. 78 42 96 00, Fax 78 42 96 60 www.thonhotels.no

Rica Hotel. Das sehr gute Hotel im Zentrum der Stadt bietet Aussicht auf den Hafen und den Sørøysund. Übernachtungen kosten ab 1395 NOK. Sørøygata 15. 9600 Hammerfest, Tel. 78 42 57 00, rica.hotel.hammerfest@rica.no, www.rica.no

ESSEN & TRINKEN

Qa spiserí. Das kleine, moderne Restaurant und Café in Hafennähe ist für seine leckeren Kuchen bekannt. Das Lokal hat keinen eigenen Internetauftritt. Sjøgata 8, 9600 Hammerfest, Tel. 78 41 26 12

Hammerfest Mat og Vinhagen. Das einfache und preisgünstige Lokal serviert regionale Spezialitäten. Es hat keinen eigenen Internetauftritt. Strandgata 26, 9600 Hammerfest, Tel. 78 01 10 90, matogvinhagen@hotmail.com

Redrum. Am Tag serviert das Café verschiedene Kaffeespezialitäten und eine große Auswahl an kleinen Gerichten. Abends bietet es Kulturprogramm mit Live-Musik. Öffnungszeiten: Mo–Do 11–18 Uhr, Fr 11–3.30 Uhr, Sa 11–17 Uhr und 21–3.30 Uhr, So geschlossen. Storgata 23, 9600 Hammerfest, Tel. 97 07 00 10, vib.nil@online.no, www.redrum.no

MUSEEN & KIRCHEN

Museum des Wiederaufbaus. Kirkegata 21, 9600 Hammerfest, Tel. 78 42 26 30, www.kystmuseene.no/gjenreisningsmuseet-for-finnmark-og-nord-troms. Öffnungszeiten: 19.08.–31.05. Mo–Fr 9–15 Uhr, Sa–So 11–14 Uhr, 02.06.–18.08. tägl. 10–16 Uhr.

Energihuset. Rossmollgata, 9600 Hammerfest, Eintrittskarten kosten 180 NOK und sind im Touristenbüro am Hurtigrutenkai erhältlich. Dort erfolgt auch die Anmeldung.

Hammerfest Kirke. Corn Moes Gate, 9600 Hammerfest, ganzjährig geöffnet: September–Mai Mo–Fr 8–15 Uhr, Juni, Juli, August: Mo–Sa 8–19 Uhr.

Die Glasfassade des Kulturzentrums wechselt in der Nacht laufend ihre Farbe.

Hammerfest leuchtet regelrecht in einer klaren Nacht wie dieser.

39 Der Eisbärenclub

Für Tradition und Naturschutz

Was 1961 als simpler Werbetrick des Kaufmanns Rolf Nissen aus Hammerfest begann, ist heute aus der Stadt nicht mehr wegzudenken. Mehr als 290 000 Mitglieder zählt der Eisbärenclub in Hammerfest heute. Darunter sind auch so prominente Persönlichkeiten wie der norwegische König Harald. Kaum ein Besucher der Stadt, der sich nicht die kleine, aber feine Ausstellung in den Räumen direkt am Hurtigrutenkai anschaut.

Anfang der 1960er-Jahre begann das kleine Pflänzchen Tourismus in Norwegen zu wachsen. Hinter dem Geirangerfjord, dem Nordkap und anderen Besuchermagneten wollte die Stadt Hammerfest nicht zurückstehen. Fieberhaft suchte man nach Mitteln, um die Stadt für Reisende attraktiver zu machen.

Eine Idee wird geboren

Bei einer Sitzung des Gewerbevereins schlug der Kaufmann Rolf Nissen vor, jedem Gast in der Stadt eine Urkunde zu verkaufen, mit der er seinen Besuch in der nördlichsten Stadt Europas belegen konnte. Es wurde eine zugehörige Stiftung gegründet, deren Zweck über den Verkauf von Urkunden hinausging, die traditionsbewussten Norweger entschieden sich für folgende Formulierung im Paragraph 1 der Stiftungssatzung: »Der Eisbärenklub hat den Zweck, die Hammerfester Stadttraditionen als Jagdstadt zu bewahren. Aufgrund der günstigen Lage hat Hammerfest seit alters her enge Verbindung zum Fischfang und zu der Jagd in den arktischen Gewässern. Der Club ist daher bestrebt, Gegenstände zu sammeln und die Erin-

Mitte: Gleich neben dem Hurtigrutenanleger liegt der Eisbärenclub von Hammerfest.
Unten: In Lebensgröße flößt ein solcher Bär doch ziemlich Respekt ein.

nerungen und Kostbarkeiten der Nachwelt zu erhalten.«

Am 13. Juni 1963 wurde im Foyer des Rathauses die erste Urkunde verliehen. Seitdem gilt der 13. Juni als offizieller Geburtstag des Isbjørnklubben. Jedes Jahr wird er mit dem »Tag des Isbjørnklubben« gefeiert. Jeden zweiten Samstag im Januar findet die Mitgliederversammlung statt, zu der jedes Mitglied eingeladen ist.

Das Museum entsteht

Im Lauf der Jahre wurden nach und nach die Exponate zusammengetragen. Daraus wurde mit der Zeit ein Museum, das sich Themen wie »Tiere der Arktis« – mit dem Schwerpunkt Eisbär –, »Mensch und Natur«, »Stadtgeschichte von Hammerfest«, »Arktisexpeditionen« und »Hammerfest als Zentrum der Jagd am Eismeer« widmet.

Zur Finanzierung wurden mit großem Erfolg die Mitgliedschaften verkauft. Viele Mitglieder tragen die inzwischen berühmte Eisbärnadel aus Silber und Emaille an Jackett oder Bluse. Einer beliebten Geschichte zufolge beantragte ein Elvis-Fan 1973 die Mitgliedschaft für Presley und dessen Manager. Dem Antrag wurde jedoch nicht stattgegeben, weil nach wie vor gilt, dass man dafür persönlich nach Hammerfest kommen muss.

Zu neuen Ufern

Erfreulicherweise ist es nicht nur bei der Traditionspflege geblieben. Um aktiv in der Gegenwart zum Schutz der Eisbären und deren Lebensraum beizutragen, unterstützt die Stiftung seit 2010 Projekte des WWF. Jeweils zehn norwegische Kronen eines jeden Mitgliedsbeitrages fließen in Schutz- und Forschungsprojekte in der Arktis, die durch den Klimawandel bedroht ist.

Infos und Adressen

Isbjörnklubben, Eisbärenclub. Der einmalige Beitrag für die lebenslange Mitgliedschaft beläuft sich auf 180 NOK (Stand 2014). Öffnungszeiten: Juni–Juli tägl. 8–18 Uhr, Aug.–Mai Mo–Fr 9–16 Uhr, Sa, So, Feiertage 10–14 Uhr. Hamnegata 3, 9615 Hammerfest, Tel. 78 41 31 00, www.isbjornklubben.no

World Wide Fund For Nature, WWF. Bei der norwegischen Sektion des WWF kann man sich über die Schutzprojekte der Organisation informieren. Kristian Augusts gate 7, 0130 Oslo, Tel. 22 03 65 00, Fax 22 20 06 66, www.wwf.no

Oben: Der Eisbärenclub ist mit über 290 000 Mitgliedern einer der größten Vereine weltweit.
Unten: Das Museum zeigt die Vielfalt des Lebensraums der Eisbären.

40 Havøysund
Alles nur Fisch?

Mitte: Die kleine verschlafene Ortschaft Havøysund auf der Porsanger. **Unten:** Im Winter ist der Handschlitten ein ideales Fortbewegungsmittel, vor allem wenn man schwer beladen ist.

Um 9.15 Uhr begegnen sich an diesem Morgen die nord- und südgehenden Schiffe vor der Insel Havøysund im Breisundet. Das südgehende Schiff hat dann den Hafen von Havøysund schon wieder hinter sich gelassen, das nordgehende wird eine Viertelstunde später für 15 Minuten an der Pier festmachen. Wieder einmal ist der Aufenthalt leider zu kurz für eine Erkundung, obwohl Havøysund einen Besuch verdient hätte.

In dürren Zahlen macht Havøysund nicht viel her. Es liegt auf der gleichnamigen Insel, hat 1200 Einwohner, ist Verwaltungssitz der Gemeinde Masøy und lebt seit jeher vom Fischfang und der Fischverarbeitung. Die älteste urkundliche Erwähnung fand das Dorf im Jahr 1668, ausgerechnet auf einer Steuerliste. Im Grunde war es damals nicht einmal ein Dorf, lebten hier im 17. und 18. Jahrhundert doch nur drei bis fünf Familien. Als weithin sichtbare Zeichen des Fortschritts wurde die Insel, die bis dahin nur per Schiff erreichbar war, 1988 mit einer Brücke über den Havøysund an das Straßennetz angebunden. Etwas außerhalb des Ortes entstand der nördlichste Windpark der Welt mit 16 Generatoren.

Liebe auf den zweiten Blick

Havøysunds Name bedeutet übersetzt »Enge bei der Meeresinsel«. Der Ort ist das nördlichste Gemeindezentrum Norwegens und mit allen notwendigen und touristischen Infrastrukturen ausgestattet. Mehrere Hotels, Pensionen und ein Campingplatz bieten Übernachtungsmöglichkeiten. Und in einer ganzen Reihe von Restaurants

Morgens ziehen Schiffe an dem Dorf vorbei.

wird für das leibliche Wohl gesorgt. Bleibt die Frage, warum man diese Angebote nutzen soll. Die Frage ist leicht zu beantworten: Es wird viel geboten. Das Dorf selbst wirkt mit seinen Häusern, die nach dem Krieg nach einem einheitlichen Bauplan erstellt wurden, auf den ersten Blick einförmig. Es ist aber sehr reizvoll. Denn bei aller Einheitlichkeit unterscheiden sich diese *»gjenreisingshu«* genannten Häuser in der Farbgebung und durch diverse An- und Umbauten, sodass ein buntes Dorfbild entstanden ist.

Direkt neben der Kirche von Havsøysund stellt das Masøy Museum im ehemaligen Pfarrhaus Fischereigerätschaften vorwiegend aus dem 20. Jahrhundert aus, wie sie auch in anderen Museen überall zu finden sind. Außergewöhnlich ist jedoch die Einrichtung der anderen Räume. Eine Küche, ein Wohnzimmer sowie eine Werkstatt und ein Klassenzimmer aus den 1920er-Jahren sind dort nachgestellt und geben einen Einblick in das Leben der Menschen jener Zeit.

Während des Sommers kann man ausgedehnte Wanderungen unternehmen. Ein mit zwölf Informationstafeln ausgestatteter geschichtlicher Lehrpfad wird im Winter als Loipe präpariert. Auch ein Ausflug zum Windpark lohnt sich.

AUTORENTIPP!

WANDERUNG ZUM ARCTIC VIEW

Eine lohnende Wanderung führt vom Ortszentrum zum 5,4 Kilometer entfernten Arctic View. Der Aussichtspunkt ist auf der Halbinsel Havøysgavlen an der Nordspitze von Havøysund gelegen. Der Weg führt im Sommer durch die blühende Tundra sowie durch den Windpark. Als die Gesellschaft Arctic Winds den Bau des Windparks begann, machte die Gemeinde aus der Not eine Tugend. Sie beauftragte Arctic Winds, auf dem Gelände ein Restaurant zu bauen. Das Restaurant ist heute das Highlight der an sich nicht sehr spektakulären Anlage. Aus den großen, nach Norden gerichteten Panoramafenstern des Lokals bietet sich zwischen den Inseln Rolfsøy im Westen und Hjelmsøy im Osten tatsächlich ein Blick in die Arktis. Da es auf 71 Grad nördlicher Breite gelegen ist, bekommen die Besucher ein Zertifikat, das ihnen den Aufenthalt bestätigt. Für 100 NOK wird man Mitglied im Arctic View Club und bekommt eine Anstecknadel ausgehändigt. Wichtiger ist jedoch, dass hier die besten Königskrabben Nordnorwegens serviert werden – so lautet zumindest das Urteil vieler Gäste! Informationen bei der Kommune Madsøy.

Oben: Ein Fischkutter verlässt das Dorf Havøysund.
Mitte: Das Hurtigruten-Schiff wirkt im Verhältnis zu den Häusern riesig.
Unten: Ein kleines Denkmal erinnert an ein im Jahr 1931 gesunkenes Schiff.

Havøysund wäre kein Fischerort, wenn es dort nicht Gelegenheit gäbe, selbst einmal zu fischen. Mehrere Anbieter unternehmen Angeltouren, bei denen Dorsch, Seelachs, Schellfisch, Katfisch und Heilbutt gefangen werden. Hier, im nördlichsten Teil Norwegens, haben sich die Königskrabben ausgebreitet. Sie stammen ursprünglich aus der Bering-See und wurden vor einigen Jahrzehnten von sowjetischen Wissenschaftlern im Weißen Meer ausgesetzt. Seitdem wandern die Tiere entlang der norwegischen Küste nach Süden. Die Königskrabben werden in speziellen Körben gefangen. Von Havøysund aus können Gäste gerne zur »Ernte« mitfahren.

Aktivitäten in der Region

Sowohl Havøysund als auch die anderen Inseln, die zur Gemeinde Masøy gehören, bieten Gelegenheit für Unternehmungen. Rund 20 Minuten dauert die Fahrt mit dem Boot nach Masøy. Das kleine Dorf besitzt als ehemaliges Gemeindezentrum immer noch eine Schule, eine Kirche, einen kleinen Laden und das Postamt. Autos sucht man hier jedoch vergeblich. Die Insel bietet eine Fülle von Wandermöglichkeiten, bei denen auch eine kleine, aus 30 bis 40 Tieren bestehende Rentierherde beobachtet werden kann.

Für Vogelfreunde besonders interessant ist die Insel Hjelmsøy auf der anderen Seite des Breisundet. Auf dem Vogelfelsen Hjelmsøystauren brüten alljährlich mehr als 200 000 Vogelpaare, davon 100 000 Lummen- und 60 000 Papageitaucherpaare. Außerdem sieht man hier Küstenseeschwalben, Dreizehen- und Schmarotzerraubmöwen sowie Gryllteistenpaare. Der Felsen ist seit 1983 als Naturschutzgebiet ausgewiesen, kann jedoch besucht werden. Nach der Vogelbeobachtung lohnt es sich, Ausschau nach Moltebeeren zu halten.

Infos und Adressen

INFORMATION

Måsøy kommune, turistinformasjon. Tel. 78 42 37 66, Fax 78 42 48 10, tourist@masoy.kommune.no, www.masoy.kommune.no

Havøysund. Torget 1, 9690 Havøysund, Tel. 78 42 37 66, Fax 78 42 48 10, bernt.jacobsen@masoy.kommune.no, www.masoy.kommune.no

Hjelmsøya Touristeninformation. Der Internetauftritt der Touristeninformation bietet auf Deutsch, Englisch und Norwegisch Informationen über die Geschichte der Insel und den berühmten Vogelfelsen Hjelmsøystauren. www.hjelmsoya.com

Birdlife International. www.birdlife.org – Hier findet man eine umfassende Beschreibung des Schutzgebietes um den Hjelmsøystauren mit aktuellen Brutzahlen.

ÜBERNACHTEN

Havøysund Hotel & Rorbuer. Das Mittelklassehotel ist mit 93 Zimmern, Restaurant, Bar und Diskothek ausgestattet. Strandgata 149, 9690 Havøysund, Tel. 78 42 43 00, Fax 78 42 43 33, logen@havoysund-hotel.no, www.havoysundhotel.com

Die bunten Holzhäuser bringen ein wenig Farbe …

… in die sonst eher karge Landschaft.

Kveldsol Overnatting. Strandgata 294, 9690 Havøysund, Tel. 78 42 37 42.

Claudines Velferd & Fiskeredskap. Das preisgünstige kleine Hotel mit sechs Zimmern steht unmittelbar am Hafen. Angeltouren und Vogelexkursionen werden gemeinsam mit Mathiesens Havfiske & Sjøfugl opplevelser organisiert. Strandgata 162, 9690 Havøysund, Tel. 78 42 59 99 oder 95 08 46 32, clagbeng@online.no, www.claudine.no

Leilighetshotellet. Strandgata 108, 9690 Havøysund, Tel. 78 42 37 21 oder 90 66 51 32.

AKTIVITÄTEN

Mathiesens Havfiske & Sjøfugl opplevelser. Der Anbieter organisiert Angeltouren und ornithologische Exkursionen in der Gemeinde Madsøy. Tel. 90 21 40 46, svmath@online.no

Måsøy Museum. Kirkeveien 3, 9690 Havøysund, Tel. 78 42 37 66, Fax 78 42 48 10, bernt.jacobsen@masoy.kommune.no, www.kystmuseene.no, Öffnungszeiten: Mo–Fr 9–15 Uhr.

Mitte: Der kleine Fjord von Kamøyvær auf der Insel Magerøya.
Unten: Die MS Kong Harald verlässt in den frühen Morgenstunden Honningsvåg.

41 Magerøya

Kahle Insel voller Leben

Am Nordkap auf der Insel Magerøya zieht es Besucher vor allem zum Wahrzeichen des Kaps, den riesigen Globus, sowie zur Nordkaphalle. Es lohnt sich aber, die Insel gründlicher zu erkunden. Die »Kahle Insel« Magerøya macht ihrem Namen nur auf den ersten Blick alle Ehre, entdeckt man doch bei genauerem Hinsehen eine erstaunliche Vielfalt an Pflanzen und Tieren.

Steile Klippen an den Küsten und dramatische Berglandschaften im Inneren sind das Kennzeichen von Magerøya. 417 Meter erreicht die 436 Quadratkilometer große Insel an ihrem höchsten Punkt. Bäume sucht man auf Magerøya vergeblich, lediglich an wenigen windgeschützten Plätzen wachsen winzige Zwergbirken eng an den Boden gepresst. Darüber hinaus findet man hier über 200 verschiedene, teilweise hochalpine Pflanzenarten. Dazu gehören unter anderem der

Auf Magerøya gibt es so gut wie keinen Baum.

Zwergstendel, eine kleine Orchideenart, und das Niederliegende Sandkraut. Dichte Matten aus niedrigen Preisel-, Krähen- und Blaubeersträuchern überziehen die Felsen. Selbst die in Norwegen ebenso seltenen wie begehrten Moltebeeren wachsen hier noch in großer Zahl. Die Früchte waren schon vor 10 000 Jahren begehrte Vitaminspender für die ersten Jäger und Fischer der Komsa-Kultur, die sich hier nach dem Ende der Eiszeit ansiedelten. Die Jäger kamen in erster Linie wegen der Seevögel, die an den steilen Felsen brüten und im Meer Nahrung suchen. Die Seevögel und deren Eier waren bis vor gar nicht langer Zeit noch beliebte Delikatessen. Heute gehen hier Hobbyornithologen auf die Jagd nach dem besten Blick auf die zahlreichen Dreizehenmöwen, Papageitaucher, Kormorane, Basstölpel, Tordalken und Gryllteisten. Der Vogelreichtum gründet auf den hervorragenden Lebensbedingungen des Gebiets. Die Gewässer um das Nordkap sind sehr fischreich und bieten den Vögeln Nahrung im Überfluss. Von den großen Fischbeständen profitieren aber auch Schwertwale, Kegelrobben und Fischotter, die man mit ein wenig Glück beobachten kann.

Der Zug der Rentiere

Ein häufiger Anblick auf der Insel sind zudem domestizierte Rentiere, die hier auf die Sommerweide geschickt werden. Sie gehören Sami den aus der Stadt Karasjok, die 270 Kilometer südlich von Honningsvåg gelegen ist. Traditionell bringen die Sami ihre Tiere im Frühjahr mit Booten auf die Insel. Die norwegische Marine ist dabei mit Lastwagen und Landungsbooten behilflich. Auf diese Weise können die Soldaten auch einmal ihre Ausrüstung unter erschwerten Bedingungen ausprobieren. Erwachsene Rentiere sind eigentlich hervorragende Schwimmer und könnten den nur 1,8 Kilometer schmalen Magerøysund durchaus

AUTORENTIPP!

EIN BLICK HINTER DIE KULISSEN DES NORDKAPS

Im Zentrum von Honningsvåg ist das kleine, aber feine Nordkap-Museum nur wenige Gehminuten vom Hurtigruten- und Kreuzschifffahrtskai entfernt. Es dokumentiert und präsentiert seit 1982 die ältere und jüngere Geschichte der Küstenbewohner in der Finnmark. Mindestens fünf wechselnde Ausstellungen werden in jedem Jahr organisiert. Im Eintrittspreis ist eine Führung durch das Museum enthalten. Die Führungen werden auf Norwegisch, Englisch, Deutsch und Französisch durchgeführt. Wer sich allein im Museum bewegen will, ist dennoch nicht verloren. Alle norwegischen Ausstellungstexte sind auf Englisch, Deutsch, Französisch, Italienisch, Spanisch, Finnisch und selbst Japanisch übersetzt. Durchschnittlich 10 000 Besucher zählt das Museum jedes Jahr.

Nordkappmuseet. Fiskeriveien 4, 9751 Honningsvåg, Tel. 78 47 72 00, www.nordkappmuseet.no
Öffnungszeiten:
01.06.–15.08. Mo–Sa 10–19 Uhr, So 12–19 Uhr, 16.08.–31.05. Mo–Fr 11–15 Uhr.

AUTORENTIPP!

EINE RUNDTOUR ÜBER DIE INSEL

Die Insel Magerøy besteht aus mehr als nur dem von Touristen überlaufenen Nordkap. Deswegen lohnt es sich allemal, sie ein wenig genauer zu erkunden. Das geht wunderbar zu Fuß, doch dafür benötigt man schon einen ganzen Urlaub. Die Alternative ist eine Rundfahrt mit dem Auto, die an den besonders interessanten Punkten durch Wanderungen, zum Beispiel zur Kirkeporten, oder durch eine Bootsexkursion zum Store Kamøya unterbrochen wird. Alle Straßen auf der Insel sind gut bis sehr gut befahrbar und mit Ausnahme der zum Nordkap führenden Europastraße 69 kaum befahren. Gelegentlich muss man den Rentieren, die überall auf der Insel weiden, den Vortritt lassen. Wer mit dem eigenen Auto anreist, kann die Rundtour unmittelbar beginnen. Alle anderen können am Flughafen einen Leihwagen bekommen. Sowohl der internationale Autovermieter AVIS als auch ein lokaler Anbieter stellen gute Wagen zur Verfügung.

Nordkapp car service John Dyrstad. Airport Valan, Honningsvåg, Tel. 78 47 60 60.

AVIS Car rental. Airport Valan, Honningsvåg, Tel. 78 47 62 22, www.avis.com

Vom Frühjahr bis zum Herbst weiden Rentiere auf Magerøya.

aus eigener Kraft durch das Wasser überwinden. Im Frühjahr sind die Tiere jedoch schwächer, weil sie im Winter wegen des geringeren Nahrungsangebotes ihre Fettreserven aufgebraucht haben. Darüber hinaus sind die Weibchen hoch trächtig. Die Besitzer riskieren deshalb nicht, Tiere zu verlieren und chartern Boote. Wenn die Rene im Herbst gut genährt und die Jungtiere groß genug sind, müssen sie zum Festland, wo die Winterquartiere liegen, zurückschwimmen. Die Termine für den Auf- und Abtrieb variieren witterungsbedingt von Jahr zu Jahr.

Menschen auf Magerøy

Die vier kleinen Dörfer der Insel heißen Honningsvåg, Kamøvær, Skarsvåg und Gjesvær. Honningsvåg behauptet manchmal, die nördlichste Stadt der Welt zu sein, zwei Gründe sprechen jedoch dagegen. Erstens liegt die Stadt Barrow in Alaska noch weiter nördlich und zweitens ist Honningsvåg mit seinen rund 2600 Einwohnern eigentlich keine Stadt – in Norwegen muss eine Stadt min-

Auf und um Magerøya

Ⓐ **Honningsvåg** – Hurtigrutenhafen und Ausgangspunkt für Nordkap-Ausflüge.

Ⓑ **Kamøyvær** – Die Stadt beherbergt drei verschiedene Ethnien: Norweger, See-Sami und Finnen. Von Kamøyvær aus starten die Boots-Exkursionen zum Vogelfelsen Store Kamøya.

Ⓒ **Skarsvåg** – Wanderung zur Kirkeporten mit Aussicht auf das Nordkap.

Ⓓ **Nordkap** – fast der nördlichste Punkt Europas mit den Koordinaten 71° 10' 21" N.

Ⓔ **Knivskjelodden** – der »echte« nördlichste Punkt Europas mit den Koordinaten 71° 11' 08" N.

Ⓕ **Gjesvær** – Ehemals größtes und reichstes Fischerdorf der Finnmark, heute Ausgangspunkt für Bootsexkursionen zu den Vogelfelsen auf der Inselgruppe Gjesværstappen, die auch »Mutter mit den Töchtern« genannt wird.

Ⓖ **Gjesværstappen** – Die »Mutter mit den Töchtern« ist einer der größten Vogelfelsen Norwegens. Hier können mehr als zwei Millionen Seevögel beobachtet werden.

Ⓗ **Magerøysund** – Die Wasserstraße zwischen dem Festland und der Insel Magerøy wird jeden Herbst von Rentieren durchschwommen, die auf das Festland zur Überwinterung müssen.

In den Sommermonaten geht die Sonne im nördlichen Norwegen nicht unter.

destens 5000 Einwohner zählen. Allerdings ist die Ortschaft aufgrund einer Ausnahmeregelung im Jahr 1996 trotzdem zur Stadt erklärt worden. Die Begründung ist unbekannt. Honningsvåg ist Hurtigrutenhafen und Ausgangspunkt für Exkursionen zum Nordkap.

Kamøvær entstand erst Anfang des 20. Jahrhunderts, als sich Fischer von der unwirtlichen Küste des arktischen Ozeans im Norden der Insel hier niederließen. Zur gleichen Zeit kamen auch See-Sami in den Kamøyfjord, und von Osten reisten finnische Waldbewohner an, die hier eine neue Heimat suchten. Drei Ethnien mit drei Sprachen trafen aufeinander und arrangierten sich. Heute leben 150 Menschen in Kamøvær. Bei gutem Wetter lohnt hier ein Bootsausflug zum Vogelfelsen Store Kamøya.

Vom Mittelalter bis in das 20. Jahrhundert hinein war Gjesvær eines der größten und reichsten Fischerdörfer der Finnmark. Heute leben hier noch 220 Menschen. Böse Zungen behaupten, die Bewohner hätten Gjesvær verlassen, nachdem das bis dahin nur von der See oder über Pfade erreichbare Dorf 1976 an eine Straße angeschlossen worden war. Von Gjesvær reicht der Blick über das Meer auf die kleine Inselgruppe Gjesværstappen, die von den Einheimischen auch »Die Mutter mit ihren Töchtern« genannt wird. Dort ragt einer der größten Vogelfelsen ganz Norwegens auf.

Skarsvåg ist mit 80 Einwohnern die kleinste Ortschaft der Insel. Es kann sich wohl mit Recht als nördlichstes Fischerdorf der Welt bezeichnen, ist es doch nur 14 Kilometer südlich des Nordkaps gelegen. Von Skarsvåg führt eine halbstündige Wanderung zu der Felsformation Kirkeporten. Von dem riesigen Felsportal öffnet sich als Einstimmung ein einzigartiger Blick auf das Nordkap.

Oben: Ein überdimensionaler Lachs dient als Werbeschild für ein Restaurant an der E 69 auf Porsanger.
Mitte: Der Puffin in Gjesvær lädt zur Vogelsafari ein.
Unten: Die MS Kong Harald fährt über das Lopphavet.

Infos und Adressen

INFORMATION

Skarsvåg Touristeninformation. Die offizielle Internetplattform des Dorfes Skarsvåg bietet eine sehr umfangreiche Sammlung von Informationen und Links zu einigen anderen Websites. www.skarsvag.no

Ausblick auf einen kleinen Fjord vor der Insel Magerøya.

ÜBERNACHTEN

Honningsvåg Brygge. Das Hotel in einer ehemaligen Fischfabrik bietet 27 Zimmer, die in typisch norwegischem Stil mit viel Holz eingerichtet sind. Es besitzt kein eigenes Restaurant, im gleichen Gebäude findet sich jedoch das Sjøhuset Restaurant & Bar. Vågen 1A, 9750 Honningsvåg, Tel. 78 47 64 64, Fax 78 47 64 65, mail@hvgbrygge.no, www.hvg-brygge.no

Rica Hotell Honningsvåg. Das direkt neben dem Hotel Bryyge gelegene Hotel der bekannten Rica-Gruppe wartet mit gehobener Qualität und entsprechenden Preisen auf. Vågen 1, 9750 Honningsvåg, Tel. 78 47 72 50, Fax 78 47 33 79, rica.hotel.honningsvaag@rica.no, www.rica.no

Nordkapp Turisthotell Skarsvåg. Zu dem 1986 eröffneten, einfachen, aber guten Hotel mit Restaurant gehört ein Camping- und Wohnmobilplatz. Tel. 78 47 52 67, Fax: 78 47 52 10, booking@nordkappturisthotell.no, www.nordkappturisthotell.no

AKTIVITÄTEN

Skarsvåg Fiskeri og Turistsenter AS. Veranstalter von Angeltouren und Wanderungen. Børnesveien 24, 9763 Skarsvåg, Tel. 78 47 02 00, bj.pettersen@2ci.net, www.gulesider.no

Arctic Guide Service. Arctic Guide führt im Winter Stadtwanderungen in Honningsvåg mit dem *»spark«* genannten Stehschlitten durch. Der Schlitten wird von den Teilnehmern geschoben, während der Erklärungen kann man auf dem darauf montierten Sitz Platz nehmen. Tel. 47 93 10 54, northcape@arcticguideservice.com, www.arcticguideservice.com

Sicherheitsübungen mit und ohne Rettungsboot werden auf jeder Fahrt durchgeführt.

42 Nordkap
Das Ende des Kontinents

Niemand kann sich der Faszination des Nordkaps entziehen. 2100 Kilometer sind es von hier bis zum Nordpol, dazwischen liegen nur das Meer, die Inseln von Spitzbergen und das Polareis. Am beeindruckendsten wirkt der nördlichste Punkt des Kontinents im Schein der Mitternachtssonne, die bezeichnenderweise im Norden steht. Dass die benachbarte Landzunge Knivskjellodden exakt 1380 Meter weiter nördlich liegt, stört niemanden.

So wie das Kap Hoorn in Chile auf der Isla Hornos liegt das Nordkap nicht auf dem Festland, sondern auf der vorgelagerten Insel Magerøya.
71° 10' 21" N heißt die magische Koordinate des zweitnördlichsten Punktes Europas, der als der nördlichste gehandelt wird. Tatsächlich ist der nördlichste Punkt auf dem europäischen Festland die Landzunge Kinnarodden auf 71° 08' 01" nördlicher Breite. Und auf Magerøya selbst liegt die flach in das Meer ragende Landzunge Knivskjel-

Mitte: Wolken berühren die Meeresoberfläche.
Unten: Die Weltkugel am Nordkap in der späten Abendsonne.

MAL EHRLICH

DIE »WAHRE« MITTERNACHTSSONNE

Das Nordkap im Schein der Mitternachtssonne zu erleben, ist der Traum (fast) jedes Norwegenreisenden. Umso besser, wenn es tatsächlich Mitternacht ist. Ab 23.30 Uhr herrscht daher ein unbeschreiblicher Trubel am Nordkap. Die Parkplätze sind überfüllt und die Weltkugel auf dem Plateau ist vor lauter Gedränge kaum mehr zu sehen. Pünktlich um 24 Uhr laufen die Kameras heiß. Tatsächlich ist Mitternacht aber erst eine Stunde später, wenn die meisten Touristen das Nordkap bereits wieder verlassen haben, denn in Norwegen herrscht Sommerzeit!

Die stilisierte Erdkugel ist Anziehungspunkt für viele Hurtigrutenreisende.

lodden auf 71° 11 08" nördlicher Breite weiter im Norden. Als Touristenattraktion besser vermarkten lässt sich aber das 308 Meter hoch aus dem Meer ragende Schieferplateau des Nordkaps.

Folgen eines Irrtums

Die »Schuld« an der Bezeichnung »Nordkap« liegt bei dem englischen Seefahrer Richard Chancellor. Er versuchte im Jahr 1553 von England aus die Nordostpassage nach China zu finden. Auf dem Weg nach Osten passierte er den Felsen, der bei den Einheimischen Knyskanes, »Steile Klippe«, hieß. Er gab ihm den Namen Nordkap in der fälschlichen Annahme, dass er zum Festland gehöre. Dabei ist es dann geblieben. Der Erfolg gibt Chancellor im Nachhinein recht, denn heute zieht es jedes Jahr bis zu 265 000 Touristen auf das markante Plateau. Von Beginn an zur Legende erhoben, lockte es schon früh die ersten Reisenden an. Berühmt ist die Geschichte des italienischen Priesters Francesco Negri aus Ravenna, der bereits 1664 das Nordkap besuchte und als erster Tourist an der Landmarke gilt. Immer wieder gern werden auch Negris Worte zu diesem Ereignis zitiert: »Hier stehe ich nun am Nordkap – am letzten Außenposten der Zivilisation – und kann sagen, dass

AUTORENTIPP!

SAMI AM WEG ZUM NORDKAP

Die Zeiten, in denen die Sami als Nomaden hinter ihren Rentierherden herzogen, sind vorbei. Auch wenn die Rentierzucht für fast die Hälfte der Sami die Haupterwerbsquelle geblieben ist, leben sie heute nicht mehr in Zelten, sondern in festen Häusern. Äußerlich unterscheiden sich die Sami nicht mehr von durchschnittlichen Norwegern. Wer sie aber trotzdem einmal in traditioneller Tracht in einem der *»lávvu«* genannten Zelte sehen möchte, hat dazu auf dem Weg vom und zum Nordkap Gelegenheit. Von Honningsvåg kommend, steht kurz hinter dem Abzweig nach Sakrsvåg ein *»lávvu«* an der Straße. Sami in Originaltracht geben einen Einblick in ihre Traditionen, demonstrieren wie Rentiere mit dem Lasso gefangen werden und lassen die Besucher samische Speisen probieren. Geräuchertes Rentierfleisch, Fladenbrot und manchmal die gewöhnungsbedürftige Rentiersuppe stehen auf dem Speiseplan. Bei alldem sieht man geflissentlich darüber hinweg, dass nicht weit vom *»lávvu«* entfernt in einer Holzhütte Souvenirs verkauft werden und auf der anderen Seite der Straße das Wohnhaus der Sami steht.

meine Wissbegier nun befriedigt ist. Ich reise nun zufrieden heim – so Gott will.« So ganz zufrieden war Negri aber wohl doch nicht, denn einige Jahre später wollte er noch einmal zum Nordkap, fand jedoch keinen Gönner, der die beschwerliche Reise zu Pferde, mit Skiern und auf Fischerbooten bezahlt hätte. 180 Jahre später erkletterte der Norweger Baltazar Keilhau von der Seeseite aus den Felsen – die letzte Etappe eines beschwerlichen Trips. Um in die östlich des Kaps gelegene Bucht von Hornvika zu kommen, wo der Aufstieg begann, musste Keilhau von Gjesvær etwa 24 Kilometer rudern. Andere taten es ihm nach, viele mussten aber den beschwerlichen Aufstieg vorzeitig wegen plötzlich einsetzenden schlechten Wetters oder auch einfach nur aufgrund mangelnder Kondition abbrechen.

Faszination des Nordens

Obwohl es so schwierig zu erreichen war, entwickelte sich das Nordkap zu einem der bevorzugten Ziele von Nordlandreisenden. 1875 organisierte die Reiseagentur Cook in London die erste Gruppenreise für 24 Teilnehmer zum Nordkap. Größere Besucherzahlen wurden aber erst nach dem Beginn des regelmäßigen Verkehrs auf der Hurtigruten gezählt. Der kleine Ort Honningsvåg im Südosten der Insel Magerøy wurde 1893 zum Hurtigrutenhafen und somit zum Ausgangspunkt für Wanderungen zum Nordkap. Nur fünf Jahre später wurde 1898 das erste Gebäude auf dem Nordkap errichtet. Dort wurde Champagner ausgeschenkt, eine »Tradition«, die dem Deutschen Karl Vogt zugeschrieben wird. Angeblich hatte er bereits 1861 beschlossen, seine Ankunft am Nordkap mit Champagner zu begießen. Der Touristenstrom wurde im Lauf der Zeit immer größer. 1927 wurde die »Gesellschaft zum Wohl des Nordkaps«, Nordkapps Vel AS, mit dem Ziel gegründet, den

Linke Seite: Direkt vor Sonnenuntergang sollte das Kap erreicht sein. **Oben:** Besucherzentrum mit Läden, Kino, Grottenbar und Höhlengang. **Mitte und Unten:** Der Skulpturenpark »Frieden auf Erden« wurde von Kindern aus verschiedenen Ländern entworfen.

AUTORENTIPP!

KÖNIGSKRABBENSAFARI

Ein besonderes Erlebnis ist der Fang der *Paralithodes camtschaticus*, wie die Königs- oder Kamtschatkakrabbe mit wissenschaftlichem Namen heißt. Die Beine der bis zu zehn Kilogramm schweren Krabbe können eine Spannweite von 1,8 Metern erreichen. Ursprünglich stammt die Krabbe aus dem Beringmeer. In den 1960er-Jahren wurde sie jedoch von sowjetischen Meeresbiologen in der Barentssee bei Murmansk ausgesetzt. Inzwischen hat sie sich bis zur norwegischen Küste vorgearbeitet. Von Skarsvåg aus starten Ausflüge mit Fischerbooten zu den Fanggründen rund um das Nordkap. In großen Körben werden die Tiere gefangen und an Bord geholt. Gäste können dabei auch selbst Hand anlegen und sich »ihre« Krabbe aussuchen, die später in Sarnesfjorden zubereitet wird. Dort legen die Boote bei einem »lávvu«-Camp an, wo der Fang zubereitet und verspeist wird. Anschließend geht es zurück nach Skarsvåg.

Destinasjon 71 grader nord. Dauer: ca. 3½ Stunden. Preise: Erwachsene 1095 NOK, Kinder unter 12 Jahren zahlen die Hälfte. Tel. 47 28 93 20, www.destinasjon-71nord.no

Die Nordkap-Weltkugel im Sonnenuntergang.

Auch im Winter hat das Nordkap viele Besucher.

Fremdenverkehr in geregelten Bahnen zu halten und die Umwelt der Insel zu schützen. Nach der Eröffnung der neuen Straße von Honningsvåg zum Nordkapplateau 1956 nahm der Fremdenverkehr noch einmal zu, konnte man doch jetzt Wanderschuhe und Rucksack durch Busse und Pkw ersetzen. Die Besucherzahlen stiegen von 7000 im Jahr 1956 auf 265 000 im Rekordjahr 1994. Als Reaktion wurde die erste Nordkaphalle errichtet, die inzwischen mehrfach aus- und umgebaut wurde. Heute ist sie ein modernes Informationszentrum mit Ausstellungen, Kino, Postamt und natürlich Souvenirshop. Auch ein Restaurant fehlt nicht. Durch einen unterirdischen Tunnel gelangt man in die in den Felsen gesprengte Aussichtshalle. Von dieser verglasten Aussichtsplattform hat man einen fantastischen Blick auf die tief unten liegenden Klippen und das Meer. Die letzten Dämme gegen den ausufernden Tourismus brachen, als König Harald 1999 den sieben Kilometer langen Nordkaptunnel eröffnete. Die Unterquerung des Magerøysundes liegt an ihrer tiefsten Stelle 212 Meter unter der Oberfläche. Mit dieser festen Verbindung zwischen der Insel und dem Festland sind die Fähren überflüssig geworden. Doch auch auf den neuen Besucheransturm war die Nordkapps Vel AS vorbereitet. Ausreichend Park- und Campingplätze stehen in unmittelbarer Nähe der Nordkaphalle zur Verfügung, und es wird auf peinliche Sauberkeit geachtet.

Infos und Adressen

INFORMATION

Nordkapp Reiseliv AS. Die offizielle Touristeninformation der Kommune Nordkapp betreibt eine Internetplattform über das Nordkap und die Insel Magerøy. www.nordkapp.no

Nordkapp kommune. Die Verwaltung der Kommune Nordkapp bietet auch touristische Informationen. Postboks 403, Rådhusgata 12, 9751 Honningsvåg, Tel. 097 50 (Vermittlung), postmottak@nordkapp.kommune.no, www.nordkapp.kommune.no

Nordkapphallen. Das Informations- und Servicecenter auf dem Nordkap ist mit allen touristischen Einrichtungen ausgestattet. Restaurant, Post, Kapelle, Multivisionskino, Ausstellungen und ein riesiger Souvenirshop lassen keine Wünsche offen. 9764 Nordkapp, Tel. 78 47 68 60, Fax 78 47 68 61, booking.nordkapphallen@rica.no, www.rica.no

Filmrapport. Zur Einstimmung ist eine sehenswerte DVD mit einem 53-minütigen Film über das Nordkap erhältlich. Der Film ist bereits von mehreren Fernsehsendern gezeigt worden und in acht Sprachen übersetzt. Zusätzlich sind auf der DVD noch zwei weitere Dokumentationen aufgespielt: über die Sami in Norwegen und über den Bau des Magerøy-Tunnels, durch den die Insel Magerøya eine Straßenverbindung mit dem Festland bekam. Preis: 195 NOK inkl. Versand. Bezahlung per Kreditkarte möglich. Skolegata 5, 9751 Honningsvåg, Tel. 78 47 27 94, Fax 78 47 37 45, post@filmrapport.no, www.northcapevideo.com

In der Abenddämmerung unter dunklen Wolken.

Panoramablick auf das grandios beleuchtete Nordkap.

43 Gjesværstappen-Naturreservat

Ein Muss für Vogelfreunde

Rund 15 Kilometer nördlich von Gjesvær liegt ein Mekka der Ornithologen: Das Naturreservat Gjesværstappen ist einer der größten Vogelfelsen Nordeuropas. Jedes Jahr beobachten hier Tausende Vogelfreunde zwischen April und August mehr als zwei Millionen Seevögel. Dann finden sich die Tiere, die außerhalb der Brutzeit über den gesamten nordischen Ozean verteilt sind, auf dem Felsen auf engstem Raum zusammen.

Ein dreistündiger Ausflug zum Gjesværstappen-Naturreservat kann an Bord gebucht werden. Ausgangspunkt ist Honningsvåg. Schon die Fahrt mit dem Bus über die Insel Magerøya ist ein Erlebnis. Zunächst folgt sie 15 Kilometer weit der Europastraße 69, dem Nordkappveien, bis auf die Höhe von Kamøyvær. Danach führt sie auf der Fv 156 weitere 21 Kilometer in nordwestlicher Richtung

MAL EHRLICH

EINFACH NUR ZUSCHAUEN

Lieben Sie Fachsimpeleien? Einige Zeitgenossen haben diese zur Perfektion entwickelt. Da wird lang und breit diskutiert, ob die Beinfarbe der eben vorbeigeflogenen Möwe fleischfarben oder doch eher grünlich war, oder ob der kleine schwarze Alkenvogel auf dem Felsen nicht doch ein Krabbentaucher gewesen sein könnte, der eigentlich viel weiter nördlich zu finden ist. Wenn Sie das nicht interessiert, dann nehmen Sie sich Ihr Fernglas und schauen den Vögeln einfach zu. Es kann sehr entspannend sein!

Mitte: Honningsvåg.
Unten: Tourguide auf einem Ausflugsboot zu den Vogelinseln bei Gjesvær.

nach Gjesvær. Dort wartet bereits das Boot zur Fahrt zu den Vogelfelsen. Wer nicht ohnehin schon mit warmer Kleidung ausgestattet ist, kann sich an Bord damit versorgen lassen. Dabei geht es nicht allein um den Schutz vor Wind und Wasser, sondern auch vor den Hinterlassenschaften der Vögel, die nicht selten vom Himmel fallen.

Schon auf dem Weg durch die Schären und Inselchen zum Gjesværstappen fliegen Unmengen von Vögeln um das Schiff. Dicht über der Wasserfläche flattern die Lummen und Gryllteisten in kleinen Gruppen zu ihren Jagdgründen, in größerer Höhe sind die Dreizehenmöwen und Eissturmvögel unterwegs und ganz weit oben, mit dem bloßen Auge kaum zu erkennen, kreisen Seeadler auf der Suche nach Beute.

Die Inselgruppe Gjesværstappen wird auch »Mutter mit ihren Töchtern« genannt. Sie besteht aus einigen kleineren Schären und Felsen sowie aus den drei größeren Inseln Storstappen, Kjerkestappen und Bukkastappen. Bis zu 280 Meter hoch ragen die Felsen aus dem Meer. Sie sind zusammen 170 Hektar groß und wurden im Jahr 2000 zusammen mit den umliegenden Wasserflächen unter Naturschutz gestellt. Gleichzeitig wurden die Inseln zur »Important Bird Area« erklärt. Dieser Status wird nur solchen Regionen zugesprochen, die international verbindliche Kriterien bezüglich Artenzusammensetzung, Artenzahl und Anteil gefährdeter Vogelarten erfüllen.

Der größte Teil der Vögel brütet auf der »Mutter-Insel« Storstappen. Von Mitte April bis Ende August kommen hier mehr als zwei Millionen Seevögel zusammen. Die Papageitaucherkolonie umfasst 400 000 Brutpaare, von denen jedes pro Jahr nur ein Ei legt. Am Ende der Brutzeit ist die Population allein dieser Art auf über eine Million ange-

AUTORENTIPP!

DIE RICHTIGE AUSRÜSTUNG

Wenn man nicht über die entsprechende Ausrüstung verfügt, können Vogelbeobachtungen quälend langweilig sein. Ohne Fernglas und Bestimmungsbuch sieht man die Vögel häufig nur als schwarze, flitzende und, vor allem, nicht identifizierbare Punkte. Fernglas und Buch sind jedoch beileibe keine unbezahlbare Anschaffung. Mehr als 100 bis 150 € muss man als Anfänger dafür nicht ausgeben. Selbst renommierte Hersteller bieten schon brauchbare Gläser in dieser Preisklasse an. Bei steigenden Ansprüchen kann der Kauf eines hochwertigen Glases immer noch ins Auge gefasst werden. Man sollte sich zudem stets vor Augen halten, dass ein Fernglas nicht zum einmaligen Gebrauch gekauft wird, sondern über lange Zeit benutzt werden kann. Vogelbestimmungsbücher gibt es inzwischen für jede Region der Welt. Sie kosten meist nicht mehr als 25 €. Bei der Auswahl sind Bücher mit guten Zeichnungen meist jenen mit Fotos vorzuziehen, weil die charakteristischen Merkmale vom Zeichner hervorgehoben werden können.

Oben: Das Ausflugsboot vor dem Felsen des Gjesværstappen
Mitte: Basstölpelkolonie auf der Insel Gjesværstappen.
Unten: Papageitaucher

stiegen und zu einer der größten Papageitaucherkolonien in Nordeuropa angewachsen. Neben Papageitauchern sieht man Tordalken, Dickschnabellummen, Gryllteisten, Dreizehenmöwen, Basstölpel, Kormorane, Seeadler und Eissturmvögel.

Vogelkolonie im Naturhochhaus

Auf den ersten Blick sieht das Vogelgewimmel auf den Felsbändern und -vorsprüngen chaotisch aus, bei genauerem Hinsehen wird jedoch eine fein abgestufte Ordnung erkennbar. Es gibt zwar keine absolut strenge Trennung, aber jede Art hat ihr eigenes Stockwerk auf dem Vogelfelsen.

Die Papageitaucher, die mit wissenschaftlichem Namen *Fratercula arctica*, »arktisches Brüderchen«, heißen, sind immer weit oben auf dem Plateau der Felsen zu finden. Dort, wo sich schon eine Vegetationsdecke gebildet hat, graben sie dicht unter der Oberfläche einen bis zu 1,5 Meter langen Tunnel, in den sie ihr einziges Ei legen. Oft sitzen sie neben den Tunneleingängen und ruhen sich aus. Ihre bunten Schnäbel leuchten dann weithin und die Grasflächen erscheinen wie mit bunten Blumen durchsetzt.

Gruppe von Trottellummen auf Gjesværstappen.

Gjesværstappen-Naturreservat

Nur wenig unterhalb brüten die Eissturmvögel. Die eleganten Flieger können ohne Flügelschlag stundenlang über dem Meer segeln. Häufig werden sie mit Möwen verwechselt, tatsächlich gehören sie jedoch zu den sogenannten Röhrennasen und sind damit die kleineren Vettern der Albatrosse. Der Name Röhrennasen bezieht sich auf den Ausführungsgang der Salzdrüsen, mit denen die Vögel dieser Gruppe das mit der Nahrung aufgenommene Salz aus dem Meerwasser ausscheiden. Er sitzt wie eine Röhre auf dem Schnabel.

An den vermeintlich absolut glatten Wänden der Steilwand sitzen auf schmalen Felsbändern die Lummen. Auf Storstappen sind das sowohl Trottel- als auch Dickschnabellummen. Auch sie legen nur ein Ei, das sie direkt auf das Felsband legen. Die Lummeneier fallen nicht von dem Felssims, weil sie birnenförmig sind. Werden sie angestoßen oder vom Wind bewegt, rollen sie stets um ihre eigene Achse. Direkt daneben, aber meist auf einzelnen Felsvorsprüngen, bauen die Dreizehenmöwen ihre Nester. Diese werden in jedem Frühjahr nicht nur ausgebessert, sondern auch aufgestockt, und erreichen deshalb nach einigen Jahren eine Höhe von 40 Zentimetern und mehr. Noch eine Etage tiefer brüten die Tordalken. Wie Papageitaucher, Lummen und Gryllteisten sind sie Vertreter der Alkenvögel. Die Gryllteisten haben ihre Verstecke noch weiter unten, schon fast an der Wasserlinie zwischen Felsen, die aus der Steilwand herabgefallen sind. Im Lauf der Evolution sind die Alken zu perfekten Tauchern geworden. Mit ihren kurzen und breiten Flügeln »fliegen« sie unter Wasser hinter ihrer Beute – Fische, Flügelschnecken und Krebse – her. Meist bewegen sie sich nur in Tiefen bis zu 20 Meter, Dickschnabellummen können jedoch mühelos auch bis zu 120 Meter tief tauchen. Die Kunst des Tauchens haben sie jedoch mit Einbußen bei der Flugfähigkeit bezahlt.

Oben: Dickschnabellummen.
Mitte: Das Ausflugsboot Lundekongen bringt die Gäste nah an die Vogelfelsen.
Unten: Kormorane auf einer kleinen Insel vor Gjesværstappen.

AUTORENTIPP!

WINTER IM SOMMER

Wer Vögel an den Brutfelsen beobachten will, der muss im Sommer nach Gjesværstappen reisen. Zwangsläufig entgeht ihm aber dann das Wintererlebnis im Norden Norwegens. Man kann eben nicht alles haben! Oder doch? In Honningsvåg wird das seit 2004 versucht. Nicht etwa Norweger sind auf die Idee gekommen, sondern die zwei Spanier José Mijares und Gloria Pamplona. Sie haben eine Winterlandschaft für den Sommer entstehen lassen. Die gesamte Einrichtung ist aus Eis und Schnee modelliert, sogar der Bildschirm, auf dem Videos mit winterlichen Motiven gezeigt werden. Rückprojektion macht's möglich. Eis und Schnee stammen nicht aus dem Kühlhaus, sondern wurden aus zugefrorenen Seen herausgeschnitten. Die Initiatoren sehen die Artico Ice Bar weniger als Touristenattraktion denn als Kunstgalerie.

Artico Ice Bar. Sjøgata 1A, Honningsvåg, Tel. 78 47 15 00, www.articoicebar.com, Eintritt: Erw. 139 NOK, Kinder bis 12 Jahre 40 NOK. Öffnungszeiten (tägl.): 01.–15.05. 11–16 Uhr, 16.–31.05. 10–19 Uhr, 01.06.–15.08. 10–21 Uhr, 16.–31.08. 10–19.30 Uhr, 01.09.–01.10. 11–15 Uhr.

Fliegender Tordalk über der Wasseroberfläche.

Sie halten sich nur mit kurzen, flatternden Flügelschlägen in der Luft.

Auch die Kormorane sind perfekte Taucher, bewegen sich unter Wasser jedoch mithilfe ihrer großen Ruderfüße, während die Flügel eng an den Körper angelegt sind. Sie haben ihre Brutplätze auf größeren Felsvorsprüngen.

Die Basstölpel halten sich etwas separat auf »eigenen« Felsen bzw. Felsabschnitten auf. Im Gegensatz zu Alken und Kormoranen schwimmen sie nicht aktiv hinter ihrer Beute her, sondern spähen ihr Beutetier schon aus der Luft aus. Aus bis zu 40 Meter Höhe stürzen sie dann mit angelegten Flügeln ins Wasser und packen zielgenau den Fisch, den sie vorher anvisiert haben.

Naturschutz für alle

Heute steht Gjesværstappen unter strengem Naturschutz und darf zwischen dem 15. Juni und dem 15. August nicht betreten werden. Das war nicht immer so. Seit die Region nach dem Ende der Eiszeit besiedelt wurde, haben die Menschen nicht nur von der Jagd und Fischerei, sondern auch von den Vögeln und deren Eiern gelebt. Noch in den 1990er-Jahren wurden auf Inlandsflügen in Norwegen hart gekochte Lummeneier serviert, die von professionellen Eiersammlern nicht nur auf Gjesværstappen aus den Felsen geholt wurden. Ein nicht ungefährliches Unterfangen, denn die Klippen sind steil- und die Bezahlung war nicht üppig.

Die Ausweisung der Inseln zum Naturschutzgebiet hat den Einwohnern der Region eine neue, nachhaltig nutzbare Einnahmequelle verschafft. Heute kommen aus aller Welt Hobby-Ornithologen, um die Vögel zu beobachten.

Infos und Adressen

AKTIVITÄTEN

BirdSafari a/s. Bei BirdSafari liegen Unterkunft, Verpflegung und Exkursionen in einer Hand. Die Unterkunft erfolgt in Zwei- bis Dreibettzimmern mit gemeinschaftlicher Nutzung der Küche und sanitären Einrichtungen mit anderen Mietern. Alternativ können Fischerhütten (Rorbue) mit eigener Küche und sanitären Einrichtungen gemietet werden. Für Wohnmobile und Wohnwagen ist ein eigener Campingplatz vorhanden. Abfahrtszeiten zu den Vogelsafaris: 01.05.–09.06. Mo–So 12.15 Uhr, 10.06.–10.08. Mo–Sa 10, 12.15, 15 Uhr, So 12.15 und 15 Uhr, 11.08.–31.08. Mo–So 12.15 Uhr. Vorausbuchung notwendig in der Zeit vom 01.05.–09.06. und 11.08.–31.08. Postboks 94, Nygårdsveien 38, 9765 Gjesvær, Tel. 78 47 57 73 und 41 61 39 83, Fax 78 47 57 07, olat@birdsafari.com, www.birdsafari.com

Stappan Sjøprodukter. Der Anbieter von Angeltouren friert die gefangenen Fische auf Wunsch ein und verpackt sie für den Transport. 9765 Gjesvær, Tel. 95 03 77 22, Fax 78 47 29 43, ro71no@online.no, www.stappan.no

Gemütlicher spazierender Papageitaucher.

ESSEN & TRINKEN

Zu Stappan Sjøprodukter gehört auch das **Terassen Restaurant.** Die namengebende Terrasse ist über das Meer hinausgebaut und zum Teil überdacht. Im Terassen werden vorwiegend Fisch, Meeresfrüchte und Rentierfleisch serviert. Die Preise liegen zwischen 210 NOK für eine Fischsuppe und 520 NOK für eine Königskrabbe (500 g). Rentierstew kostet 250 NOK. Öffnungszeiten: 01.06.–28 08. Mo–Fr 13–20 Uhr, Sa und So 14–20 Uhr.

Honningsvåg in der Morgensonne.

Mitte: Die Ortschaft Kautakeino.
Unten: Frau in traditioneller Samitracht mit Silberschmuck.

44 Ausflug zu den Sami

Begegnungen in der Finnmark

Etwa 70 000 Sami leben verteilt über Norwegen, Schweden, Finnland und Russland, 40 000 davon in Norwegen. Die Finnmark, die nördlichste und größte Provinz des Landes, hat mit 50 Prozent den größten Anteil samischer Bevölkerung. Die Ursprünge der Rentierjäger und -züchter sind nicht genau bekannt. Seit Jahrtausenden leben sie hier mit und von der Natur, doch sie sind längst in der Neuzeit angekommen.

Auf der nordgehenden Route wird ein Ausflug zu den Sami in ihrem Sommerlager im Hochland angeboten. Bei dem Besuch kann man erahnen, wie diese Menschen bis vor gar nicht langer Zeit gelebt haben. Wer Nomaden sucht, die in Zelten leben und den langen Wanderungen halbwilder Rene folgen, wird enttäuscht. Die Sami leben längst in festen Häusern mit Zentralheizung, fließendem Wasser, Fernsehen und Internetzugang. Ihre Arbeitskleidung ist funktionell aus modernen

MAL EHRLICH

DIE SAMI-KULTUR ENTDECKEN

Die Traditionen der Sami, ihre Lebensweise und immer noch fortdauernden Probleme mit der Eingliederung in den norwegischen Staat sind nicht auf einem zweieinhalbstündigen Ausflug zu einer Familie zu begreifen. Der Kontakt bleibt zwangsläufig oberflächlich und ist, man mag es bedauern, wird es aber nicht ändern, ausschließlich auf den Tourismus ausgerichtet. Wer sich vertieft mit den Sami beschäftigen will, muss mehr Zeit investieren. Mitfahren sollte man trotzdem!

Fasern hergestellt, und die bunten Trachten werden nur noch zu besonderen Anlässen getragen. Allenfalls ein offener Kamin erinnert an die Zeltromantik vergangener Jahrhunderte, die gar nicht so romantisch war. Überhaupt werden den Sami viele Klischees angehängt, denen sie auch vor Jahrhunderten nicht entsprochen haben. Sie waren keineswegs eine homogene Gesellschaft, sondern zeigten und zeigen noch eine ganze Reihe kultureller und sprachlicher Unterschiede.

Von den Ursprüngen bis heute

Erste Spuren menschlicher Besiedlung in der Finnmark stammen aus der Steinzeit und sind etwa 10 000 Jahre alt. Sie werden der Komsa-Kultur zugerechnet, denen auch die berühmten Felszeichnungen bei Alta zugeschrieben werden. Ob die Sami aus den Angehörigen dieser Kultur hervorgingen, die einer fast rund um die Arktis verbreiteten Ethniengruppe entstammen, oder ob sie aus dem Süden einwanderten, ist bis heute nicht geklärt. Genetische Untersuchungen haben jedoch ergeben, dass die Sami viele Jahrtausende lang von allen anderen europäischen Völkern genetisch isoliert waren. Die Zuwanderungstheorie steht demnach also auf schwachen Füßen. Sichere Nachweise samischer Besiedlung stammen aus der Zeit um 1500 v. Chr., einige Hundert Jahre nach dem Beginn der Nordischen Bronzezeit. In der Folge breiteten sich die Sami über große Bereiche Skandinaviens aus. Mit dem Auftauchen der Wikinger begann ein Unterdrückungs- und Verdrängungsprozess, der sich über viele Jahrhunderte fortsetzte und erst vor kurzer Zeit beendet wurde. 1673 begann die offizielle Kolonisierung des bis dahin von den Sami beanspruchten Gebiets, nachdem schon vorher Sami zu Zwangsarbeit in Bergwerken gepresst wurden. Die Siedler nahmen den Sami die Weidegründe für ihre Rene und bejagten

AUTORENTIPP!

ZU DEN SAMI DER LEGENDEN

Zumindest beim Påskefestivalen, dem Osterfestival in Kautokeino, gibt es sie doch noch, die »echten« Sami. Wer zu dieser Zeit Kautokeino besucht, sieht viele Menschen in samischen Trachten. Sie werden hier nicht für die Touristen getragen, sondern sind tatsächlich Ausdruck samischer Tradition. Das Osterfest bildet dafür den passenden Rahmen. Hochzeiten werden gefeiert, Rentierschlitten-Meisterschaften ausgefahren, Theaterstücke vorgeführt und natürlich wird gesungen. Seit 1990 wird der »Sami Grand Prix« für traditionelle und moderne samische Musik, speziell den Joijk-Gesang, ausgetragen. Die Veranstaltungen ziehen sich vom Palmsonntag bis zum Ostermontag über eine ganze Woche hin. Zu den Veranstaltungsorten gehören neben der Kirche auch Juhls Silbergalerie, das Kulturhaus und die beiden Restaurants Alfreds Kro und Nàsti pub og Restaurant.

Informationen zum Osterfestival.
www.saami-easterfestival.org/

Grasende Rentierherde.

Oben: Ein traditionell gekleideter Same zeigt seinem Kind ein Rentier. **Mitte:** Hölzerne Kaffeetassen. **Unten:** Rentierhüten in modernen Zeiten.

viele einheimische Tiere, die bis dahin einen großen Teil der Handelswaren geliefert hatten, bis an den Rand der Ausrottung. Die ökonomische Grundlage der samischen Jägerkultur war damit vernichtet. Darüber hinaus wurde die Christianisierung gegen den Willen der Sami vorangetrieben. Ihre alte Religion wurde verboten, die rituellen Stätten wurden zerstört und sogar Hexenverbrennungen fanden statt. Im 18. Jahrhundert begann die systematische Umsiedlung in »Lappenreservate«. Die Sami, die blieben, wurden dazu gezwungen, sesshaft zu werden und Landwirtschaft zu betreiben. Noch 1913 verabschiedete das norwegische Parlament ein Gesetz, das die ertragreichsten Böden den nichtsamischen Siedlern zusprach. Gleichzeitig wurde in den Schulen die samische Sprache verboten, eine Anordnung, die bis 1970 galt. Erst seit den 1950er-Jahren wurden die Sami als Minderheit langsam wieder mit Rechten ausgestattet. 1956 wurde der länderübergreifende Samische Rat gegründet, der sich als Interessenvertretung der Sami in Norwegen, Finnland und Schweden sieht. 1989 wurde in Norwegen ein samisches Parlament, der Samething, gewählt. Er sichert den Sami die Selbstverwaltungsrechte. 1997 entschuldigte sich der norwegische König Harald V. offiziell bei den Sami für die jahrhundertelange Missachtung ihrer Rechte.

Angepasste Lebensweise

Keineswegs alle Sami waren Rentierzüchter. Vielmehr folgten sie sehr differenzierten Lebensweisen. An und in der Nähe der Küste lebende Sami waren traditionell Fischer und Jäger, während »Berg-Sami« die traditionellen Rentierzüchter waren. Nur dort, wo die Vegetation dicht genug und auch im Winter erreichbar war, konnten sie von den Renen leben. Sie mussten aber auch den jahreszeitlichen Wanderungen der halbwilden Tiere folgen. Weiter im Süden, wo die Böden für landwirtschaftliche Nutzung geeignet waren, lebten die Bauern- oder Wald-Sami. Die Übergänge zwischen Küsten-, Berg- und Wald-Sami waren jedoch fließend. Die Rene waren die Lebensgrundlage der »Berg-Sami« schlechthin. Sie wurden als Reit- und Lasttiere, Milchlieferanten und natürlich auch als Schlachtvieh und Handelsobjekt genutzt. Abfall gab es nicht. Alles was essbar war, wurde gegessen, auch und gerade die Innereien, denn sie versorgten die Menschen mit den notwendigen Vitaminen. Die Häute wurden zu Zelten und Kleidung verarbeitet, die Sehnen waren das Nähmaterial. Knochen und Geweihe wurden zu Werkzeugen und für Schnitzereien verwendet.

Unabhängig von der Lebensweise werden ethnisch drei Gruppen von Sami unterschieden. Die Ost-

Die Kirche von Kautokeino.

Oben: Traditionelle Samizelte aus Rentierfellen gefertigt.
Mitte: Rentier mit prächtigem Geweih.
Unten: Das Gerüst eines Samizelts (Lávvu) wirft durch die tiefstehende Sonne spannende Schatten auf den Schnee.

AUTORENTIPP!

MIT DEM SCHNEEMOBIL INS DRIVE-IN-KINO

Das gibt es weltweit nur in Kautokeino: Zum Påskefestivalen wird auch ein Filmfestival in einem jedes Jahr aufs Neue errichteten Schneekino ausgerichtet. Der Schwerpunkt liegt auf samischen Filmen, doch werden auch die Werke anderer indigener Völker aus aller Welt gezeigt. Mit Ausnahme der Projektoren ist alles in diesem Kino aus Schnee und Eis, selbst die riesige Leinwand ist aus Schnee geformt und steht in der Brillanz einer regulären Leinwand in nichts nach. In dem einmaligen Kino kann man selbstverständlich auf Sitzen aus Schnee Platz nehmen. Es wird jedoch auch gern gesehen, wenn die Besucher mit ihrem eigenen Schneemobil oder sogar mit dem Rentierschlitten kommen. Es wird nur darauf hingewiesen, dass jeder warme Kleidung tragen oder einen Schlafsack mitbringen soll.

Sami Filmfestival. Kautokeino, Håkon Isak Vars, Festivaldirektor, Tel. 46 41 64 58 und 98 88 48 93. issat@mac.com, www.samifilmfestival.no

Samifrau auf dem Weg zum Nordkap.

Sami leben vorwiegend auf der Kola-Halbinsel und die Süd-Sami in Mittelnorwegen und Mittelschweden. Die Nord-Sami im »klassischen Lappland« im Norden von Schweden und Norwegen sind die größte Gruppe. Ihr kulturelles Zentrum ist Kautokeino. Alle drei Gruppen sprechen Samisch, die Unterschiede zwischen den einzelnen Sprachen sind jedoch größer als zwischen den skandinavischen Sprachen Norwegisch, Schwedisch und Dänisch. Tatsächlich müssen sie als verschiedene Sprachen angesehen werden.

Modern und doch traditionell

Die noch von der Rentierzucht lebenden Sami haben sich der heutigen Zeit angepasst. Die Hirten gehen nicht mehr zu Fuß oder reiten auf Rentieren, sondern fahren in Geländewagen oder mit Geländemotorrädern, um die Herden zusammenzuhalten. Beim großen Herdenabtrieb zu den Rentierscheidungen, bei dem die Tiere sortiert werden, sind auch schon einmal Hubschrauber im Einsatz, um die Tiere zusammenzutreiben. Erst wenn diese Arbeit erledigt ist, werden die alten Traditionen gepflegt. Dann kommen die alten Trachten wieder zu Ehren, die regional sehr unterschiedlich sind und den Träger als Angehörigen einer bestimmten Gruppe identifizieren. Bei den Festen wird der traditionelle samische Gesang *joijk* angestimmt. Ohne Instrumentalbegleitung besingt der Sänger oder die Sängerin auf sehr emotionale Weise die Natur oder auch nur seine oder ihre eigene Stimmung. Dabei ist keine feste Form vorgegeben, sondern es wird sehr viel improvisiert. Diese für mitteleuropäische Ohren ungewohnte Musik, die an eine Mischung aus Jodeln und indianischen Gesängen erinnert, erfährt seit einigen Jahren eine Renaissance. Viele samische Musiker haben die traditionellen Gesänge aufgegriffen und begleiten sie mit modernen Instrumenten.

Infos und Adressen

INFORMATION

Kautokeino Kommune. Offizielle Touristeninformation der Gemeinde. Auf der Website sind viele Links zu Sehenswürdigkeiten, Übernachtungsmöglichkeiten und Restaurants. Leider nur auf Norwegisch. Bredbuktnesveien 6, 9520 Kautokeino, Tel. 78 48 71 00, Fax 78 48 71 99, e-post@kautokeino.kommune.no, www.kautokeino.kommune.no

ÜBERNACHTEN

Thon Hotel Kautokeino. Das 4-Sterne-Hotel mit Restaurant, Bar, Sauna und kostenlosem WLAN steht etwas außerhalb des Zentrums. Biedjovaggeluodda 2, 9520 Kautokeino, www.thonhotels.com/hotels/countrys/norway/kautokeino/thon-hotel-kautokeino/

Kautokeino Villmarkssenter A/S. Das einfache kleine Hotel im Zentrum von Kautokeino vermietet 18 Zimmer in einem Holzhaus und zusätzlich acht Ferienwohnungen in Einzelhütten. Das Restaurant serviert auch samische Spezialitäten. Im Hotel können Schneemobilfahrten, Angeltouren zu Seen und Flüssen oder Exkursionen zu Rentierherden gebucht werden. Hannoluohka 2, 9520 Kautokeino, Tel. 78 48 76 02, vmsenter@start.no, www.mamut.net/vmsenter

Norweger mit einer Königskrabbe, auch Kamtschatka-Krabbe genannt.

Souvenirladen einer Samifamilie.

Mitte: Der Sami Josef mit seinem Schneemobil auf dem Weg zum Eisangeln.
Unten: Während des Eisangelns singt er gerne traditionelle samische Lieder.

45 Fahrt mit dem Schneemobil

Querfeldein durch die Finnmark

Es ist immer wieder ein besonderes Erlebnis, mit dem Rentier- oder Hundeschlitten durch die winterliche Schneelandschaft der Finnmark zu fahren, die Landschaft zu genießen und sich dabei in warme Felle und Decken zu wickeln. Manchmal möchte man aber auch selbst aktiv werden, am besten auch einmal ein wenig schneller. Dieser Wunsch wird auf der nordgehenden Route gleich zweimal erfüllt.

Schneemobilfahrten können nur während der Wintermonate stattfinden. Sie stehen zwischen dem 9. Dezember und 14. April jeweils am sechsten und siebten Tag auf dem Programm. Der erste Ausflug startet von Kjøllefjord aus, wo das Schiff am Nachmittag des sechsten Tages um 17.30 Uhr ankommt. Die nur 15-minütige Liegezeit reicht gerade, um das Schiff zu verlassen. Bevor die Schneemobiltour nach Mehamn starten kann, werden warme Kleidung und Helme mit Visier gegen den kalten Fahrtwind ausgegeben. Wer seinen Führerschein dabei hat und selbst fahren möchte, wird dann in die Geheimnisse des Schneemobilfahrens eingeweiht. Die Ski-doos, wie sie auch genannt werden, haben im Gegensatz zu Motorrädern keinen Drehgriff zum Gasgeben, sondern einen Daumenhebel. Darüber hinaus sind sie mit einem *dead man's handle* ausgestattet. Diese Notstoppeinrichtung schaltet den Motor sofort ab, wenn der Fahrer vom Fahrzeug fällt.

Die Bezeichnung Ski-doo ist übrigens durch Zufall entstanden. Das erste Schneemobil wurde von dem Kanadier Joseph-Armand Bombardier konstruiert, der das Gefährt Ski-dog nannte. Durch einen Schreibfehler wurde daraus der Markenname Ski-doo von Bombardiers Firma Bombardier Recreational Products. Heute wird die Bezeichnung für alle Schneemobile verwendet.

Von Kjøllefjord nach Mehamn

Die Strecke von Kjøllefjord nach Mehamn führt quer über die Nordkynhalbinsel. Auf der Straße wären dafür 33 Kilometer zurückzulegen, aber da die Schneemobile geländegängig sind, führt die Strecke querfeldein. Die vielen kleinen und großen Seen auf der Route sind unter einer dicken Eis- und Schneeschicht verborgen. Manchmal führt der Weg auch unmittelbar über sie hinweg, ohne dass man es bemerkt. Mit Glück ist der Himmel wolkenfrei. Weit weg von den Lichtern der Stadt wird dann ein fantastischer Sternenhimmel sichtbar, vielleicht sogar mit bunten Nordlichtern. Unterwegs berichten die einheimischen Führer über die Finnmark und das Leben der Sami. Nach etwa zwei Stunden ist Mehamn erreicht, wo das Schiff schon an der Pier wartet, um die Gäste wieder aufzunehmen. Auf der südgehenden Route wird die Tour in umgekehrter Richtung durchgeführt.

Schneemobil-Safari

Ausgangs- und Endpunkt der Schneemobil-Safari ist Kirkenes. Mit dem Bus geht es zunächst zum Basislager, wo die Motorschlitten warten. Das Prozedere ist das Gleiche wie bei der Fahrt von Kjøllefjord nach Mehamn: Ausgabe der warmen Kleidung und Helme, anschließend Einweisung in die Funktion der Schlitten, dann kann die Fahrt starten. Durch die tief verschneite Landschaft sausen die Schlitten in südlicher Richtung. Die Tour endet bei einem Sami-Zelt, in dem sich die Teilnehmer der Tour bei Kaffee und getrocknetem Rentierfleisch wieder aufwärmen können.

Infos und Adressen

INFORMATION

Touristeninformation in Kjøllefjord. Postboks 38, Kjøllefjord Brygge, 9790 Kjøllefjord, Tel. 91 14 26 76 und 95 49 34 64, www.lebesby.kommune.no, Öffnungszeiten: 15.06.–15.08. Mo–Fr 9–19 Uhr, Sa 11–19 Uhr, So 13–19 Uhr.

ÜBERNACHTEN

Hotel Nordkyn AS. Das kleine Hotel der Mittelklasse bietet zusätzlich zu seinen zehn komfortablen Zimmern zwei einfache Räume für Gäste mit schmalem Budget. Diese einfachen Räume teilen sich – im Gegensatz zu den normalen – die sanitären Einrichtungen. Preise: Einzelzimmer ab 990 NOK, Doppelzimmer ab 1190 NOK, Einzelzimmer ohne Bad ab 690 NOK.

ESSEN & TRINKEN

Restaurant des Hotel Nordkyn AS. Vorwiegend Gerichte aus der Region stehen auf der Karte, wobei Wert auf Frische gelegt wird. Auf Wunsch wird auch Pizza zubereitet.
Strandveien 136, 9790 Kjøllefjord, Tel. 78 49 81 51, www.hotelnordkyn.no,

AKTIVITÄTEN

Arctic Coast. Anbieter von Schneemobil-Touren und Exkursionen zu den Sami der Region.
Tel. 78 49 82 50, Mobil: 91 14 26 76, www.arcticcoast.no

Striptind Havfisk. Anbieter von Angeltouren im Bereich der Nordkynhalvøya. Mollavegen 3, 9790 Kjøllefjord, Tel. 91 65 09 09, post@striptind.no, www.striptind.no

RICHTUNG BARENTSSEE

46 Die Fjorde des Nordens

Verkannte Faszination

Nur wenige Besucher »verirren« sich in die Fjorde im hohen Norden Norwegens. Im Vergleich zu den südlichen Fjorden scheinen sie zu wenig attraktiv zu sein, zudem locken andere Ziele wie Alta oder das Nordkap. Und auch die Hurtigruten-Schiffe fahren daran vorbei. Aber die nördlichen Fjorde müssen sich nicht verstecken: Porsangerfjord, Laksefjord, Tanafjord und ganz im Osten der Varangerfjord sind landschaftlich außerordentlich reizvoll.

Vorangehende Doppelseite: Auf dem Nordmeer der Sonne entgegen.
Mitte: Der Porsangerfjord zwischen Honningsvåg und Kjøllefjord
Unten: Die Sonne scheint auf die Berge der Nordkinnhalvøya.

Der Porsangerfjord **A** zieht sich von Norden zwischen Magerøya und Porsangerhalvøya im Westen und der Nordkynhalvøya im Osten 123 Kilometer weit in die Finnmark hinein. Im Fjord liegen einige kleinere und größere Inseln, die geologisch und landschaftlich interessant sind. Trollholmsund auf dem Festland und die Inseln Trollholmen **D** und Reinøya **C** sind wegen ihrer Dolomitformationen bekannt. Die Felsen, die von reinweiß über elfenbeinfarben bis grau sein können, sind zu abenteuerlichen Formen erodiert. Die Sage erzählt, dass die Felsen von Trollholmsund Trolle sind, die durch Sonnenstrahlen versteinert wurden. Auf Reinøya hat das Schmelzwasser des Inlandeises große Höhlen aus den Dolomitfelsen gewaschen. Die Insel ist daher als Naturschutzgebiet ausgewiesen. Ebenfalls unter Naturschutz steht das Gebiet Roddenes auf der Ostseite des Porsangerfjordes. Hier kann man an den ehemaligen Strandlinien, die in unterschiedlicher Höhe über dem Meer verlaufen, ablesen, wie sich das Gelände seit der letzten Eiszeit gehoben hat. Ein geologischer Lehrpfad führt durch das Schutzgebiet.

Schöne Aussicht für Hobbyfotografen.

Kein Platz für Anglerlatein

Der Porsangerfjord ist fast auf ganzer Länge etwa 15 Kilometer breit und verjüngt sich erst zum Ende hin. Dort münden die Flüsse Stabburselva E und Lakselva H in den Fjord. Der »Lachsfluss« Lakselva ist, nomen est omen, einer der ertragreichsten Lachsflüsse Norwegens. Nicht selten zieht man hier über 18 Kilogramm schwere Fische aus dem Wasser, 2007 lag das Durchschnittsgewicht aller geangelten Lachse bei 5,5 Kilogramm. Das Durchschnittsgewicht der als »groß« eingestuften, ab sieben Kilogramm schweren Lachse betrug immerhin 10,5 Kilogramm. Kein Angler muss hier bei seinen Erzählungen übertreiben. Die Maße der Fische beeindrucken auch ohne Anglerlatein.

Im nördlichsten Kiefernwald

Der Stabburselva entspringt im gleichnamigen Nationalpark F. Er ist ebenfalls ein guter Lachsfluss, jedoch mehr durch seine formende Kraft bekannt. Durch die mächtigen Kiesablagerungen der Schmelzwasserflüsse hat sich der Fluss gefressen und beeindruckende Kiesterrassen geformt. Im Stabbursdalen gibt es viele der Landschaftsfor-

AUTORENTIPP!

DAS NÖRDLICHSTE WEINGUT DER WELT

Gäbe es in Lakslev eine Bierbrauerei oder eine Schnapsbrennerei, niemand würde ein Wort darüber verlieren. Die Stadt wirbt aber damit, das nördlichste Weingut der Welt auf ihrem Territorium zu beherbergen. Das wiederum ist sicherlich eine Besonderheit. »Nordkap-Wein« wird der Gaumengenuss genannt. Nun ist bekannt, dass im Innern der nördlichen Fjorde das Klima deutlich milder ist als auf den umgebenden Fjellen. Trotzdem fragt man sich unwillkürlich, wo denn bitte schön die Trauben für den Wein wachsen sollen. Des Rätsels Lösung lautet: Der Wein wird nicht aus Trauben gewonnen, sondern aus Krähenbeeren. Dieses Heidekrautgewächs überzieht in dichten Teppichen die Tundra. Die Früchte enthalten sehr viel Vitamin C und wurden früher als Mittel gegen Skorbut gegessen. Bereits seit dem Mittelalter wird in Norwegen daraus Wein vergoren. Führungen durch das Weingut einschließlich Verkostung werden in Lakslev für 140 NOK angeboten.

Arctic Active. Postboks 18, 9711 Lakselv, Tel. 78 46 07 00, www.arctic-active.no

Blick auf die Barentssee.

men, die für die Finnmark typisch sind: karge Hochgebirge und offene Hochebenen, schmale Flusstäler, Birken- und Kiefernwälder. Durch diese Landschaften fließt der Stabburselva. Stromschnellen wechseln sich ab mit Wasserfällen und tiefen Kolken. Wo das Gefälle gering ist, weitet sich der Fluss seenartig aus oder mäandert durch Sumpfgebiete. Der 98 Quadratkilometer große Nationalpark wurde 1970 eingerichtet, um den letzten verbliebenen Kiefernurwald in Nordeuropa zu schützen. Einzelne Bäume sind 500 und mehr Jahre alt, die höchsten unter ihnen erreichen eine Höhe von imposanten 15 Metern. Die meisten allerdings sind sehr viel kleiner und wegen der starken Winde und großen Schneelasten im Winter oft abenteuerlich verwachsen. Dieser rund zehn Quadratkilometer große Wald im Herzen des Nationalparks hat allen Unbilden der Witterung zum Trotz bis heute überdauert und fasziniert Besucher in seiner Ursprünglichkeit.

Begonnen hat alles in der Warmzeit vor mehr als 5000 Jahren. Damals war die gesamte Finnmark von geschlossenen Kiefernwäldern bedeckt, die sich entlang der Täler und Fjorde bis zur Küste erstreckten. Als das Klima kälter wurde, zog sich der Wald zurück. Er konnte sich jedoch an wenigen klimatisch begünstigten Stellen, wie im Stabbursdalen, behaupten. Unter dem lichten Kiefernwald mit niedrigen, buschigen Bäumen gedeihen auf dem trockenen und kargen Boden vorrangig Flechten und Heidekrautgewächse. Aber nicht nur für die Kiefern ist das Stabbursdalen ein Refugium. Auch mehrere Vogelarten, darunter Fischadler und Auerhuhn, haben hier ihre nördlichsten Vorkommen. Wer während seiner Reise nicht in den Nationalpark hinein kann oder will, kann sich stattdessen im Stabbursnes Naturhus og Museum in Indre Billefjord auf der Westseite des Fjordes umfassend informieren.

Oben: Eine Rettungsübung aus der Luft gehört zum Sicherheitstraining.
Mitte: Das Leuchtfeuer von Vardø auf der Insel Hornøya.
Unten: In den Sommermonaten fasziniert die nicht untergehende Sonne besonders Mitteleuropäer.

Vom Porsanger- bis zum Tanafjord

A Porsangerfjord – Die Inseln Trollholmen und Reinøya im Fjord sind wegen ihrer Dolomitformationen bekannt.

B Stabbursdalen Nationalpark-Informationszentrum

C Insel Reinøya – unter Naturschutz stehende Schmelzwasserhöhlen im Dolomitgestein.

D Insel Trollholmen – Felsformation »Versteinerte Trolle«.

E Der **Fluss Stabburselva** ist für seine gewaltigen Kies-Terrassen berühmt, die im Laufe der Jahrtausende entstanden sind.

F Stabburselva-Nationalpark – 98 km^2 großes Schutzgebiet mit dem nördlichsten Kiefernwald der Welt. Viele Bäume sind mehr als 500 Jahre alt.

G Gemeinde Lakselv – die Stadt mit dem nördlichsten Weingut der Welt.

H Der **Fluss Lakselva** ist einer der besten Lachsflüsse Norwegens. Er mündet bei Lakselv in den Fjord.

I Naturschutzgebiet Roddenes mit geologischem Lehrpfad.

J Laksefjord – ein hervorragendes Angelrevier.

K Felsformation Finnkirka – samische Kultstätte.

L Kjøllefjord – Verwaltungszentrum von Lebesby.

M Tanafjord

N Fluss Tana – auf etwa 150 Kilometer Grenzfluss zwischen Norwegen und Finnland.

AUTORENTIPP!

BESUCH DER FINNKIRKA

Auf der nordgehenden Tour wird Kjøllefjord um 17.30 Uhr erreicht. Außer in der winterlichen Polarnacht bestehen um diese Uhrzeit gute Chancen, die Finnkirka K zu sehen. Die markante Felsformation in der Mündung des Kjøllefjords wird bei der Passage in magischen Farben angestrahlt – ein beeindruckendes Erlebnis. Südgehend kostet es schon einige Überwindung, zwischen 3.30 Uhr und 4 Uhr morgens an Deck zu stehen und die Landschaft zu betrachten. Wer etwas länger in Kjøllefjord bleibt, kann sich die Felskathedrale auch aus der Nähe ansehen. Mit dem Boot sind die Felsen, die tatsächlich an ein großes Kirchenschiff mit Türmen und Türmchen erinnern, in etwa 20 Minuten zu erreichen. Über Land dauert der Weg länger. Auf einem gut markierten Wanderpfad wird die Finnkirka nach gut zwei Stunden erreicht. Schon die frühen Sami sahen in dem Felsen etwas Besonderes und nutzten ihn vor der Christianisierung als Opferstätte. Heute werden dort Gottesdienste, Hochzeiten und Taufen abgehalten.
Information dazu gibt es bei der Touristeninformation in Kjøllefjord.

Natur pur im Laksefjord

Der Laksefjord J ist der nächste Fjord auf dem Weg nach Osten. Er schneidet zwischen der Sværholthalvøya und der Nordkynhalvøya 72 Kilometer weit in das Land hinein. Das Gebiet um den Laksefjord gehört zu den am dünnsten besiedelten Regionen der Finnmark. Nur wenige kleine Siedlungen liegen an seinen Ufern, die Landflucht macht sich hier ganz besonders stark bemerkbar. Viele Häuser und Gehöfte stehen leer und sind von ihren Bewohnern schon lange verlassen worden. Von Kjøllefjord L aus können ausgedehnte Wander-, Kajak- und Angeltouren im Laksefjordgebiet unternommen werden. In den Flüssen und Seen wimmelt es von Lachsen, Meerforellen und Wandersaiblingen, allesamt hervorragende Speisefische.

Tanafjord

Der nächste Fjord in der Reihe ist der Tanafjord M. Er verzweigt in viele Nebenfjorde. Die wichtigsten sind Hopsfjord, Langfjord und Vestertana auf der Westseite und der Trollfjord – nicht zu verwechseln mit dem Trollfjord bei den Lofoten – auf der Ostseite. Der Tanafjord hat seinen Namen vom Fluss Tana N, der von Süden kommend in den Fjord mündet. Der Fluss markiert über eine Strecke von 150 Kilometern die Grenze zwischen Norwegen und Finnland. In seinem Fischreichtum übertrifft er sogar noch den Lakselva.

Wie der Laksefjord ist auch der Tanafjord nahezu unbesiedelt. Die engen, von 1000 Meter hohen Bergen eingefassten Fjorde wie im Süden findet man hier nicht. Doch insbesondere die an die schmalen Nebenfjorde grenzenden offenen Felslandschaften, die kargen Tundren und Hunderte kleine Seen bieten unvergessliche Eindrücke.

Infos und Adressen

INFORMATION

Stabbursnes Naturhus og Museum, Stabbursdalen Nationalpark-Informationszentrum.
9710 Indre Billefjord, Tel. 78 46 47 65,
Fax 78 46 47 32, stabburs@online.no,
www.stabbursnes.no,
www.dirnat.no,
Preise: Erwachsene 60 NOK, Kinder 10 NOK, Studenten 40 NOK, Kinder unter 7 Jahren frei.
Öffnungszeiten: 01.09.–31.05. Di und Do 9–15 Uhr, Mi 12–18 Uhr, 01.06–19.06. tägl. 9–20 Uhr, 18.08–31.08. tägl. 11–18 Uhr
Besuche außerhalb der Öffnungszeiten nach Absprache möglich.

Lapland-Travel-Info. Diese beste Internet-Informationsplattform über Lappland hat Hunderte Fotos und eine Fülle von Informationen von Ortsbeschreibungen zu bieten, es gibt Hinweise auf Aktivitäten und Sehenswürdigkeiten über Restaurants und Hotels bis hin zu Kuriositäten. Nicht nur der norwegische, sondern auch der finnische und schwedische Teil Lapplands wird beschrieben.
www.lapland-travel-info.com

Die MS Midnatsol zur blauen Stunde.

ESSEN, TRINKEN & ÜBERNACHTEN

Lakselv Hotell. Das vom Zentrum etwa 1,5 Kilometer entfernte, neue Hotel der gehobenen Preisklasse bietet 44 Doppelzimmer, Restaurant und Wellnessbereich. Im Restaurant werden vorwiegend regionale Spezialitäten serviert. Für spezielle Anlässe werden im separat stehenden »Bootshaus« kleine Gerichte angeboten.
Angel-, Boots- und Hundeschlittentouren können ebenso wie Exkursionen zu Sami-Siedlungen gebucht werden. Karasjokveien, Postboks 84,
9711 Lakselv, Tel. 78 46 54 00,
Mobil 90 91 39 33, Fax 78 46 54 01,
post@lakselvhotell.no, www.lakselvhotell.no

Abendsonne am Nordmeer.

Mitte: Ein Veteran der norwegischen Armee geleitet die Hurtigrutengäste zur Festung Vardøhus.
Unten: Mit viel Liebe zum Detail wird die Festung Vardøhus in Stand gehalten.

47 Von Mehamn bis Vadsø

Weiter übers offene Meer

Mehamn, Berlevåg, Vardø und Vadsø sind die nächsten Stationen auf der Hurtigruten bis zum Wendepunkt in Kirkenes. Der größte Teil der Route führt über die offene See, weshalb ein wenig Bewegung schon in das Schiff kommen kann. Sowohl nord- als auch südgehend wird die Strecke jedoch größtenteils bei Nacht bewältigt. In der Horizontalen sind das Stampfen, Kränken und Rollen des Schiffes viel leichter zu ertragen.

Am späten Nachmittag verlässt das Schiff Kjøllefjord und erreicht nach kurzer Zeit die Barentssee. Der Kurs ist Nordost und führt am Øksfjord vorbei in Richtung Kinnarodden, dem nördlichsten Punkt des europäischen Festlands. Nach gut zwei Stunden werden im Hafen von Mehamn die Leinen festgemacht. Der Ort hat knapp 900 Einwohner und ist das Verwaltungszentrum der Gemeinde Gamvik. Bekannt geworden ist Mehamn 1903 durch die Schlacht von Mehamn. Über tausend aufgebrachte Fischer zerstörten damals die Walfangstation des Ortes, weil sie glaubten, die Walfänger wären für die schlechten Fangergebnisse der Fischer verantwortlich. Abgesehen von seiner Kirche weist Mehamn allerdings keine besonderen Sehenswürdigkeiten auf. Von hier aus werden jedoch Wandertouren zum Kinnarodden angeboten, der nur zu Fuß zu erreichen ist.

Noch ein Superlativ

Auf dem weiteren Weg wird der Slettnes-Leuchtturm passiert. Von der Spitze dieses nördlichsten

Der Wohnbereich der Kommandantur in der Festung Vardøhus

Leuchtfeuers des Kontinents bietet sich ein fantastischer Ausblick auf das Meer und die Nordkynhalvøya mit dem Slettnes-Vogelschutzgebiet. Für Zugvögel ist Slettnes ein wichtiger Rastplatz auf dem Weg von und zu den Winterquartieren. Mehr als 100 Vogelarten werden hier regelmäßig beobachtet. Im gleichen Gebiet sind viele Spuren frühzeitlicher Besiedlung zu finden. Reste von Erdhütten und Steinwällen, Gräber und eines der besterhaltenen Steinlabyrinthe Norwegens wurden hier gefunden. Über die Funktion des Labyrinths wird bis heute gestritten.

Verblasster Hurtigruten-Ruhm

Drei Kilometer südlich des Leuchtturms liegt der Ort Gamvik. Von 1911 bis 1990 war Gamvik der nördlichste Hafen, der von der Hurtigruten-Flotte angelaufen wurde. Heute hat ihm Mehamn diesen Rang abgelaufen. Leider ist Gamvik allenfalls aus der Ferne vom Schiff aus zu sehen, dabei verdient der Ort durchaus einen Besuch. Er ist Ausgangspunkt für Exkursionen zum Vogelschutzgebiet und zum Leuchtturm, hat aber noch mehr zu bieten. Sehenswert ist zum Beispiel auch das Gamvik Museum. Dieses Heimat- und Fischereimuseum fristete ursprünglich ein Schattendasein im Keller der Schule. Inzwischen ist es aber in die ehemalige Fischfabrik Brodtkorbbruket umgezogen und kann dort seine Schätze in angemessener Weise präsen-

AUTORENTIPP!

DAS DOLCEFARNIENTE

Was haben Sie auf der Reise nicht alles schon gesehen und erlebt. Großartige Landschaften mit tief eingeschnittenen Fjorden und rauschenden Wasserfällen. Gewaltige Vogelkolonien hat das Schiff passiert. Im Schein der Mitternachtssonne oder während der Polarnacht mit ihren flackernden Nordlichtern haben Sie an Deck gestanden und gestaunt. Pulsierende Städte und kleine Fischerdörfer haben Sie kennengelernt. Zeugnisse menschlicher Besiedlung Norwegens von der Steinzeit bis heute wurden Ihnen in lebendigen Museen und unmittelbar vor Ort präsentiert. Nach sechs Tagen Seereise, und sei es die schönste der Welt, fordern Körper und Geist ihr Recht! Sobald also am sechsten Tag in Kjøllefjord die Leinen gelöst wurden und wenig später der Kinnarodden passiert ist, kann man sich getrost dem Dolcefarniente hingeben und sich in der Bar einen Abschiedstrunk genehmigen. Es finden sich bestimmt einige Gleichgesinnte.

Ein Citroën 11 CV Oldtimer wurde gerade in Batsfjord entladen.

tieren. Das Gebäude ist ein Denkmal von nationaler Bedeutung.

Zur Varanger-Halbinsel

Mit Mehamn verlässt das Schiff die Nordkynhalvøya und nimmt Kurs auf die Varangerhalvøya. Nachdem die Mündung des Tanafjordes an Steuerbord liegen geblieben ist, wird als erster Hafen Berlevåg angelaufen. Die Gemeinde mit rund 1100 Einwohnern liegt inmitten unberührter arktischer Landschaft. Sowohl das Meer als auch die Flüsse und Seen der Region sind wahre Anglerparadiese. Den Fischreichtum nutzen auch Seehunde, die im östlich gelegenen Kongsfjord eine große Kolonie bilden.

Kurze Zeit später ist der nächste Hafen, Båtsfjord, erreicht. Die 2000 Einwohner leben in erster Linie vom Fischfang, Tourismus spielt jedoch heute eine zunehmende Rolle. Der Ort selbst bietet keine besonderen Sehenswürdigkeiten. Das ist in Vardø anders. Dieser auf einer kleinen, vorgelagerten Insel gelegene Ort hat eine lange Tradition. In der bereits vor 9000 Jahren besiedelten Region wurde der Ort 1306 als Bollwerk gegen die Russen gegründet. Reste der Festungsanlagen von Vardøhus sind erhalten. Im 17. Jahrhundert erlangte Vardøy traurige Berühmtheit als Zentrum der norwegischen Hexenverfolgung. Über 90 Menschen wurden wegen angeblicher Zauberei verbrannt.

Die letzte Station vor Kirkenes ist Vadsø, die Hauptstadt der Fylke Finnmark Ein großer Teil ihrer rund 6000 Einwohner ist finnisch-stämmig. Ihre Vorfahren kamen in einer Einwanderungswelle im 19. Jahrhundert. Bekannt geworden ist Vadsø durch die Luftschiffexpeditionen des Italieners Umberto Nobile in die Arktis. Der Ankermast für die Luftschiffe ist bis heute erhalten.

Oben: Der kleine Fischerhafen in Vardø.
Mitte: Kanone auf der Festung Vardøhus.
Unten: Nachts um 1 Uhr in Batsfjord ist es noch immer hell.

Infos und Adressen

Ausstellung im Gamvik Museum 71° Nord.

Gamvik Museum 71° Nord. Strandveien 93, Brodtkorb, 9775 Gamvik, Tel. 78 49 79 49, gamvik@kystmuseene.no, www.kystmuseene.no, Eintritt: Erwachsene 50 NOK, Rentner 40 NOK, Studenten 40 NOK, Kinder von 7 bis 16 Jahre 10 NOK. Öffnungszeiten: Montag–Freitag 10–16.00, 18.06.–15.08. tägl. 10–16 Uhr.
Berlevåg kommune. Torget 4, 9980 Berlevåg, Tel.: 78 78 20 00, Fax 78 98 19 81, www.berlevag.kommune.no – Berlevåg hat eine deutschsprachige Homepage mit allgemeinen Informationen über die Gemeinde und Hinweisen auf touristische Angebote.

Nur die ganz Abgehärteten wagen ein kurzes Bad im eiskalten Wasser.

INFORMATION

Mehamn turistinformasjon. Im Mehamn Arctic Hotel. Værveien 54, 9770 Mehamn, Tel. 78 49 67 02, touristinfomehamn@visitnordkyn.com, www.visitnordkyn.com
Gamvik Tourist Office. Strandveien 49, 9775 Gamvik, Tel. 78 49 61 18, touristinfogamvik@visitnordkyn.com, www.gamvik.kommune.no

Schon fast dunkel: im Hafen von Mehamn.

Båtsfjord Kommune. Rådhuset, Hindberggata 18, 9990 Båtsfjord, Tel. 78 98 53 00, Fax 78 98 53 10, frivillig@batsfjord.kommune.no, www.batsfjord.kommune.no
Touristeninformation Vardø. Havna, 9951 Vardø, Tel. 78 98 69 07, Fax 78 98 69 08, vardo@varanger.com, www.varanger.com
Vadsø kommune. Rådhusgata 5, 9800 Vadsø Tel. 78 94 23 00, Fax 78 94 23 09, postmottak@vadso.kommune.no, www.varanger.com

Mitte: Die MS Nordkap an der Pier von Kirkenes.
Unten: Einmal im Monat findet in Kirkenes der bei Touristen beliebte Russenmarkt statt.

48 Kirkenes
Wendepunkt der Hurtigruten

Kirkenes war zu Beginn des 20. Jahrhunderts ein winziges Dorf mit Kirche und wurde mit dem Eisenerzabbau in Björnevatn in rasantem Tempo zu einem Industriehafen ausgebaut. Im Zweiten Weltkrieg war es heftig umkämpft und blieb am Ende als Trümmerhaufen zurück. Kann eine solche Stadt ein eigenes Gesicht haben? Zweifel sind erlaubt, und trotzdem ist Kirkenes eine Reise wert.

Der Name ist bezeichnend: Kirkenes bedeutet so viel wie »Kirche auf einer Landzunge«. Und viel mehr gab es in Kirkenes zu Beginn des 20. Jahrhunderts auch tatsächlich nicht zu sehen. Das änderte sich schlagartig, als nur wenige Kilometer südlich der »Kirche auf der Landzunge« in Björnevatn große Eisenerzvorkommen erschlossen wurden, die im Tagebau abgebaut werden konnten. Mit einer eigens dafür gebauten Bahn wurde das Eisenerz zum Hafen transportiert und von dort verschifft. 1996 wurde der Abbau eingestellt, aber bereits 2009 wieder aufgenommen. Über 90 Jahre lebte Kirkenes vom Eisenbergbau. Nüchterne Zweckbauten bestimmten und bestimmen wieder das Bild der Stadt, die auf dem Reißbrett entworfen wurde. Seit 1908 ist Kirkenes der Wendepunkt der Hurtigruten-Schiffe.

Der Zweite Weltkrieg

Während des Krieges besaß Kirkenes große strategische Bedeutung für die deutschen Besatzer. Nicht weit entfernt liegt der russische, ganzjährig eisfreie Hafen von Murmansk, über den die Alliierten Russland mit kriegswichtigem Material versorgten. Die Wehrmacht stationierte 30 000 Sol-

Stadtrundgang

A Hurtigrutenkai – ca. zwei Kilometer östlich vom Zentrum der Stadt gelegen.

B Touristeninformation im Presteveien

C Grenzlandmuseum – Geschichtsmuseum über die Entwicklung der Grenzregion Norwegen-Russland-Finnland. Im gleichen Gebäude befindet sich das Savio-Museum mit Werken des 1938 verstorbenen samischen Künstlers John Andreas Savio, der das Leben und die Kultur der Sami in Bildern und Holzschnitzereien dargestellt hat.

D Andersgrotta – für die Öffentlichkeit aufbereitete und zugänglich gemachte Luftschutzräume aus dem Zweiten Weltkrieg.

E Die **Kirkenes-Kirche** gehört zu den zwanzig Gebäuden der Stadt, die von der deutschen Wehrmacht verschont wurden.

F Prestefjell – Aussichtspunkt mit weitem Blick über die Stadt. Etwa 15 Minuten Fußmarsch über den Presteveien nach Süden.

G Erzbahn von Bjørnevaten zum Erzhafen – 1996 war der Erzabbau wegen Unrentabilität stillgelegt worden. Aufgrund gestiegener Weltmarktpreise für Eisenerz wurde der Abbau 2009 wieder aufgenommen. Seitdem ist auch die Bahn wieder in Betrieb.

Das Polarlicht in Kirkenes zieht jeden Fotografen in seinen Bann.

daten und eine große Zahl von Schiffen in Kirkenes, um die alliierten Geleitzüge aufzuhalten. Russische Bombenflugzeuge flogen mehr als 320 Einsätze, um die Deutschen zu vertreiben. Was durch die Bomben nicht vernichtet wurde, zerstörten die deutschen Truppen bei ihrem Rückzug. Nach dem Krieg begann der Wiederaufbau, aber Reste der Bunkeranlagen sind bis heute erhalten. Ein Luftschutzbunker, die Andersgrotta im Stadtzentrum, kann besichtigt werden.

Das moderne Kirkenes

Heute ist Kirkenes das Verwaltungszentrum für die Kommune Sør-Varanger und hat 3400 Einwohner. Die Fischerei ist traditionell ein wichtiger Wirtschaftszweig, kleine Schiffsreparaturwerften haben sich ebenso angesiedelt. Dienstleistungen und Tourismus sind die weiteren Standbeine der Stadt. Wirtschaftliche und politische Verbindungen reichen nach Finnland und inzwischen auch wieder nach Russland. Dies sieht man im gesamten Stadtbild. Straßenschilder sind in norwegischer und russischer Sprache.

Architektonisch bietet Kirkenes nicht viel, der Reiz der Stadt liegt außerhalb des Zentrums im Pasviktal. Eine Fülle von Bus-, Bootstouren und Wanderungen werden angeboten. In der Stadt lohnt sich der Besuch des Grenzlandmuseums und der Andersgrotta. Das Grenzlandmuseum ist ein Geschichtsmuseum über die Entwicklung der Grenzregion Norwegen-Russland-Finnland.
Immigrationswellen aus den Nachbarländern sowie der Erzabbau und der Zweite Weltkrieg sind die Schwerpunkte. Im gleichen Haus ist auch das Savio-Museum untergebracht. Es ist dem 1938 verstorbenen Künstler John Andreas Savio gewidmet, der das Leben und die Kultur der Sami in Bildern und Holzschnitzereien zum Thema macht.

AUTORENTIPP!

DREI TAGE LAPPLAND

Die Rundreise »Drei Tage Lappland« ist wärmstens zu empfehlen. Allein die Fahrt ist ein Erlebnis. Von Kirkenes fährt der Bus nach Westen an den Varangerfjord, von dort am Tanaelva flussaufwärts bis nach Utsjoki. Der Fluss mit seinen Stromschnellen und kleinen Wasserfällen bietet unterwegs viele reizvolle Fotomotive. In Utsjoki wird die Fahrt in südlicher Richtung fortgesetzt, diesmal entlang des Flusses Kevo. Der größte Teil der Strecke führt durch Naturschutzgebiete.
Der nächste Tag steht ganz im Zeichen der lappländischen Kultur. Zunächst wird das SIIDA-Sami-Museum besucht, ein Freilichtmuseum, in dem mehr als 50 Gebäude aus ganz Lappland zusammengetragen worden sind. Das Museum arbeitet eng mit dem Naturkundemuseum Metsähallitus zusammen, das unmittelbar benachbart ist. Der Besuch einer Rentierfarm steht ebenfalls auf dem Programm. Am Morgen des dritten Tages geht es an der Ostseite des Inari-Sees zurück nach Kirkenes.

SIIDA Sámi Museum. Inarintie 46, FI – 99870 Inari, Tel. +358-400 89 82 12, www.siida.fi

Schlittenhundestation und Samizelt außerhalb von Kirkenes.

Infos und Adressen

Rast am Lagerfeuer in den Wäldern von Kirkenes.

INFORMATION

Kirkenes Turistinformation. Postboks 145, Presteveien 1, 9915 Kirkenes, Tel. 78 99 25 01, Fax 78 99 25 25, www.kirkenesinfo.no

Northern Lapland Tourism. Lappland übergreifende Touristeninformation mit Links zu Agenturen, Hotels und Restaurants. Website auf Deutsch. Sariseläntie 1, FI – 99830 Saariselkä, Tel.: +358-16 66 84 02, Fax: +358-16 66 84 03, www.saariselka.fi

Inari Info. Touristeninformation der Gemeinde Inari, leider nur in finnischer Sprache. Im Büro sind auch Broschüren auf Deutsch erhältlich. FI – 99870 Inari, Tel.: +358-16 66 46 66, Fax: +358-16 66 47 77, tourist.info@inari.fi, www.inarilapland.org

MUSEEN

Sør-Varanger Museum – Grenzlandmuseum und Savio-Museum. Førstevannslia, 9900 Kirkenes, Tel. 78 99 48 80

Die Schleier des Polarlichtes über dem Hafen von Kirkenes.

info.museum@sor-varanger.museum.no, savio-museet@sor-varanger.kommune.no, www.varangermuseum.no Öffnungszeiten: Sommer: tägl. 10–14 Uhr, Winter: tägl. 10–18 Uhr.

ÜBERNACHTEN

Thon Hotel Kirkenes. Das luxuriöse, 2010 eröffnete Konferenzhotel liegt nur wenige Gehminuten vom Hurtigrutenkai entfernt. Johan Knudtzens gate 11, 9900 Kirkenes, Tel. 78 97 10 50, www.thonhotels.com

Das Thon Hotel liegt unmittelbar am Fjord. Der Ausblick ist fantastisch.

Rica Hotel Kirkenes. Das 800 Meter vom Stadtzentrum entfernte, gemütliche Hotel ist mit Sauna, Fitnessraum und WLAN ausgestattet. Pasvikveien 63, 9900 Kirkenes, Tel. 47 78 99 14 91, Fax 78 99 13 56, www.rica.no

ESSEN & TRINKEN

Surf & Turf. Das einfache Lokal im Zentrum von Kirkenes serviert vorwiegend lokale Fisch- und Fleischgerichte, aber auch Pasta und Salate. Dr. Wesselsgate 2, 9900 Kirkenes, Tel. 78 99 16 00.

Arctic Restaurant. Das Restaurant serviert norwegische und internationale Gerichte zu moderaten Preisen. Kongensgate 1–3, 9900 Kirkenes, Tel. 78 99 29 29, www.rica.no

49 Das Pasvik-Tal

Geschichte und Natur

Das Pasviktal erstreckt sich von Kirkenes ungefähr 100 Kilometer nach Süden und schiebt sich wie ein Keil zwischen Russland im Osten und Finnland im Westen. Die Menschen, die hier seit Jahrtausenden leben, die Moderne seit dem Beginn der Industrialisierung und nicht zuletzt der Kalte Krieg haben hier ihre Spuren hinterlassen. Und trotzdem hat sich hier eine einmalige, vielfältige Naturlandschaft erhalten können.

Der Fluss Pasvikelva, der dem Tal den Namen gegeben hat, bildet auf nahezu seiner gesamten Länge die Grenze zwischen Norwegen und Russland. Er entspringt im Inari-See in Nord-Finnland und fließt zunächst nach Nordosten, später nach Norden. Bei Kirkenes mündet er in den Bøkfjord, der die Verbindung zur Barentssee bildet. Das Pasvik-Tal ist bis zu 30 Kilometer breit und wird von niedrigen Hügelketten begrenzt. Vor allem west-

Mitte: Im traditionellen Holzboot geht es auf dem Pasvikelva durch das Pasvik-Tal.
Unten: Übertreten der Grenze strengstens verboten. Die norwegischen Grenzer passen genau auf.

MAL EHRLICH

WER IM GLASHAUS SITZT …

Noch ist die Erinnerung an den Kalten Krieg nicht vollständig verblasst. Die damit verbundene Verschwendung von Ressourcen hat in Russland zu ungehemmter Ausbeutung und Vergiftung der Landschaft geführt und ist bis heute sichtbar. Da ist es leicht, auf den Beobachtungsturm zu steigen, die misshandelte Natur auf der anderen Seite anzusehen und pharisäerhaft auf eigene Umweltstandards hinzuweisen. Ein wenig Zurückhaltung täte uns gut, denn in Deutschland werden Tag für Tag 125 Hektar Fläche zu Siedlungs- und Gewerbegebieten umgewandelt.

Hans Hatle spielt samische Volksweisen auf seiner Trommel.

lich des Flusses ist es sumpfig und mit Hunderten von Seen durchsetzt. In trockeneren Bereichen gibt es niedrigwüchsige Wälder aus Birken und Kiefern, die Ausläufer der russischen Taiga. Erschlossen wird das Tal durch den Riksvei 885, der von Kirkenes bis nach Nyrud im Dreiländereck von Norwegen, Russland und Finnland liegt.

Auf den Spuren des Bergbaus

Viele Jahrzehnte Eisenerzgewinnung im Tagebau haben tiefe Wunden in der Landschaft hinterlassen. Nur zehn Kilometer südlich von Kirkenes fühlt man sich südlich der Bergbausiedlung Björnevatn in eine Mondlandschaft versetzt. Die steilen Hänge der Abbaugruben sind ohne jede Vegetation und die Seen am Grunde der Gruben tot. Riesige vegetationsfreie Abraumhalden sind um die Gruben aufgeschüttet worden. Es wird weiterer Jahrzehnte bedürfen, bis sie begrünt sind. 1996 war der Abbau aufgegeben worden, aber nur 13 Jahre später wurde er wieder aufgenommen. Aber auch das prägt die Region und ist wert, angesehen zu werden.

Zeugnisse des Kalten Krieges

Die kürzeste Entfernung zur russischen Grenze beträgt mit dem Boot auf dem Pasvikelva gerade einmal sieben Kilometer. Auf der Straße sind bis

AUTORENTIPP!

FLUSSFAHRT ZUR RUSSISCHEN GRENZE

Eigentlich ist die nordgehende Reise in Kirkenes beendet, doch die Fahrt zur russischen Grenze sollte niemand versäumen. Nur ungefähr sieben Kilometer sind von Kirkenes auf dem Pasvik-Fluss bis zur russischen Grenze zurückzulegen, doch auf dem Weg erschließen sich dem Betrachter tiefe Einblicke in das Land und seine wechselvolle Geschichte. Nicht zu Unrecht wird der Bootsausflug, als »kulturhistorische Fahrt« angeboten. Mit den ortstypischen schlanken Holzbooten, in denen bis zu 20 Personen Platz finden, begibt man sich auf die Fahrt zur russischen Grenze. Auf dem Weg erfährt man von den örtlichen Reiseleitern Wissenswertes über die Menschen, Tiere und Pflanzen der Region. Hier leben unter anderem noch Vielfraße und Polarfüchse, und immer häufiger wechseln auch Wölfe aus Russland über die Grenze. An der russischen Grenze angekommen, werden in einer Sami-Hütte zum Kaffee Moltebeeren mit Sahne serviert. Danach fahren die Boote auf dem gleichen Weg nach Kirkenes zurück.

Oben: Barents Safari bietet abenteuerliche Quadtouren an die russische Grenze an.
Mitte: Klar getrennt: Gelb für Norwegen, rot-grün für Russland.
Unten: Ein einfacher Zaun trennt die beiden Länder.

zum Grenzübergang Skorskog 14 Kilometer zu fahren. Zwar sind auch heute noch Pass und Visum unabdingbar für die Einreise nach Russland, aber der Grenzübergang unterscheidet sich nicht mehr von denen zu anderen Ländern. Allenfalls die hohen Beobachtungstürme, von denen man einen weiten Blick in das jeweilige Nachbarland hat, erinnern daran, dass sich entlang des Eisernen Vorhangs einmal hochgerüstete Armeen in Alarmbereitschaft gegenüber gestanden haben. Die Türme gibt es übrigens auf beiden Seiten. Høyde 96 heißt ein Hügel mit solch einem Beobachtungsturm auf norwegischem Territorium. Doch schon lange beobachten hier keine Soldaten mehr die russischen Nachbarn. Heute schauen von dem Turm Touristen bis zur Bergarbeiterstadt Nikel, in der Nickel abgebaut wird. Wer den Blick vom Turm auch einmal in die nähere Umgebung schweifen lässt, entdeckt vielleicht einen der Braunbären, die sich gern hier aufhalten.

Wildnis in der Nachbarschaft

Nicht weit von den menschlichen Einrichtungen hat die Natur nach wie vor die Oberhand. Birken- und Kiefernwälder, Seen, Bäche und sumpfige Wiesen prägen die Landschaft – so weit das Auge reicht. Die unberührteste Natur findet sich ganz im Süden des Pasvik-Tales, im Dreiländereck von Norwegen, Russland und Finnland. Hier schützt der Øvre-Pasvik-Nationalpark 119 Quadratkilometer Wald und Wasserflächen. Er wurde 1970 eingerichtet, um einen der größten ursprünglichen Wälder Norwegens mit seiner Flora und Fauna zu bewahren.

190 verschiedene Blütenpflanzen wachsen im Nationalpark, darunter so seltene wie der Lappland-Hahnenfuß oder die Heidelbeerweide, ein Zwergstrauch. Nirgendwo in Norwegen ist die Bären-

Zwischen Norwegen, Russland und Finnland

Ⓐ **Kirkenes**

Ⓑ **Skorskog** – norwegisch-russischer Grenzübergang. Auf norwegischer Seite liegt das Hotel Gapahukken.

Ⓒ **Bjørnevatn** – Bergarbeiterstadt, die bei zahlreichen Eisenerz-Tagebaugruben liegt.

Ⓓ **Sør-Varanger-Museum** in der kleinen Ortschaft Strand mit natur- und kulturhistorischer Ausrichtung.

Ⓔ **Øvre Pasvik nasjonalparksenter** in Avanvik. Nationalpark-Informationszentrum unter dem Dach der Forschungseinrichtung Bioforsk Svanhovd.

Ⓕ **Høyde 96** – Beobachtungsturm aus dem Kalten Krieg.

Ⓖ **Bergarbeiterstadt** und Industrierevier Nikel in Russland.

Ⓗ **Ehemaliges Kriegsgefangenenlager** und Erinnerungsstätte Vaggatem.

Ⓘ **Øvre Pasvik nasjonalpark** im Dreiländereck Norwegen – Russland – Finnland.

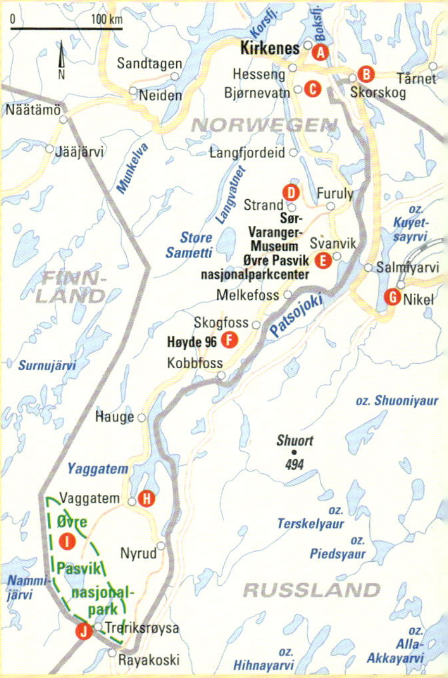

Über nahezu leere Landstraßen geht es in Richtung Russland.

AUTORENTIPP!

AUF DER SPUR DES BÄREN
Nirgendwo sonst in Norwegen ist die Chance, einen Bären in seinem natürlichen Lebensraum zu sehen, so groß wie im Nationalpark Øvre Pasvik . Im Anschluss an den Bustransfer von Kirkenes führt die fünf Kilometer lange Wanderung entlang der Pfade, die von den Grenzwachen schon vor langer Zeit angelegt worden sind, zum Treriksrøysa. An dieser Stelle grenzen Norwegen, Russland und Finnland aneinander. Begleitet von einheimischen Führern, wandert man durch die Taiga mit ihrer einzigartigen Tier- und Pflanzenwelt. Hakengimpel, Unglückshäher und Seidenschwanz sind in den Wäldern zu Hause und immer wieder zu beobachten. Bärenspuren sind häufig zu sehen, ob der Bär sich auch selbst zeigt, kann nicht vorausgesagt werden. Die Nacht verbringt man in einer gemütlichen Hütte. Wer will, kann vor dem Abendessen noch in die Sauna gehen. Am nächsten Tag geht es wieder zurück nach Kirkenes. Die gesamte Tour des Veranstalters Pasviturist AS dauert 24 Stunden, Transfer, Übernachtung und Verpflegung sind im Preis inbegriffen. Preis auf Anfrage.

population dichter als hier. Auch der weltweit größte Marder, der Vielfraß, ist im Nationalpark heimisch. Aus dem Osten eingewandert ist der Marderhund, der sich hier inzwischen etabliert hat.

Informationen sind 40 Kilometer südlich von Kirkenes im Nationalparkzentrum Øvre Pasvik nasjonalparksenter in Svanvik erhältlich. Es wurde 2001 unter der Federführung der staatlichen Forschungseinrichtung Bioforsk Svanhovt eröffnet und zeigt Ausstellungen und Dioramen zum Nationalpark sowie zum gesamten Pasvik-Tal und dessen Siedlungsgeschichte. Ein Botanischer Garten mit den typischen Pflanzen der Region wurde auf dem Gelände des Nationalparkzentrums ebenfalls angelegt.

Menschen im Pasvik-Tal

Die menschliche Besiedlung des Pasviktals reicht bis in die Zeit vor 10 000 Jahren zurück, als sich steinzeitliche Jäger hier niederließen. Das Gebiet war gegenüber dem Umland klimatisch begünstigt und bot ausreichend Wild zur Ernährung der Menschen. Ab dem 6. Jahrhundert lebten hier samische Siedler, bis sie im 19. Jahrhundert weichen mussten, als norwegische Forst- und Landwirtschaftsbetriebe angesiedelt wurden. Diese wiederum stellten ihren Betrieb mit der Ausweisung des Nationalparks ein. Im Sør-Varanger Museum in Strand ist eine interessante natur- und kulturhistorische Ausstellung zu sehen.

Aus der neueren Geschichte stammt das Kriegsgefangenenlager Vaggatem. Es wurde von der deutschen Wehrmacht während des Zweiten Weltkrieges zur Aufnahme russischer Kriegsgefangener eingerichtet. Das Lager wurde in den letzten Jahren restauriert und ist für Besucher zugänglich.

Infos und Adressen

INFORMATION

Pasvikturist AS. Der Reiseveranstalter in Kirkenes bietet Sommer- und Wintertouren aller Art in das Pasvik-Tal. Auf dem Programm stehen auch Fahrten nach Russland bis nach Murmansk. Öffnungszeiten: Mo–Fr 8.30–16 Uhr, Sa und So geschlossen. Postboks 157, 9915 Kirkenes, Besuchsadresse: Dr. Wesselsgate 9 (in der Fußgängerzone), 9900 Kirkenes, Tel. 78 99 50 80, Fax 78 99 50 57, monika@pasvikturist.no (deutschsprachig), www.pasvikturist.no

Das obligatorische Gruppenfoto am Ende der Quadsafari.

Die Hängebrücke über den Pasvikelva.

Øvre Pasvik nasjonalparksenter. Bioforsk Svanhovd, 9925 Svanvik, Tel. 46 41 36 00, Fax 78 99 56 00, svanhovd@bioforsk.no, www.nasjonalparksenter.no/pasviknps

ESSEN, TRINKEN & ÜBERNACHTEN

Hotel und Restaurant Gapahuken. Das Hotel mit Restaurant steht neun Kilometer außerhalb von Kirkenes und 500 Meter von der russischen Grenze entfernt. Das Restaurant der mittleren Preisklasse bietet Platz für 40 Gäste. Ein Shuttle-Service von Kirkenes zum Hotel und zurück kann bestellt werden. Kosten pro Person 100 NOK. Storskog, 9900 Kirkenes, Tel. 78 99 08 20, post@storskog.no, www.storskog.no

BIRK – Husky, Natur & Mat. Der Reiseveranstalter mit Hotel- und Restaurantbetrieb befindet sich in Melkefoss, ca. 55 Kilometer südlich von Kirkenes. Gebuchte Gäste werden abgeholt und wieder nach Kirkenes zurückgebracht. Das Restaurant befindet sich in einem (nachgebauten) Wikingerhaus. Bei offenem Lagerfeuer werden regionale Speisen angeboten. Spezialitäten sind Waldpilzsuppe mit Königskrabben und Geschnetzeltes vom Rentier nach samischem Rezept. Die Preise sind moderat. Melkefoss, 9925 Svanvik, Tel. 90 97 82 48, post@birkhusky.no, www.birkhusky.no

Mitte: Eingangsportal des Schneehotels in Kirkenes.
Unten: Ein samisches Lied an die Götter in der Bar des Schneehotels.

50 Schneehotel Kirkenes

Rudolfs Rache und mehr

Ein Iglu bauen zu können war für die Inuit auf der Jagd eine überlebenswichtige Fertigkeit. Sie nutzten die isolierende Wirkung des Schnees, um die eisigen Wintertemperaturen bis -40 °C im Freien gegen moderate -4 °C im Innern einzutauschen. Die Bewohner der Finnmark haben diese Idee aufgegriffen und in gewohnt norwegischer Manier nicht nur ein Iglu zu einem kompletten Hotel erweitert, sondern obendrein auch mit Kunst versehen.

Seit 2006 gibt es das Schneehotel in Kirkenes, bei dem wirklich fast alles aus Schnee und Eis geformt wird. Anders als die Inuit schneiden die Bauherren des Hotels aber keine Schneeblöcke aus und schichten sie auf. Sie entwickelten eine eigene verblüffend einfache Technik, um das Gebäude zu errichten. Sie blasen einen riesigen Ballon auf und bedecken ihn mit einer zwei Meter dicken Schneeschicht, die verdichtet wird. Der Schnee wird von einer Schneemaschine produziert, wie sie auch zum Präparieren von Skipisten verwendet wird. Sobald der Schnee fest genug ist, wird die Luft aus dem Ballon abgelassen, und ein Hohlraum mit fünf Metern Durchmesser ist entstanden. Für die Verbindungskorridore werden hölzerne Formen verwendet, die in gleicher Weise mit Schnee bedeckt und anschließend entfernt werden. Die Statik des Schneehotels wird in jedem Jahr durch einen Professor geprüft, der sich auf solche Schneebauten spezialisiert hat.

Die Inneneinrichtung ist aus Eisblöcken geformt, die aus den nahe gelegenen Seen gesägt und mit Schneemobilen zum Hotel transportiert werden.

Schneehotel Kirkenes

Der Tresen in der Bar und alle Sitzgelegenheiten sind aus Eis, sogar die Betten in den 40 Zimmern des Hotels sind mit Eisblöcken umlegt. Zwischen den Eisblöcken liegen aber weiche und gegen die von unten kommende Kälte isolierende Matratzen, Dazu kommen Schlafsäcke, die, so wird gesagt, ihre Bewohner bis –35 °C Umgebungstemperatur warm halten können. Um die Temperatur nicht zu hoch steigen zu lassen, werden alle Räume mit LED-Lampen erhellt, die wenig Wärme produzieren. Aus dem gleichen Grund sind die Räume nicht mit Türen verschlossen, sondern nur mit Vorhängen gegen neugierige Blicke geschützt. Immerhin heizt jeder Mensch mit etwa drei Watt pro Kilo Körpergewicht seine Umgebung. Jeder Raum ist anders gestaltet und mit Eisskulpturen verziert, die zusätzlich mit Lampen angestrahlt werden.

Treffpunkt für »Coole«

Die Eisbar unter einer acht Meter hohen Kuppel ist schließlich der zentrale Treffpunkt. Hierher kommen alle Gäste, dick eingepackt in Parka, Mütze und Handschuhe. Hier wird »Rudolfs Rache« getrunken, Wodka nicht aus Gläsern, sondern Eisbechern, die anschließend gelutscht werden können, um keinen Tropfen zu verschwenden.

In dieser Welt aus Schnee und Eis muss jedoch ein Problem auf konventionelle Weise gelöst werden. Bislang ist es nicht gelungen, dauerhafte Duschen und Toiletten aus Eis zu bauen. Sie sind in einem festen Gebäude neben dem Schneehotel untergebracht. Auch das Restaurant ist in einem separaten festen Gebäude untergebracht, schließlich ist es das ganze Jahr über in Betrieb. Das Hotel dagegen ist vergänglich und muss jedes Jahr aufs Neue errichtet werden. Selbst auf 70 Grad Nord schmilzt die Schnee- und Eispracht spätestens im Mai und hinterlässt nichts als eine große Pfütze.

Infos und Adressen

INFORMATION

Radius Kirkenes AS. Postboks 200, 9915 Kirkenes, Tel. 78 97 05 40, Fax 78 97 05 41, Info@radius-kirkenes.com, www.kirkenessnowhotel.com, Preise: Doppelzimmer 2500 NOK pro Person, Einzelzimmer 2500 NOK. Im Preis inbegriffen sind der Transfer von Kirkenes zum Schneehotel und zurück sowie ein Drei-Gänge-Menü, Frühstück und die Sauna am nächsten Morgen. Öffnungszeiten: 20.12.–20.04.

Auf Rentierfellen und warm gekleidet wird die Nacht im Schneehotel sogar gemütlich.

REISEINFOS

Vorangehende Doppelseite: Der Veranstalter Radius unternimmt Schlittenhundetouren in die nähere Umgebung.
Oben: Ein gemütliches Glas Bier vor dem Kulturzentrum in Hammerfest.
Mitte: Reger Verkehr vor der MS Richard With in Brønnøysund.

HURTIGRUTEN VON A BIS Z

Alkohol

Alkohol ist in Norwegen mehr als teuer, die Preise liegen mindestens doppelt so hoch wie in Deutschland. Wein und Spirituosen dürfen nur in den staatlich kontrollierten Alkoholläden Vinmonopolet AS verkauft werden. Sie sind von Montag bis Mittwoch und freitags von 10 bis 16 Uhr geöffnet, donnerstags bis 17 Uhr und am Samstag von 9 bis 13 Uhr. Bier ist in den mit Øl-Utslag gekennzeichneten Geschäften erhältlich. Das Mindestalter für den Erwerb von Wein und Bier ist 18 Jahre. Spirituosen bekommt nur, wer mindestens 20 Jahre alt ist. Restaurants und Pubs benötigen spezielle Lizenzen zum Ausschank von Alkohol. Die Alkoholobergrenze beim Führen von Fahrzeugen liegt bei 0,2 Promille.

Anreise

Reisende auf der Hurtigruten werden in aller Regel das An- und Abreisearrangement der Schifffahrtslinie nutzen, denn es schließt auch alle Transfers zum und vom Schiff ein. Es ist jedoch auch möglich, individuell anzureisen. Alle großen Fluggesellschaften fliegen Oslo an, von dort bestehen Verbindungen zu den Start- und Endpunkten der Hurtigruten mit SAS, Norwegian oder Widerøe nach Bergen oder Kirkenes. Die günstigsten Preise findet man bei www.fluege.de. ICE-Züge fahren von Hamburg über Kopenhagen und Göteborg nach Oslo, die Reise dauert aber wegen zum Teil mehrstündiger Umsteigezeiten sehr lange. Auskunft erhalten Sie bei www.bahn.de. Die Anreise mit der Autofähre von Kiel nach Oslo stimmt schon einmal auf die Seereise ein. Von Oslo fährt dann die berühmte Bergenbahn nach Bergen. Informationen dazu gibt es bei den norwegischen Staatsbahnen www.nsb.no. Die Anreise mit dem Auto werden die wenigsten Hurtigruten-Touristen nutzen – der Wagen muss für die Dauer der Reise abgestellt werden, zudem ist es erforderlich, nach Abschluss der Reise zum Ausgangspunkt zurückzukehren. Diese Variante ist daher nicht zu empfehlen.

Ärztliche Versorgung

Im Krankheitsfall oder bei Unfällen sollten Krankenhäuser (Sykehus) aufgesucht werden. Die europäische Versicherungskarte der Krankenkassen wird akzeptiert. Bei Zahnschmerzen wird der Zahnarzt, *tannleger*, aufgesucht.

Ausrüstung und Kleidung

Nicht nur im Winter, sondern auch im Sommer ist es ratsam, sich für eine Norwegenreise mit warmer, wind- und wasserdichter Kleidung auszurüsten. Dies gilt besonders für Seereisen. Schal, Handschuhe, Mütze, Pullover und feste Schuhe gehören auf jeden Fall ins Gepäck. Sonnenschutzcreme mit einem Lichtschutzfaktor nicht unter 20 ist ebenfalls unverzichtbar, weil man sich oft an Deck aufhält und die Sonnenstrahlen vom Wasser reflektiert werden.

Banken

Banken haben von Montag bis Freitag von 8.15 bis 15 Uhr geöffnet, am Donnerstag bis 17 Uhr. An manchen Flughäfen und Bahnhöfen sind Wechselstuben auch noch am Abend und an Wochenenden geöffnet. Bankautomaten gibt es in allen größeren, aber auch in vielen kleinen Städten. Scheck- und Kreditkarten werden in den meisten Fällen akzeptiert. Norwegen gilt als eines der teuersten Urlaubsländer Europas. Das stimmt sicher, was Konsumgüter angeht, von der Tasse Kaffee bis zur Digitalkamera. Andere Dinge, z.B. Bahn- oder Taxifahrten, liegen allerdings auf dem gleichen Niveau wie im übrigen Europa. Für den Aufenthalt in Norwegen sollten Sie 30 bis 40 € pro Tag und Person ansetzen.

Oben: Nur die ganz Harten trotzen der Kälte an der Reling.
Mitte: Bootstour auf dem Fluss Pasvikelva zur russischen Grenze.
Unten: Schon ein Markenzeichen: die Norwegerpullover und Trachtenjacken.

Oben: Gemütliches Restaurant Gabba, das einem Samizelt nachempfunden wurde.
Mitte: Der Domführer wartet vor dem Nidaros-Dom in Trondheim auf seine Gäste.
Unten: Lachs, das Nationalgericht Norwegens.

Begrüßung

Nur beim ersten Treffen ist das Händeschütteln üblich, später begnügt man sich mit einem *god dag*, Guten Tag, oder nur mit einem *hei*, Hallo. Alle Norweger duzen sich, selbst der König wird von seinen Untertanen mit »du« angesprochen.

Einreisebestimmungen

Bürger der Bundesrepublik Deutschland, Österreichs und der Schweiz benötigen einen gültigen Personalausweis oder Pass.

Elektrizität

In Norwegen gibt es Wechselstrom mit 220 Volt, Steckdosenadapter sind nicht notwendig.

Essen und Trinken

An Bord bleiben in dieser Hinsicht keine Wünsche offen. An Land sollten Sie regionale Speisen probieren, insbesondere Fisch wird in vielen verschiedenen schmackhaften Variationen angeboten. Wal- und Robbenfleisch wird von den Norwegern sehr geschätzt. Es muss jeder für sich selbst entscheiden, ob er da zugreift oder aus Artenschutzgründen darauf verzichtet. Rentierfleisch steht ebenfalls häufig auf der Karte, gelegentlich auch Elch. Alkohol zum Essen ist sehr teuer. Die Norweger trinken meist Kaffee, der sehr gut ist.

Getrockneter Dorsch wird häufig nach Südeuropa exportiert.

Feiertage

1. Januar (Neujahr), 1. Mai (Tag der Arbeit), 17. Mai (Nationalfeiertag), 25. und 26. Dezember (Weihnachten), 31. Dezember (Silvester). Bewegliche Feiertage: Gründonnerstag, Karfreitag, Ostermontag, Christi Himmelfahrt, Pfingstmontag.

Feste und Brauchtum

In Norwegen wird oft und heftig gefeiert. In den Touristenbüros gibt es Übersichten über lokale und regionale Feste und Veranstaltungen. Zwei Beispiele: Am 23. Juni wird in ganz Norwegen der St. Hans-Abend gefeiert. Mit großen Johannisfeuern feiert man zu diesem Anlass den Geburtstag von Johannes dem Täufer am folgenden Tag sowie die Sommersonnenwende, die jedoch bereits zwei Tage zuvor erfolgte. Jedes Jahr zu Ostern feiern die Sami in Kautokeino das Påskefestivalen.

Geld

Währung ist die norwegische Krone NOK, eine Krone ist 100 Øre wert. Münzen gibt es für 50 Øre, 1, 5, 10 und 20 NOK. Banknoten sind für 50, 100, 200, 500 und 1000 NOK im Umlauf. Der Kurs unterliegt Schwankungen, meistens erhält man für einen Euro jedoch zwischen 7,5 und 8,0 NOK.

Haustiere

Haustiere benötigen einen gültigen Impfnachweis und eine vom Tierarzt bestätigte Gesundheitsbescheinigung für die Einreise nach Norwegen.

Internet

Internet ist nahezu überall verfügbar. Viele Hotels bieten kostenloses WLAN an. Fast alle öffentlichen Bibliotheken haben Internetzugang. Nach Eintrag in eine Liste kann man dort bis zu 30 Minuten kostenlos surfen. In allen größeren Städten gibt es darüber hinaus Internetcafés. Mit Ausnahme von

Oben: Wärmendes Feuer im Lavvu, dem traditionellen Samizelt.
Mitte: Ein Schlittenhund wartet auf seinen nächsten Einsatz.
Unten: Urig und gemütlich ist die Einrichtung des Restaurants Enhjørningen in Bergen.

»MS Nordstjernen« und »MS Lofoten« sind alle Hurtigruten-Schiffe mit einem Internetzugang ausgestattet. In bestimmten öffentlichen Räumen kann man sich per WLAN mit dem eigenen Laptop in das Internet einloggen.

Kinder

Norweger sind als kinderlieb bekannt, und auch an Bord der Hurtigruten-Schiffe sind sie willkommen. Auf einigen Schiffen ist ein eigenes Spielzimmer für Kinder vorhanden.

Klima und Reisezeit

Die Hurtigruten sind stolz darauf, zu jeder Jahreszeit und bei jedem Wetter nicht nur zu fahren, sondern auch auf die Minute pünktlich anzukommen. Dabei werden gleich mehrere Klimaregionen durchfahren. Demzufolge kann man auch jede be-

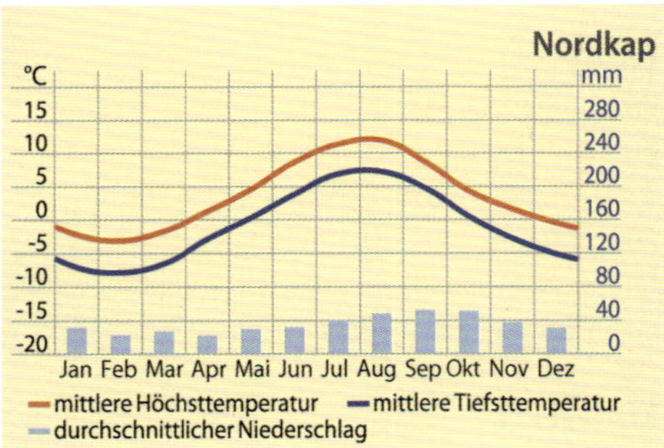

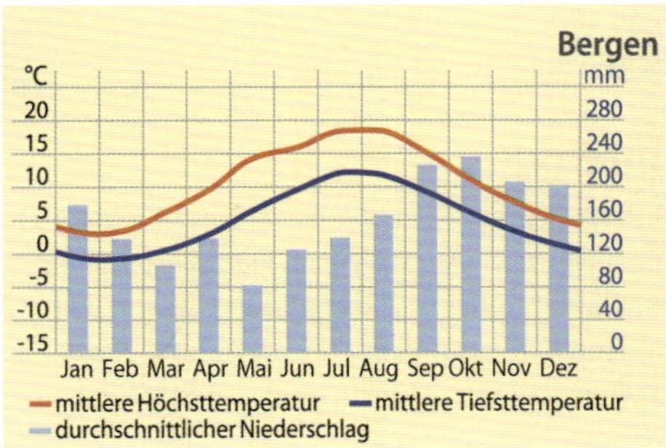

Oben: Die MS Nordlys am Pier von Ålesund.
Mitte: Trolle sind in Norwegen allgegenwärtig.
Unten: Stimmungsvolles Licht auf den Vesterålen.

liebige Jahreszeit für eine Reise mit Hurtigruten buchen und gelangt dabei in alle möglichen Wettersituationen von hemdsärmelig-warm bis bitterkalt. Bei der Wahl der Jahreszeit sollte man sich also von den Dingen leiten lassen, die man erleben will. Wer Fauna und Flora genießen will, fährt am Besten in den Monaten Mai bis September. Wer das Polarlicht sehen will, ist gut beraten in den Monaten September bis April unterwegs zu sein. Auch einige Ausflüge sind nur in der einen oder anderen Jahreszeit möglich.

Läden und Supermärkte

In jedem Ort gibt es eine Supermarkt oder mindestens einen Laden, wo man die Dinge des täglichen Bedarfs kaufen kann. Supermärkte haben von Montag bis Freitag von 9/10 Uhr bis 20 Uhr, samstags von 10 bis 18 Uhr geöffnet, Läden von Montag bis Samstag von 9/10 Uhr bis 16/17 Uhr, donnerstags bis 19 Uhr.

Mietwagen

Adressen von Autovermietungen sind in den Touristenbüros erhältlich. Bei internationalen Autovermietern ist die Buchung über das Internet schon von zu Hause aus möglich. Die Fahrzeuge stehen dann bei Ankunft bereit. Der europäische Führerschein wird anerkannt.

Mücken

An Bord, insbesondere wenn das Schiff auf dem Meer ist, spielen Mücken keine Rolle. An Land machen jedoch die bekannten Stechmücken dem Reisenden während der Sommermonate das Leben schwer. Darüber hinaus können auch Gnitzen und Kriebelmücken, winzig kleine Plagegeister, mehr als lästig werden. Die Mitnahme eines wirkungsvollen Abwehrmittels (Repellent) ist daher dringend angeraten. Wer auf die chemische Keule

Oben: Einkaufstraße in Tromsø.
Mitte: Auf dem Russenmarkt in Kirkenes wird auch allerlei warme Kleidung verkauft.
Unten: Das Teleobjektiv sollte auf der Hurtigrutenreise stets griffbereit sein.

verzichten möchte, ist mit einem Mückennetz auch gut bedient.

Notrufnummern

Polizei 112, Krankenwagen 113, Feuerwehr 110.

Optik

Eine Kamera sollte jeder mit sich führen, um die schönsten Momente oder interessantesten Orte fotografieren zu können. Da heute nahezu alle Kameras digital arbeiten, ist die Mitnahme ausreichender Speicherchips angeraten. Sie sind auch in den Städten erhältlich, allerdings sind die Preise in der Regel höher als im übrigen Europa. Die Mitnahme eines Fernglases ist für Tierbeobachtungen sehr zu empfehlen.

Post

Postämter sind gewöhnlich von Montag bis Freitag von 8/8.30 Uhr bis 16 Uhr geöffnet, samstags von 8/9 Uhr bis 13 Uhr. Briefmarken sind nicht nur bei der Post erhältlich, sondern auch immer dort, wo Postkarten verkauft werden. Ein Brief oder eine Postkarte bis 20 Gramm muss für Adressaten innerhalb Europas mit 9 NOK frankiert werden, für Ziele außerhalb Europas sind es 10 NOK.

Sprache

In Norwegen sind zwei Schriftsprachen offiziell anerkannt: Bokmål, das von 80 bis 85 Prozent der Bevölkerung benutzt wird, und Nynorsk, das die restlichen 15 bis 20 Prozent sprechen. Beide Sprachen sind sich jedoch so ähnlich, dass sich alle Norweger untereinander verstehen, unabhängig davon, welche Sprache sie sprechen.

Telefon

Öffentliche Telefone akzeptieren Münzen im Wert von 1 bis 20 NOK. Der Mindestbetrag liegt bei 4 NOK. Münztelefone werden aber immer häufiger

Oben: Briefkasten neben dem Eisbärclub in Hammerfest.
Mitte: Zum Glück nur künstlich. Der Eisbär wacht über Hammerfest.
Unten: Wiedersehen mit der Vesterålen im Trollfjord.
Rechte Seite: Nicht mehr ganz im Lot: die Hinterhöfe von Bryggen in Bergen.

Oben: Rorbuer am Porsangerfjord unweit vom Nordkap.
Mitte: Schrullige Wikinger vor einem Restaurant an der E 69.
Unten: Das neue Thon Hotel in Kirkenes gehört zu den besten im ganzen Norden.

durch Kartentelefone ersetzt. Die Ländervorwahl für Norwegen ist 0047 oder +47. Auf sie folgt unmittelbar die Rufnummer, Regionalvorwahlen gibt es nicht. Wer eine Telefonnummer sucht, kann sie unter www.gulesider.no finden. Alle Hurtigruten-Schiffe haben Münzfernsprecher an Bord, auf vielen Schiffen kann direkt aus der Kabine telefoniert werden. Meist befindet man sich auch in Reichweite von Mobiltelefonmasten und kann mit dem eigenen Handy telefonieren.

Touristeninformation

Jede Stadt in Norwegen hat ein Touristenbüro, in dem man in der Regel kostenlose Stadtpläne, Veranstaltungskalender und Informationsbroschüren erhält. In einigen Büros können zudem Zimmer in Hotels und Privatpensionen gebucht werden. Auch eine Wechselstube ist dort oft vorhanden. Allerdings sind die Kurse dort dann meist nicht so günstig wie bei den Banken und offiziellen Wechselstuben. Während der Hauptsaison von Juni bis August sind die Büros täglich für viele Stunden geöffnet. In der übrigen Zeit haben sie nur eingeschränkte Öffnungszeiten, einige sind im Winter vollständig geschlossen.

Sichtlich Spaß haben diese jungen Pianistinnen in Rörvik.

Die meisten Zimmer des Thon Hotels haben Fjordblick.

Trinkgeld

Trinkgeld ist in Norwegen nicht üblich, weil die Bedienung bereits im Preis der Rechnung eingeschlossen ist. Wenn jedoch ein wenig aufgerundet wird, sind alle zufrieden. Auch an Bord werden kleine Aufmerksamkeiten gerne angenommen.

Übernachtung

Einmal an Bord, muss sich niemand Gedanken darüber machen, wo er die nächste Nacht verbringen soll – auf allen Schiffen ist man gut aufgehoben. An Land betreiben alle großen Hotelketten selbst in kleinen Städten Häuser. Daneben gibt es eine Fülle kleinerer Hotels und Pensionen, in denen man vergleichsweise günstig übernachten kann. An der Küste sind viele Rorbuer, ehemalige Fischerhütten, zu komfortablen Ferienhäusern umgebaut worden. In den jeweiligen Highlights dieses Buches sind empfehlenswerte Hotels und andere Unterkünfte aufgelistet.

Zeitungen und Zeitschriften

Überregionale deutschsprachige Zeitungen (*Süddeutsche Zeitung, Die Welt, Die Zeit, Der Spiegel* etc.) sind in der Regel ein bis drei Tage nach ihrem Erscheinen in Norwegen an Kiosken erhältlich.

Oben: Grandiose Landschaften zwischen Måløy und Torvik.
Mitte: Der Skipper der Lundekongen, einem Ausflugsboot nach Gjesværstappen.
Unten: In der Sonne kann man es sich auch im Winter auf Deck gemütlich machen.

Kleiner Sprachführer

ALLGEMEIN

Guten Tag God dag
Guten Abend God aften
Gute Nacht God natt
Hallo! Hei!
Auf Wiedersehen Farvel
Ja Ja
Nein Nei
Bitte Vær så god
Danke Takk
Vielen Dank Tusen takk
Wie bitte? Hva sa du?
Entschuldigung Unnskyld
Sprechen Sie Deutsch/Englisch? Snakker de tysk/engelsk?
Ich verstehe nicht. Jeg forstår ikke.
Ich heiße ... Jeg heter ...
Ich komme aus Deutschland/Österreich/der Schweiz. Jeg kommer fra Tyskland/Østerrike/Sveits.
heute i dag
morgen i morgen
gestern i går
vorgestern iforgåars
Wie viel Uhr ist es? Hva er klokka?

UNTERWEGS

Wo ist ...? Hvor er ...?
Ich will nach ... Jeg skal til ...
Wie weit ist es nach ... Hvor langt er det til ...
Bahnhof jernbanestasjonen
Busbahnhof bussterminalen
Flughafen flyplassen
Touristeninformation turistinformasjonen
Bank bank
Apotheke apotek
Tankstelle bensinstasjon
Auto bil
Fahrrad sykkel
Eine Fahrkarte nach ... bitte. Kan jeg få en billett til ...
rechts høyre
links venstre

ÜBERNACHTEN

Hotel hotell
Zimmer rom/værelse
Einzelzimmer enkeltrom
Doppelzimmer dobbeltrom
Ich habe ein Zimmer reserviert. Jeg har reservert et rom.
Haben Sie noch Zimmer frei? Har dere ledige rom?
für eine Nacht for en natt
für zwei Tage for to dager
mit Frühstück med frokost
Halbpension halvpensjon
Vollpension helpensjon
Parkplatz parkeringsplass
Kann ich mit Kreditkarte bezahlen? Kan jeg få betale med kredittkort?

ESSEN UND TRINKEN

Ich möchte gerne ... Jeg ville gjerne ha ...
Kann ich die Rechnung bekommen? Kann jeg få regningen?
Behalten Sie den Rest. Behold resten.
Kellner servitør
Speisekarte meny/spisekart
Getränkekarte vinkart
Speise/Essen mat
Frühstück frokost
Mittagessen middag
Abendessen kveldsmat/aftensmat
Kaffee kaffe
koffeinfrei koffeinfri
Tee te
Fruchtsaft fruktsaft
Milch melk
Butter smør
Marmelade syltetøy
Käse ost
Schinken skinke
Wurst pølse
Aufschnitt pålegg
Ei, weichgekocht blødkokt egg
Rühreier eggerøre
Gebäck bakverk
Keks kjeks
Apfelkuchen eplekake

Torte blødkake
Belegte Brote smørbrød
Brot brød
Fladenbrot lefse
Obst frukt
Erdbeere jordbær
Moltebeeren mit Schlagsahne moltekrem
Gemüse grønnsaker
Blumenkohl blomkål
Bohnen bønner
Mohrrübe gulrot
Gurke agurk
Kartoffel potet
Zwiebel løk
Dorsch torsk
Forelle ørret
Heilbutt kveit
Hering sild
Köhler sei
Königskrabbe kongekrabb
Lachs laks
Miesmuschel blåskjell
Muschel skjell/musling
Scholle rødspette
Seelachs pale
Steinbeißer steinbit
Tintenfisch blekksprut
Krabbenbrot rekesmørbrød
Brot mit Fisch und Gemüse in Aspik fiskekabaret
Fischklöße fiskeboller
Fischsuppe fiskesuppe
Fleisch kjøtt
Geflügel fjærfe
Schweinefleisch flesk
Kalb kalve
Rind okse
Wild vilt
Elch elg
Hammel fåre
Ente and
Braten stek
Gepökeltes Rentierfleisch speket reinsdyrkjøtt
Bier øl
Wein vin
Rotwein rødvin
Weißwein hvitvin

EINKAUFEN

Öffnungszeiten åpningstider
Haben Sie ...? Har dere ...?
Wie viel kostet ...? Hvor mange kostar ...?
Danke, das ist alles. Takk, det var alt.
100 Gramm 100 gram
ein Pfund et halvt
ein Kilo et kilo
Bäckerei bakeri
Metzgerei slakteri
Supermarkt supermarked
Postamt postkontor
Ansichtskarte prospektkort
Briefmarke frimerke
Gebühr gebyr

ZAHLEN

0 null
1 ett
2 to
3 tre
4 fire
5 fem
6 seks
7 syv
8 åtte
9 ni
10 ti
11 elleve
12 tolv
13 trette
14 fjorten
15 femten
16 seksten
17 sytten
18 atten
19 nitten
20 tjue
21 tjueen
22 tjueto
30 tretti
40 førti
50 femti
60 seksti
70 sytti
80 åtti
90 nitti
100 hundre
200 tohundre
1000 tusen
2000 totusen

WOCHENTAGE

Montag mandag
Dienstag tirsdag
Mittwoch onsdag
Donnerstag torsdag
Freitag fredag
Samstag lørdag
Sonntag søndag

REGISTER

IMPRESSUM

Verantwortlich: Annemarie Heinel, Joachim Hellmuth, Stephanie Iber
Redaktion: Barbara Rusch
Korrektorat: Anke Höhne
Layout: graphitecture book
Bildauswahl: Joachim Hellmuth
Umschlaggestaltung: Fuchs-Design, Sabine Fuchs
Repro: Repro Ludwig
Kartografie: Kartographie Huber, Heike Block
Herstellung: Bettina Schippel
Printed in Slovenia by Korotan, Ljubljana

★★★★★

Sind Sie mit diesem Titel zufrieden? Dann würden wir uns über Ihre Weiterempfehlung freuen.
Erzählen Sie es im Freundeskreis, berichten Sie Ihrem Buchhändler, oder bewerten Sie bei Onlinekauf.
Und wenn Sie Kritik, Korrekturen, Aktualisierungen haben, freuen wir uns über Ihre Nachricht an Bruckmann Verlag, Postfach 40 02 09, D-80702 München oder per E-Mail an lektorat@verlagshaus.de.

Unser komplettes Programm finden Sie unter:

www.bruckmann.de

Bildnachweis:
Alle Aufnahmen des Innenteils und des Umschlags stammen vom Fotografen Axel M. Mosler, Dortmund, außer:
Bildagentur picture alliance, Frankfurt am Main: S. 241 (Arco Images G/Delpho, M.), S. 240 u. (Arco Images G/Reinhard, N.), S. 237 o. (Arco Images G/ Wothe, K.), S. 243 u.l. (CHROMORANGE/Schröder, D.), S. 243 M. (dpa/Bäsemann , H.), S. 279 o. (HAFEN-FOTOS.DE/Schumacher, P.), S. 238 (WILDLIFE/ Varesvuo, M.), S. 53 u., 242 u. (ZB/Pleul, P.).
fotolia (www.fotolia.com): S. 56 o. (Klingebiel, J.), S. 240 M. (monamakela.com).
Gamvik Museum 71° Nord, Gamvik: S. 259 l.o.
Nordkappmuseet, Honnigsvåg: S. 223.
Shutterstock (www.shutterstock.com): S. 40. M. (Almeland, M.N.), S. 56 u. (Bezergheanu, M.), S. 47 u. (Carlsen, C.), S. 243 o. (Erkki & Hanna), S. 242 M. (GrandeDuc), S. 57 u. (Hooijer, G.), S. 146 o., u. (MP cz), S. 149 u. (stormarn), S. 200 M. (sue120502), S. 151 u., 243 u. (VojtechVlk).
Hans-Joachim Spitzenberger, Seevetal: S. 47 M., 57 o., 142 o., 184 o, 185 o.
Tromsø University Museum/Mari Karlstad, Tromsø: S. 180 M.

Umschlag:
Vorderseite:
Ganz oben: Eis des Engabreen-Gletschers.
Mitte links: Fahrgast auf Hurtigruten-Schiff
Mitte rechts: Die MS Nordlys.
Hauptbild: Bei Henningsvaer.
Rückseite:
Linke Seite: Ausflug auf die Lofoten.
Rechte Seite: Speicherhäuser in Bergen.

Die Deutsche Nationalbibliothek verzeichnet diese Publikation in der Deutschen Nationalbibliografie; detaillierte bibliografische Daten sind im Internet über http://dnb.d-nb.de abrufbar.

3. aktualisierte Nachauflage

ISBN 978-3-7654-5816-3